Bradley Gerstman
Christopher Pizzo
Rich Seldes

Heirate mich!

Drei Männer packen aus:
Wie Sie Mr. Right dazu bewegen,
Sie zu fragen

Aus dem Amerikanischen übersetzt
von Sabine Gebhardt-Herzberg

mvg

Die Deutsche Bibliothek – CIP-Einheitsaufnahme

Gerstman, Bradley:
Heirate mich! : drei Männer packen aus: Wie Sie Mr. Right dazu bewegen, Sie zu fragen. Bradley Gerstman / Christopher Pizzo / Rich Seldes. Aus dem Amerikan. übers. von Sabine Gebhardt-Herzberg. – Landsberg – München: mvg, 2002.
Einheitssacht.: Marry me! <dt.>
ISBN 3-478-73240-9

Für meine schöne Frau Cheryl
Bradley Gerstman

Meiner Mutter Barbara und meinem Vater George gewidmet – für Eure beständige Inspiration und Unterstützung
Chris Pizzo

Für Marla, die schönste Frau der Welt, die mich zum glücklichsten Mann der Welt gemacht hat
Rich Seldes

Titel der amerikanischen Originalausgabe: „Marry Me!“
Aus dem Amerikanischen übersetzt von Sabine Gebhardt-Herzberg

Umschlaggestaltung: Vierthaler & Braun, München
Satz: mi, M. Zech
Druck: Himmer GmbH, Augsburg
Bindearbeiten: Thomas-Buchbinderei, Augsburg
Printed in Germany 73240/102401
ISBN 3-478-73240-9

Inhalt

Danksagung

Ich möchte meinen Eltern, meiner Schwester Linda, meinem Bruder Danny und seiner Frau Pam für ihre große Liebe und Unterstützung danken, sowie auch meiner verstorbenen Schwester Lisa, deren Licht noch immer um mich ist. Ein besonderes Dankeschön gilt meiner Frau Cheryl, die ich von Tag zu Tag mehr liebe. *Bradley Gerstman*

Ich danke meiner Mutter Barbara und meinen Vater George für ihre große Hilfe. Dank an Euch, meine Großeltern Sue und Sal – Ihr und Eure 61 Ehejahre werden immer mein Vorbild für ein glückliches und zufriedenes Leben sein. *Chris Pizzo*

Ich möchte Marla, meiner Mutter, meinem Vater und meiner Großmutter für ihre Liebe und ihre beständige Unterstützung danken. Ein spezieller Dank geht an Ruth, Dan und Stu, weil sie mir das Gefühl gegeben haben, zur Familie zu gehören. *Rich Seldes*

Alle drei gemeinsam möchten wir Amelia Sheldon dafür danken, dass sie uns dabei unterstützt hat, unsere Gedanken in Worte zu fassen. Stedman Mays und Mary Tahan von der Clausen, Mays & Tahan Literary Agency danken wir für ihre fortgesetzte harte Arbeit und ihre gute Laune. Wir hätten uns keinen intelligenteren, verständnisvolleren oder engagierteren Agenten als Stedman wünschen können, der unzählige Stunden damit verbracht hat, uns mittlerweile zum zweiten Mal klug und geduldig bei der Entstehung eines Buches zu begleiten. Wir danken unserer Lektorin Diane Reverand für ihr untrügliches Auge, ihre geistreichen Vorschläge und ihr Engagement für unsere Arbeit. Wir sind dankbar für die vereinten Bemühungen von Janet Dery, Jennifer Suitor und der restlichen Belegschaft in der Cliff Street, HarperCollins und HarperAudio, die uns bei der Entstehung dieses Buches geholfen haben. Ein herzliches Dankeschön geht an all unsere Leser, deren Fragen und Unterstützung in Form von E-Mails, Briefen und bei Signierstunden für das Buch *Was Mann wirklich will* uns zu diesen zweiten Buch inspiriert haben. Und natürlich sind wir der verstorbenen Connie Clausen dankbar, die uns die Starthilfe für dieses Buch gab und deren Geist uns noch immer inspiriert.

1

Wie denkt und fühlt ein Mann, dem es ernst ist?

Ja, es stimmt. Wir waren flotte Singles – jede Nacht machten wir die Stadt unsicher, trafen uns mit Frauen, ließen keine Party aus und hatten eine Menge Affären. Jetzt jedoch leben zwei von uns in einer festen Beziehung (und einer versucht gerade, dasselbe zu erreichen). Fragen Sie sich, was uns Männer mit guten Jobs dazu gebracht hat, dem Junggesellendasein Lebewohl zu sagen und unseren Partnerinnen einen Heiratsantrag zu machen? Nun, Sie werden es gleich erfahren.

Aber zuerst möchten wir uns vorstellen. Wir sind drei in anspruchsvollen Berufen tätige Männer, die Freundinnen öfters bei ihren Beziehungsproblemen geholfen haben und schließlich merkten, dass unsere Ratschläge tatsächlich nützten. Vor dem Hintergrund unserer eigenen Erfahrungen sprachen wir offen über unsere Gedanken und Reaktionen in unseren Liebesbeziehungen. Es stellte sich heraus, dass unsere Erkenntnisse für diese Frauen neu und in Hinsicht auf ihre Partnerschaft hilfreich waren. Mit der Zeit fanden wir heraus, dass die meisten Männer ähnliche Ansichten über Beziehungen hatten. Also beschlossen wir, ermutigt von unseren Freundinnen und Freunden, ein Buch zu dem Zwecke zu schreiben, Frauen zu helfen, die Spezies Mann zu verstehen.

Seit vor zwei Jahren unser erstes Buch *Was Mann wirklich will* erschien, haben wir Tausende von Briefen und E-Mails von Leserinnen auf der ganzen Welt erhalten, die uns mitteilten, wie sehr wir Ihnen geholfen hätten, die Männer zu verstehen. Dass wir ihre Beziehungen gerettet hätten. Wie sehr sie unsere Offenheit, Aufrichtigkeit und unseren freundlichen Ton schätzten. Bis zum heutigen Tag ist unser erstes Buch eine „Beziehungsbibel“ für Tausende von Frauen.

Aber die Frauen wollen noch mehr Antworten von uns. Woher wissen wir das? Neben der Fanpost haben wir auch Hunderte von Briefen von Leserinnen erhalten, die weitere Fragen über Männer, Liebesbeziehungen und die Ehe enthielten. Welche Frage stellen uns Frauen am häufigsten? – „Weshalb haben Männer Angst davor, eine feste Bindung einzugehen?“ Wir haben eine Flut von Briefen von Frauen erhalten, die heiraten wollen, aber offenbar ihren Partnern die Angst vor einer festen Bindung nicht nehmen können. Wir wurden so häufig zu diesem Punkt befragt, dass wir uns entschlossen haben, diesem Aspekt ein ganzes Buch zu widmen.

Daher ist *Heirate mich!* unsere „Heiratsantragsbibel“. In diesem Buch enthüllen wir die Gefühle, die Männer in Hinsicht auf eine feste Bindung bewegen – einschließlich all der kleinen „unanständigen“ Details. Weil wir über die Angst der Männer vor einer festen Bindung Bescheid wissen, enthält dieses Buch ein Vierstufenprogramm, das Ihnen dabei hilft, die typischen Stolpersteine auf dem Weg zu einer festen Beziehung zu vermeiden. So können Sie zu einer Frau werden, die ein Mann als potenzielle Ehefrau ansieht.

Vieles, was Sie hier lesen werden, mag Ihnen altmodisch und überholt erscheinen. Doch täuschen Sie sich nicht: Männer funktionieren trotz aller Gleichberechtigung noch immer auf ihre ganz eigene Weise. Und die Frau, die das versteht, hat die Möglichkeit, den Mann ihrer Träume als festen Partner in ihr Leben zu ziehen, indem sie von Anfang an gewisse Dinge richtig macht.

Viele Frauen, mit denen wir gesprochen haben, auch erfolgreiche und unabhängige Frauen, wünschen sich nichts sehnlicher, als „den Richtigen“ zu heiraten, und zwar mit allem Drum und Dran: mit dem Antrag, dem Ring, dem Hochzeitskleid und der ewigen Liebe. Das hat nichts mit altmodischen Werten zu tun: Auch als gleichberechtigtes Paar ist es wunderbar, wenn die Liebe auf der festen Basis einer Hochzeit steht. Für diese Frauen haben wir dieses Buch geschrieben. Einer Frau, die die Psyche der Männer und ihre Ängste und Bedürfnisse versteht und die sich gezielt von Anfang an an gewisse ungeschriebene Regeln hält, wird es leicht gelingen, dass ihr „Mr. Right“ zum richtigen Zeitpunkt den Antrag macht!

In *Was Mann wirklich will* haben wir unser Innerstes nach außen gekehrt; wir haben die tiefsten, verborgensten Gefühle der Männer enthüllt, und wir werden es in diesem Buch wieder tun. Diesmal richten wir unser Augenmerk speziell auf die Haltung der Männer hinsichtlich fester Bindungen. Wir hoffen, dass Ihnen die hier vermittelten Informationen helfen werden, mit Ihrem Liebsten vor den Traualtar zu treten.

Manche Autoren, die über das Thema Beziehungen schreiben, sind der Ansicht, um mit einem Mann in den Hafen der Ehe zu steuern, genüge es, besonders sexy zu sein, oder es reiche aus, Rückzugswünsche Ihres Partners zu akzeptieren, oder aber irgendwelche altmodischen Regeln anzuwenden, mit denen Ihre Großmutter erfolgreich war.

Wir meinen, dass die Sache etwas komplexer ist. Und wir möchten unsere Erkenntnisse darüber, was im Kopf eines Mannes tatsächlich abläuft, mit Ihnen teilen. Weshalb sollten Sie auf unsere Ratschläge hören? Wir sind drei Männer, die das ganze Spektrum nach einer ehelichen Verbindung strebender Männer repräsentieren. Chris ist Single und auf der Suche nach einer festen Beziehung, Rich ist verlobt und Brad verheiratet. Diese unterschiedlichen biografischen Hintergründe versetzen uns in die Lage, Ihnen eine breite Palette von Erfahrungen, Erkenntnissen und Perspektiven über die männliche Haltung zu festen Bindungen zu vermitteln.

Sicherlich werden Sie sich fragen, wie es möglich war, dass Brad, der Casanova von uns dreien, in feste Hände gelangt ist. Niemand hatte das für möglich gehalten – weder Chris noch Rich noch irgendeiner unserer Freunde. Das ist der Beweis dafür, dass es jedem Mann passieren *kann.* Einen Mann zur Ehe zu bewegen, ist nicht ausgeschlossen. Wir werden Ihnen mitteilen, wie und weshalb Brad und Rich ihren Partnerinnen einen Heiratsantrag machten. Sie werden rasch feststellen, dass dazu lediglich die passende Frau nötig ist, die die richtigen Schritte befolgt.

Im Allgemeinen sind die Lippen eines Mannes versiegelt, wenn es um Partnerschaftsfragen geht. Wie Sie wissen, ist es Männern meist unangenehm, ihre tieferen Gefühle und Gedanken zu enthüllen. Wenn es um Herzensdinge geht, scheint es, als hätten sie ihr Sprachvermögen an sich verloren. Aber unter dieser harten Schale verbirgt sich ein sehr verletzlicher, einfühlsamer Kern. In diesem Buch werden Sie lernen:

- weshalb Männer keinerlei Schwierigkeiten haben, sich ihrer beruflichen Karriere zu verpflichten – vor jeglicher Verpflichtung in Liebesbeziehungen jedoch Angst haben,
- was Männer wirklich über Beziehungen mit geschiedenen Frauen und allein stehenden Müttern denken,
- was sich im Kopf eines Mannes abspielt, wenn Sie ihm zeigen, dass Sie in Hinblick auf Ihre Beziehung ernste Absichten haben,
- inwiefern sich Ihr Liebesleben verändert, wenn Sie in einer dauerhaften Beziehung leben,
- wie Männer tatsächlich über das Zusammenziehen mit ihrer Partnerin denken,
- welche psychologischen Stadien ein Mann auf dem Weg zu einer festen Bindung durchläuft und
- welche Schritte Sie unternehmen können, um einem Mann, der im Begriff ist, Ihnen einen Heiratsantrag zu machen, das nötige Gefühl der Sicherheit zu vermitteln.

Wir sind drei gut situierte Männer – Brad ist Rechtsanwalt, Chris ist Unternehmensberater und Rich Arzt –, und unser Buch gewährt Ihnen Einblick in die Gefühle und Gedanken von Männern, die in anspruchsvollen Berufen tätig sind. Wir verhehlen nichts, sondern vermitteln Ihnen die ungeschminkte Wahrheit. Da wir drei schon unser ganzes Leben lang befreundet sind, können wir vollkommen ehrlich zueinander sein und über die Themen sprechen, denen die meisten Männer aus dem Weg gehen – ihre tieferen Gedanken, Emotionen und ihre wirklichen Gefühle, was Liebe und Beziehungen angeht. Wir können unsere Ansichten miteinander vergleichen und Ihnen fundierte Erkenntnisse darüber vermitteln, was im Berufsleben stehende Junggesellen über feste Beziehungen, Verlobung und die Ehe denken. Wir haben uns mit anderen Männern in ganz Amerika beraten und sind verblüfft darüber, wie ähnlich ihre Ängste, Gefühle, Bedürfnisse und Verhaltensmuster im Hinblick auf feste Bindungen den unseren sind, unabhängig davon, ob es sich um hoch qualifizierte Männer oder einfache Arbeiter handelt. Dies hat unsere Erkenntnis bestätigt, dass Männer übereinstimmend sehr ähnliche Ansichten vertreten, wenn es um ernste Absichten in einer Beziehung geht – trotz ihres unterschiedlichen beruflichen, wirtschaftlichen und geografischen Hintergrunds.

Wie gehen wir vor? Betrachten Sie uns als Ihre besten Freunde. Stellen Sie sich vor, wir würden uns in einer Bar oder einem Café unterhalten. Sie fühlten sich bisher immer eher verwirrt, was Männer, deren Wünsche und Vorstellungen betrifft. Sie stellen uns Fragen – über Männer, ihre Motive und ihre Gefühle im Hinblick auf feste Bindungen. Und wir halten die Antworten bereit, nach denen Sie gesucht haben. Glauben Sie uns: Wir wissen, wie Männer denken. Vielleicht schockiert Sie unser freimütiges, lockeres Herangehen an das Thema – vielleicht nimmt es Ihnen aber auch die Befangenheit. In jedem Fall enthüllen wir Ihnen das Geheimnis, wie Sie Ihren Partner in den perfekten Ehemann verwandeln können.

Dieses Buch richtet sich an alle Frauen – Verlobte, in einer Partnerschaft lebende und Singles. Wir haben festgestellt, dass Frauen verstehen wollen, wie Männer denken – über die Ehe und die einzelnen Schritte auf dem Weg dorthin. Wir werden Ihnen zu diesem Verständnis verhelfen, indem wir Ihre Partnerschaft analysieren. Handelt es sich um eine Beziehung, die „gut für den Augenblick“ ist, solange sich nichts Besseres findet? Ist dies der Fall, müssen Sie sich klar darüber werden, dass Ihr Partner Sie niemals heiraten wird. Besitzt Ihre Partnerschaft das Potenzial, sich zu einer lebenslangen Verbindung zu entwickeln? Dann werden wir Ihnen zeigen, wie Sie zu einer Frau werden, die das „Zeug“

zur Ehefrau besitzt – einer Partnerin, die wir als „potenzielle Ehefrau" bezeichnen –, indem wir Ihnen das wesentliche Know-how an die Hand geben, das Sie brauchen, um Ihren Partner dazu zu bringen, den Bund des Lebens mit Ihnen zu schließen. Mit unserer Hilfe haben Sie deutlich bessere Chancen, den Richtigen zu heiraten.

Wir wissen aus erster Hand, was Männer davon abhält, eine feste Bindung einzugehen. Aber zunächst werden wir Sie über unseren jeweiligen persönlichen Hintergrund und unsere aktuelle Lebenssituation ins Bild setzen:

Brad: Brad war der „Casanova" von uns dreien. Er kleidet sich immer todschick und ist ein eigensinniger Typ, der es liebt zu diskutieren. Im College spielte er Football, gewann als Student einen Preis in Leichtathletik und schaffte den Sprung in die Liste der zehn besten Studenten. Nach seinem Praktikum als Assistenz-Bezirksstaatsanwalt in der Bronx gründete Brad seine eigene Anwaltskanzlei. Bevor er Cheryl begegnete, hatte er eine Beziehung nach der anderen, einige wenige davon waren ernsthaft. Aber dann kam Cheryl. Sie wusste intuitiv, wie sie Brad seine männlichen Stolpersteine auf dem Weg zu einer festen Beziehung und einem Heiratsantrag aus dem Weg räumen musste. Seit dem Erscheinen von *Was Mann wirklich will* ist Brad mit Cheryl eine feste Beziehung eingegangen, hat ihr einen Antrag gemacht und sie geheiratet. Für Brad bedeutet sie alles. Die beiden sind glücklich verheiratet und wohnen in New York City. Brad findet das Eheleben aufregend und bereichernd. Er genießt es, seine gesamte Freizeit mit Cheryl zu verbringen – sie gehen gern gemeinsam ins Fitnessstudio, gehen zum Essen aus und besuchen ihre Familien. Was seinen beruflichen Werdegang betrifft, so hat sich Brad vom Partner in einer Anwaltskanzlei zu einem Rechtsberater einer New Yorker Firma verändert.

Chris: Chris ist nach wie vor der „Romantiker" unter uns. Entgegen allen Erwartungen hat Chris eine Menge erreicht. Nachdem ihn seine Mutter allein mit beschränkten finanziellen Mitteln aufgezogen hatte, war er fest entschlossen, erfolgreich zu werden. Nach dem College legte er das Examen für staatlich geprüfte Buchhalter ab, schloss sein Studium in Betriebswirtschaft ab, trat eine Stellung bei einer der fünf großen amerikanischen Steuerkanzleien an, gründete zwei Internetfirmen und ist jetzt als Unternehmensberater tätig. Im College spielte Chris Football und verliebte sich während seines letzten Studienjahres. Als diese Beziehung nach vier Jahren endete, klebte er ein Heftpflaster über sein Herz und machte sich auf die Suche nach der Richtigen – ein Weg, auf dem er sich bis heute befindet. Chris' offene Art macht ihn manchmal zu verwundbar für die Verletzungen, die ihm andere Menschen zufügen, aber durch sein liebevolles Wesen und seine direkte Art gewinnt er die Freundschaft vieler Menschen, die ihn kennen. Chris repräsentiert den Single unter uns. Er steckt noch in den Irrungen und Wirrungen der Phase der Rendezvous und kann somit aus erster Hand von den Schwierigkeiten berichten, die Männer – und Frauen – durchmachen. Obwohl er sich intensiv auf seine berufliche Karriere konzentriert, hält er stets Ausschau nach der richtigen Partnerin.

Rich: Rich betrachten wir als den „Intellektuellen" von uns dreien. Er ist kultiviert, weit gereist und schätzt die angenehmeren Dinge des Lebens. Als Präsident seiner College-Studentenverbindung, Mitglied der Footballmannschaft seines Colleges und Summa-cum-laude-Absolvent seines Studienganges ist Rich stets ein Vorbild für andere gewesen. Er studierte dann Medizin, um Arzt zu werden. Sowohl als Chirurg als auch als Mann geht Rich mit Bedacht und Ruhe vor. Während seines Studiums und als Arzt brauchte er eine Frau, die ihm den Freiraum und die Zeit gab, sich auf seine Karriere zu konzentrieren, und hatte Schwierigkeiten, eine solche Partnerin zu finden. Nach jahrelangen Beziehungen mit Frauen, die nur mit ihm spielten, traf er Marla.

Seit dem Erscheinen von *Was Mann wirklich will* sind Rich und Marla zusammengezogen und haben sich verlobt. Rich hat gelernt, sein Leben mit einem anderen Menschen zu teilen und sein ausgefülltes Berufsleben mit seiner Rolle als hingebungsvoller Verlobter zu vereinen. Er hat das Stadium der Nervosität durchgemacht, die ein Mann verspürt, wenn er mit seiner Partnerin zusammenzieht, und die Aufregung beim Kauf eines Verlobungsringes. Er hat auch den Genuss erfahren, wenn ein Mann der Frau, die er liebt, einen Heiratsantrag macht, sie lächeln sieht und sagen hört: „Ja, ich will dich heiraten!“ Rich und Marla leben glücklich zusammen in New York und freuen sich sehr auf ihre bevorstehende Hochzeit. Rich arbeitet als Facharzt für orthopädische Chirurgie im Krankenhaus North Star Orthopedics in Forest Hill, New York.

Das sind wir also – drei Männer, die die Suche nach der passenden Partnerin, die Verlobung und die Ehe mit der Auserwählten repräsentieren. Wie Sie sehen, sind wir keine so genannten Experten, die die Welt der Beziehungen von außen betrachten. Wir haben selbst unsere persönlichen Erfahrungen gemacht, und dies ist der Grund, weshalb uns so viele Leserinnen ihr Vertrauen schenken. Wir möchten nicht zusehen, wie Frauen in hoffnungslosen Partnerschaften festsitzen und ihre Hoffnungen und Träume von der Ehe nie verwirklicht werden. Wir möchten helfen.

Nach der Lektüre von *Heirate mich!* werden Sie wissen, wie Sie die Beziehung zum Richtigen pflegen müssen, damit er sich in einer festen Beziehung mit Ihnen wohl fühlt, sich mit Ihnen verlobt und Sie schließlich heiratet. Sie werden das Gefühl haben, das Gespräch geführt zu haben, dem Ihr Partner stets aus dem Weg gegangen ist. Wir werden Sie darüber aufklären, mit welchen Verhaltensweisen Sie Männer in die Flucht treiben. Und wir zeigen Ihnen, was die meisten Frauen nicht machen, aber mit etwas Anleitung tun können, um das Herz eines Mannes zu erobern. Sie werden lernen, was Sie tun müssen, um von Ihrem Traummann unter der Rubrik „für die Ehe infrage kommende Partnerin“ eingeordnet zu werden. Wir liefern Ihnen die wesentlichen Informationen, die Sie brauchen, um einen Mann auf den Abschied von seinem Junggesellenleben vorzubereiten, eine feste Bindung mit einer Frau einzugehen, sich mit ihr zu verloben und – was das Wichtigste ist – sie zu heiraten!

Nachdem Sie nun wissen, was Sie erwartet, wollen wir Ihnen zunächst einige grundlegende Fakten über Männer und die Liebe für immer vermitteln.

2

Die Liebe für immer: Zehn grundlegende Fakten

Die folgenden zehn Punkte mögen vielleicht hart klingen, aber wir versichern Ihnen, dass sie Ihnen helfen werden, Männer besser zu verstehen. Der Weg zur Ehe ist mit Hindernissen gepflastert und wir wollen Ihnen helfen, auf möglichst einfache Art und Weise zu Ihrem Ziel zu gelangen. Mit diesen Fakten ausgerüstet haben Sie mehr Möglichkeiten in der Hand, Ihren Partner genau dorthin zu bringen, wo Sie ihn haben wollen – vor den Traualtar und hinein in den Hafen einer glücklichen Ehe!

Fakt Nummer 1

Frauen besitzen die Macht, einen Mann dazu zu bringen, eine feste Partnerschaft einzugehen

Frauen verfügen über mehr Macht, einen Mann in einer festen Beziehung und in einer Ehe zu binden, als ihnen bewusst ist. Was das Eingehen einer festen Partnerschaft angeht, so liegt die Macht sogar ganz und gar in den Händen der Frauen. Das rührt daher, dass Männer Angst vor festen Bindungen haben, und ein Mann, der Angst hat, ist kein starker Mann. Echte Liebe vermittelt Männern einen Vorgeschmack auf eine Zeit, in der es keinen Sex mit anderen Frauen mehr geben wird. Diese Veränderung ist beängstigend für einen Mann und er muss zuerst seine Ängste verarbeiten und überwinden, bevor er eine monogame Partnerschaft eingeht und heiratet. Machen Sie sich keine Sorgen. Selbst die größten Casanovas sind fähig, eine langfristige Beziehung einzugehen – sehen Sie sich nur Brad an! Aber Sie müssen sich klar darüber sein, dass Sie – als *die* Frau, die Ihr Partner liebt – die Einzige sind, die ihm die Zeit geben kann, die er braucht, um seinen Blick vom Vergnügen oberflächlicher Beziehungen auf dauerhafte Gefühle und eine langfristige Beziehung zu richten.

Wenn eine Frau zuversichtlich und vertrauensvoll mit einer Beziehung umgeht, die sich zu einer ernsthaften Partnerschaft zu entwickeln beginnt, gibt sie ihrem Freund die Sicherheit, die er benötigt, um die weiteren Schritte zu tun, selbst wenn er panische Angst hat. Um Sie dabei zu unterstützen, Ihrem Partner durch diese schwierige Periode zu helfen, stellen wir Ihnen in Kapitel 8 das von uns ausgearbeitete narrensichere „Verlobungsrezept" vor. Wenn Sie mit der Lektüre dieses Buches fortfahren und unsere Ratschläge, wie Sie ihn zu einem Heiratsantrag bewegen können, befolgen, werden Sie seine einzige große Liebe sein, bevor Sie sich's versehen.

Fakt Nummer 2

Verlobung ist keine Frage des richtigen Zeitpunktes

Sie ist eine Frage der passenden Partnerin – und der richtigen Schritte. Männer spüren, dass Frauen das Gefühl haben, es gäbe ein zeitliches Limit oder eine Altersgrenze für eine Verlobung. Tatsache ist, dass Männer den Druck eines derartigen Limits weder für sich selbst noch für Frauen verspüren. Dieses „Denken in Grenzen" ist kontraproduktiv für eine gute Beziehung. Frauen sollten ihren „Terminkalender" wegwerfen und der Beziehung die Möglichkeit geben, sich ganz natürlich zu entwickeln. Eine Liebesbeziehung ist kein Arbeitsprojekt und sollte keine festgesetzte Frist haben. Der

Versuch, in Bezug auf eine Partnerschaft einen bestimmten Termin einzuhalten, setzt einen Mann, der in einem anspruchsvollen Beruf tätig ist, lediglich unter Druck. Da Männer wie wir in ihrem Beruf so häufig mit festen Terminen zu tun haben, ist ein weiterer Termin in unserer Partnerschaft das Letzte, was wir wollen. Wenn Ihr Partner fühlt, dass Sie ihn zu einer festen Beziehung drängen möchten, wird er sich in die Flucht getrieben fühlen.

Wenn Sie enttäuscht sind, weil Sie nach einjähriger Beziehung nicht mit dem Mann Ihrer Träume verlobt oder im Alter von dreißig Jahren noch nicht mit ihm verheiratet sind, denken Sie darüber nach, wie weit Sie erst von Ihrem Ziel entfernt wären, wenn der Erwählte die Beziehung mit Ihnen lösen würde. Genau das kann geschehen, wenn Sie versuchen, Ihren Partner zu einer festen Beziehung oder Verlobung zu drängen. Wenn Sie Druck ausüben, verscherzen Sie es sich letzten Endes mit Ihrem Freund, weil er entweder den Eindruck bekommt, Sie seien verzweifelt, oder das Gefühl, dass irgendetwas in Ihrer Beziehung nicht in Ordnung sei. Weshalb sollten Sie es sonst derart eilig haben, wird er sich fragen.

Wenn alles gut läuft, wäre es schade, wenn es wegen Terminunstimmigkeiten zu einer Trennung von einem guten Partner kommt. Verscheuchen Sie Ihren Freund nicht, indem Sie sagen, dass „die Zeit knapp werde“. Wenn Sie darauf vertrauen, dass Ihr Partner Sie als potenzielle Ehefrau ansieht, geben Sie ihm den Freiraum, Ihnen einen Heiratsantrag zu machen, wenn er bereit dazu ist.

Fakt Nummer 3

In der Karriere eines Mannes gibt es drei Stadien

Die Karriere beruflich engagierter Männer untergliedert sich in drei Stadien – das Vorbereitungsstadium, das Übergangsstadium und das Stadium des Erfolgs. In jeder Phase ihrer beruflichen Laufbahn haben Männer jeweils unterschiedliche Bedürfnisse und Wünsche.

Während des Vorbereitungsstadiums ist ein Mann darum bemüht, sich beruflich zu etablieren. Diese Phase ist vergleichbar mit dem so genannten Neubeginn-Stadium, wenn er etwa kürzlich sein Tätigkeitsfeld gewechselt hat, entlassen wurde oder Schwierigkeiten hat, eine Arbeit zu finden.

In der zweiten Phase, dem Übergangsstadium, hat ein Mann einen beruflichen Weg eingeschlagen, der ihn befriedigt und ausfüllt. Er bemüht sich, in seinem Beruf gut zu sein, greift nach den Sternen und möchte eines Tages sehr erfolgreich sein. Die Übergangsphase zeichnet sich durch eine deutliche Zunahme an Selbstvertrauen und ein Gefühl für den richtigen beruflichen Weg aus.

Im Stadium des Erfolgs hat ein Mann sich in seinem Beruf etabliert. Seine finanzielle Situation ist stabil und er wird geachtet. Er hat Vertrauen in die Fähigkeit, seine gesteckten Ziele zu erreichen. Zudem schenkt er in dieser Phase seinen Freunden und seiner Familie mehr Aufmerksamkeit. Er hat eine Menge guter Leistungen vorzuweisen und vertraut darauf, dass fast alle seine Unternehmungen von Erfolg gekrönt sein werden.

Fakt Nummer 4

Um einen Mann zu verstehen, muss eine Frau Verständnis für seine berufliche Laufbahn aufbringen – und für die spezielle Phase seiner Karriere

Die Partnerschaft eines Mannes gewinnt, wenn er in seinem Beruf Erfolg hat, und sein beruflicher Erfolg steigt, wenn die Beziehung mit der Frau in seinem Leben gut läuft. Wenn Sie selbst im Berufsleben stehen, sind Sie wahrscheinlich vertraut mit den Anforderungen, die ein karriereorientierter Mann zu bewältigen hat, und wissen, wie hilfreich eine gute Partnerschaft für den Aufstieg sein kann. Was Sie möglicherweise weniger bereitwillig akzeptieren ist die Tatsache, dass der Beruf für einen Mann an allerersterer Stelle steht – er genießt Priorität vor Ihrer Partnerschaft und vor Ihrem Beruf.

Die ganze Identität eines Mannes ist mit seinem Erfolg verknüpft, und sein Job ist noch immer der Gradmesser seines Erfolgs, sowohl in seinen eigenen Augen als auch in denen der Gesellschaft. Eine Frau kann als glänzende Geschäftsfrau und/oder hingebungsvolle Ehefrau und Mutter respektiert werden. Der Tag, an dem ein guter Vater ebenso hoch angesehen wird wie ein erfolgreicher, beruflich hoch qualifizierter Mann, verdient es, gefeiert zu werden, aber er ist noch nicht gekommen. Damit ein Mann, der in einem anspruchsvollen Beruf tätig ist, sich erfüllt fühlt, muss er in seiner Karriere erfolgreich und zufrieden sein.

Mit Verständnis für die Karriere Ihres Partners können Sie Ihre Beziehung zu ihm wesentlich besser in den Griff bekommen. Wenn Sie wissen, wonach ein Mann sucht und was er in der jeweiligen Phase seiner beruflichen Laufbahn in eine Beziehung einbringen kann, sind Sie in der Lage zu entscheiden, ob eine Beziehung mit ihm lohnenswert ist. Dann können Sie eine klare Entscheidung darüber treffen, ob Sie willens und fähig sind, Ihrem Freund das zu geben, was er braucht, und von ihm zu nehmen, was er in dieser speziellen Phase zu geben in der Lage ist. Auf dieser Basis können Sie Ihren Partner beim erfolgreichen Verfolgen seiner beruflichen Laufbahn ergänzen, und Sie werden gemeinsam eine glückliche und lebendige Beziehung pflegen können, die schließlich in einer Verlobung und Hochzeit münden wird.

Fakt Nummer 5

Der Grad der Bereitschaft eines Mannes, eine Bindung verbindlich einzugehen, hängt direkt von seinem jeweiligen Karrierestadium ab

Weshalb geht Ihr Freund keine feste Bindung mit Ihnen ein? Wahrscheinlich reagieren Sie nicht auf die derzeitige Phase seiner beruflichen Laufbahn. Im Folgenden finden Sie die Hinweise, an denen Sie erkennen können, in welchem Stadium seiner Karriere sich Ihr Freund gerade befindet:

Das Vorbereitungsstadium: In dieser Phase trifft sich ein Mann unter Umständen gern mit Frauen, sucht aber häufig nicht nach einer langfristigen Partnerschaft. Er konzentriert sich auf den Aufbau seiner Karriere, fühlt sich oft unsicher, was seine Zukunft betrifft, und hegt im Allgemeinen Zweifel an seinem Erfolg. In der Regel arbeitet er viele Stunden, um sich Fachkenntnisse anzueignen und einen guten Eindruck auf seine Vorgesetzten zu machen. Da er sich in seinem Beruf noch nicht fest etabliert hat, wird er im Vorbereitungsstadium häufig mit seiner eigenen Unsicherheit konfrontiert. Trifft er die richtige Frau, so ist eine feste Beziehung natürlich möglich, aber sie wird sehr wahrscheinlich genügend Vertrauen für zwei in die Partnerschaft einbringen müssen.

Befindet sich ein Mann im vergleichbaren Neubeginn-Stadium, lastet auf ihm entweder der Stress einer großen beruflichen Anforderung oder aber er fühlt sich deprimiert, weil er wieder ganz von vorn anfangen muss. Egal ob er gerade eine wichtige Beförderung oder eine Entlassung hinter sich hat – ein Mann in dieser Phase investiert häufig seine ganze Energie in seine Arbeit. Er braucht eine Partnerin, die ihm zuhört, ihn bestärkt, ihn tröstet und ihm Freiraum gibt, seine persönlichen Befürchtungen und den von außen auf ihn einwirkenden Druck zu verarbeiten, bis er sich in einer neuen Situation bewiesen oder nach einem Rückschlag wieder Boden unter den Füßen gewonnen hat. Das Gute daran? Ein

Mann wird sich stets daran erinnern, dass Sie ihm durch seine schwere Zeit geholfen haben.

Das Übergangsstadium: Ein Mann im Übergangsstadium – vom Vorbereitungsstadium hin zu einer gesicherteren Position – wird sich völlig darauf konzentrieren, diesen Schritt erfolgreich zu bewältigen. Ein Arzt, Anwalt oder Unternehmensberater muss sich nun beweisen, wenn er in seiner Karriere vorankommen will. Mit all diesen zukünftigen Plänen und Träumen im Hinterkopf, deren Verwirklichung von seiner Fähigkeit abhängt, zum aktuellen Zeitpunkt zu glänzen, tut er praktisch alles, um die neuen Anforderungen zu bewältigen. Es ist keineswegs ungewöhnlich für einen Mann in dieser Phase, seine Beziehung auf Eis zu legen – zumindest so lange, bis er das Gefühl hat, in seinem Beruf fest im Sattel zu sitzen.

Machen Sie sich keine Sorgen, wenn sich Ihr Partner während dieser Zeit weniger häufig mit Ihnen trifft, seltener anruft oder beides ganz sein lässt. Betrachten Sie die Distanz Ihres Partners als eine Reaktion auf die Anforderungen seiner Karriere und nicht als Zeichen einer Beziehungskrise. Sobald er in seiner Karriere durchstartet, wird Ihre Partnerschaft – und sein Willen, sich enger zu binden – wahrscheinlich ebenfalls Fortschritte machen.

Das Stadium des Erfolgs: In dieser Phase hat ein Mann Vertrauen gewonnen und sich in seinem Beruf etabliert. In der Regel bekleidet er eine hohe Position und bezieht ein gutes Gehalt. Jetzt kann sich sein Augenmerk häufig auf eine langfristige Beziehung mit einer Frau richten. Möglicherweise macht er sich bereits Gedanken über Ehe und Familiengründung, bevor er noch die Richtige gefunden hat. Trifft ein Mann in diesem Stadium eine Frau, mit der er sich sehr wohl fühlt, zögert er unter Umständen nicht, die Beziehung rasch voranzutreiben. An diesem Punkt seiner Karriere möchte er das Erreichte mit einem besonderen Menschen teilen und hat häufig auch die Zeit, eine gute Beziehung mit der passenden Frau aufzubauen.

Fakt Nummer 6

Es gibt Dinge, die eine Frau tun kann, um die Beziehung enger zu gestalten: Maßgefertigte Tipps für jedes Karrierestadium

Um sich auf eine langfristige Beziehung mit einer Frau festzulegen, müssen für einen Mann bestimmte Voraussetzungen erfüllt werden. Geben Sie ihm das, was er im aktuellen Stadium seiner Karriere jeweils braucht, und – ob Sie es glauben oder nicht – vielleicht ist er derjenige, der das Thema einer festeren Bindung anschneidet. Möchten Sie Ihrem Partner helfen und Ihre Beziehung während jedes Stadiums seiner beruflichen Laufbahn angemessen pflegen? Dann gehen Sie folgendermaßen vor:

Während des Vorbereitungsstadiums: Vor allen Dingen brauchen Männer in dieser Phase kontinuierlichen Zuspruch zur Stärkung ihres Selbstvertrauens, moralische Unterstützung und Ermutigung. Ein Mann in diesem Stadium möchte auch, dass die Frau, die er liebt, Interesse für sein neues Tätigkeitsfeld zeigt. Planen Sie Aktivitäten, die Spaß machen, damit er ab und zu von seiner Arbeit abgelenkt wird und abschalten kann. Er wird Ihre Aufmerksamkeit und Ihre Bemühungen sehr schätzen.

Während des Übergangsstadiums: Vor allem muss ein Mann im Übergangsstadium von Ihnen Zeit und Freiraum bekommen, um sich auf seine Arbeit konzentrieren zu können. Wenn Sie Ihren Partner halten wollen, erzeugen Sie in ihm keine Schuldgefühle, weil er nicht mehr Zeit mit Ihnen verbringt oder weil er in dieser Phase keine ernsthaften Beziehungsthemen anschneidet. Setzen Sie einen Mann, der sich im Übergangsstadium befindet, nicht unter Druck zu heiraten. Es könnte das Ende der Beziehung sein.

Während des Stadiums des Erfolgs: Ein Mann in dieser Phase will *um seiner selbst* willen geliebt werden. Erfolgreiche Männer sind bereitwilliger, über Ihre Partnerschaft und die damit zusammenhängenden Fragen zu sprechen, wollen aber sicher sein, dass eine Frau sie nicht aus finanziellen Gründen begehrt. Hat er Anlass zu denken, dass Sie nur auf sein Geld aus sind, wird er schneller aus Ihrem Leben verschwunden sein, als Sie sagen können „Diamonds are a girl's best friend".

Fakt Nummer 7

Der berufliche Erfolg eines Mannes ist seine *und* ihre Leistung

Beruflich hoch qualifizierte Männer rackern sich nicht nur für sich selbst ab – sie tun es auch für ihre Partnerinnen. Selbstverständlich ist ein Mann besonders stolz auf seine eigenen Leistungen, aber es gibt noch eine andere Art von Stolz: wenn er seinen Erfolg mit der Frau, die er liebt, teilen kann. Ob als Brotverdiener, Versorger, Herr des Hauses, „Kapitän des Teams" oder einfach als „der Held" – ein Mann erhält nun mal Auftrieb, wenn seine Partnerin ihm bei seiner anstrengenden Arbeit ihre Unterstützung anbietet und seine Freude teilt, wenn er wichtige berufliche Ziele erreicht. Er möchte das Gefühl haben, dass seine Partnerin mit ihm durch dick und dünn geht. Aus diesem Grund sollte sie das ehrliche Gefühl haben, dass er sich in seinem Beruf für sie abmüht – ebenso wie für sich selbst. Ein Mann hat das Bedürfnis, für seine Frau und seine Familie zu sorgen – auch dann, wenn seine Frau selbst berufstätig ist. Er muss das Gefühl haben, für Sie zu sorgen, um erfüllt und glücklich zu sein, je mehr er sie liebt, umso mehr.

Fakt Nummer 8

Das Zusammenleben vor der Verlobung ist für einen Mann eine Notwendigkeit

Aus unserer Erfahrung raten wir Ihnen dringend, vor der Ehe zusammenzuziehen. Das Zusammenleben verleiht Ihrer Partnerschaft eine andere Qualität, die Sie als getrennt lebendes Paar nie erreichen können. Die ersten Wochen oder Monate des Zusammenlebens sind eine Zeit – eigentlich ein Intensivkurs – zu lernen, mit Ihrem Partner trotz all seiner Eigenheiten und Gewohnheiten zurechtzukommen. Machen Sie sich keine Sorgen, wenn es anfangs einige Spannungen gibt. Das gemeinsame Leben ermöglicht Ihnen, mit den meisten kleinen Fehlern und Streitpunkten, die zum Vorschein kommen, wenn man unter einem Dach lebt, fertig zu werden, bevor Sie endgültig eine feste Bindung miteinander eingehen. Jetzt können Sie sich daran gewöhnen, dass er Eiscreme aus der Packung isst, und er kann Ihre hellgrüne Avocadomaske kennen lernen, mit der Sie Ihre Haut so strahlend machen. Diese zunächst ärgerlichen oder ausgesprochen Furcht erregenden gemeinsamen Erfahrungen können nach einigen Wochen sogar liebenswert werden.

Die wahren Gründen weshalb wir meinen, es sei für einen Mann obligatorisch, mit Ihnen zusammenzuleben, bevor er Ihnen einen Heiratsantrag macht, sind folgende: Das Zusammenleben verschafft Männern eine weitere Phase, darüber nachzudenken, ihr Leben und ihr Bett nun nur mit einer einzigen Frau zu teilen. Regelmäßig neben Ihnen aufzuwachen, hilft den Liebsten davon zu überzeugen, dass er sich genau dies für den Rest seines Lebens wünscht. Er stellt fest, dass Sex auch dann gut sein kann, wenn nicht jeden Morgen jeder in seinen getrennten Lebensbereich loshetzt. Er merkt, dass es sogar häufiger Sex gibt, wenn Sie sich nicht erst umständlich verabreden müssen, um sich abends zu treffen. Darüber hinaus gibt es so angenehme Seiten wie selbst gekochtes Essen, gemeinsames Duschen und Ihr einnehmendes Lächeln, wenn er nach einem anstrengenden Arbeitstag im Büro nach Hause kommt. Letztlich bezwingt das Zusammenleben die Angst der Männer vor lebenslanger Monogamie, indem es ihnen Tag für Tag die Vorteile vor Augen führt.

Fakt Nummer 9

Es ist nicht leicht für einen Mann, mit einer Frau zusammenzuziehen

Trotz alledem ist dies keinesfalls einfach für ihn. Eine neue Mitbewohnerin zu haben, verkompliziert sein Leben ziemlich und lässt seinen Angstpegel in die Höhe schnellen. Wahrscheinlich hat er sich in seinem Junggesellenleben sehr bequem eingerichtet und ein Höchstmaß an Unabhängigkeit genossen – und musste niemandem irgendwelche Fragen beantworten. Er konnte den ganzen Tag nackt auf dem Sofa sitzen und die Sportschau ansehen und sogar laut pupsen, wenn er wollte. Niemand beschwerte sich, wenn der Toilettendeckel die ganze Zeit hochgeklappt blieb. Das Geschirr konnte sich wochenlang im Spülbecken stapeln und die Badewanne ungeputzt bleiben. Wenn ein Mann mit einer Frau zusammenzieht, muss er seinen bequemen Lebensstil ändern. Im Wesentlichen gibt er auch jegliche Chance auf, Beziehungen mit anderen Frauen zu pflegen. Er muss sein Adressbuch mit Telefonnummern von Frauen wegwerfen. Wenn ein Mann sich entscheidet, mit einer Frau zusammenzuziehen, gibt er ein großes Stück seiner Unabhängigkeit für sie auf. Es muss eine ganz besondere Frau sein, für die er dies tut. Glauben Sie dem altmodischen Argument nicht, Ihr Partner wolle Sie nicht heiraten, wenn er einfach so mit Ihnen leben könne. Nur eine Frau, die er heiraten möchte, kann ihn zu einer derart einschneidenden Veränderung in seinem Leben veranlassen.

Fakt Nummer 10

Er wird Sie mehr lieben und Sie schneller heiraten wollen, wenn Sie ihm kein Ultimatum stellen oder ihn unter Druck setzen, Sie zu heiraten

Wollen Sie, dass Ihr Partner die Flucht vor Ihnen ergreift, als wären Sie ein angreifender Stier, dann stellen Sie ihm ein Ultimatum in Bezug auf die Hochzeit. Das Schlimmste, was Sie tun können, ist, ihn in die Ecke zu treiben und zu nötigen, Ihnen ein Heiratsversprechen zu geben. Sie werden ihn *niemals* dazu zwingen können. Wenn Sie den Auserwählten in diesem Punkt unter Druck setzen, wird er die Vorstellung an eine Heirat völlig aufgeben, selbst wenn er gerade noch ernsthaft darüber nachgedacht hatte. Männer reagieren unwillig auf Machtspiele – oder Fristsetzungen –, insbesondere wenn es um Liebesbeziehungen geht. Wenn Sie Ihrem Partner ein Ultimatum stellen, fühlt er sich manipuliert. Nichts verdirbt einem Mann mehr die Lust, als die Vorstellung einer zukünftigen Ehefrau, die die Kontrolle ausüben will, das können Sie uns glauben.

Hat ein Mann Ihnen gesagt, dass er Sie liebt und mit Ihnen zusammen sein will, so ist das wunderbar. Untermauert er das damit, dass er viel Zeit mit Ihnen verbringt und Sie in sein Leben einbezieht, dann ist es eine Liebesbeziehung. Trifft dies auf Ihre Partnerschaft zu, sollten Sie das nicht aufs Spiel setzen, indem Sie ihn ständig drängen zu heiraten. Genießen Sie Ihre Beziehung mit der Zuversicht, dass sie sich in die richtige Richtung entwickelt. Vertrauen Sie darauf, dass Ihr Partner Ihnen dann einen Heiratsantrag machen wird, wenn er sich mit der Vorstellung angefreundet hat und den Zeitpunkt für gekommen hält. Der Schritt in die Ehe ist eine der wichtigsten Entscheidungen, die ein Mann trifft. Zwingen Sie Ihren Partner dazu, diesen Schritt zu tun, bevor er dazu bereit ist, wird er rasch den Rückzug antreten. *Wenn Sie ihm kein Ultimatum stellen und ihn nicht unter Druck setzen, wird er Sie um so mehr lieben und schneller wünschen, Sie zu heiraten.*

* * *

Dies waren einige grundsätzliche Fakten, was Männer und Liebesbeziehungen betrifft. Nun werden wir Ihnen verraten, was in einem Mann vorgeht, der darüber nachdenkt, einer Frau einen Heiratsantrag zu machen. Wir werden Beziehungsgeheimnisse aus männlicher Sicht enthüllen und Ihnen verraten, wie Sie von einer potenziellen Heiratskandidatin zur Ehefrau werden. Und selbstverständlich werden wir über Sex reden (Hatten Sie gedacht, wir würden dieses Thema auslassen?) und die häufigsten Fragen beantworten, die uns unsere Leserinnen in Briefen und E-Mails gestellt haben.

Schließlich setzen wir Sie noch über die Erfahrungen eines Mannes während der Verlobungszeit ins Bild. Ihre Beziehungsangst wird verschwinden und Sie können beginnen, Ihre glückliche feste Beziehung zu genießen, wenn Ihnen deutlich wird, wie einfach es ist, einen Mann zu binden. Sie werden Ihren Partner besser verstehen – und ihn von einem ungebundenen Freund in einen liebevollen Ehemann verwandeln.

3

Der wichtigste Schlüssel zu einer festen Bindung: Verständnis für die berufliche Laufbahn eines Mannes

Ist Ihr Partner einerseits zwar der Richtige, scheint er andererseits aber in einer Art Trott gefangen zu sein, der ihn davon abhält, eine wirklich feste Bindung mit Ihnen einzugehen? Glauben Sie, Ihr Freund sollte die Entwicklung Ihrer Beziehung ein wenig rascher vorantreiben und Ihnen einen Heiratsantrag machen? Fürchten Sie, er könnte Sie vielleicht nicht als potenzielle Heiratskandidatin eingeordnet haben? Es ist durchaus möglich, dass Ihnen der Durchblick fehlt, was Ihren Partner und seine Fähigkeit betrifft, eine feste Bindung mit Ihnen einzugehen. Unter Umständen sieht er ein großes Hindernis auf dem Weg zu einer engeren Beziehung, das Sie nicht bedacht haben. Keine Sorge, wir wollen Ihnen nicht bedeuten, er sei homosexuell. Es ist der Beruf Ihres Partners, der unter Umständen zwischen Ihnen und dem Traualtar stehen könnte.

Sie haben völlig richtig gelesen. Für Ihren Partner steht die Beziehung nicht an erster Stelle, wie vielleicht für Sie. Die Karriere ist für einen Mann der allerwichtigste Aspekt, wenn er darüber nachdenkt, wann er den nächsten Schritt in seiner Beziehung tun soll. Ob es Ihnen passt oder nicht, die Karriere genießt für einen Mann oberste Priorität vor allen anderen Dingen in seinem Leben, sogar vor der Liebe. Ein Mann weiß, dass er aus seinem Beruf tiefe persönliche Befriedigung schöpft und durch ihn in der Lage ist, eine Frau und eine Familie zu ernähren, und den Respekt seiner Mitmenschen zu ernten.

Wir haben die drei verschiedenen Phasen in der beruflichen Karriere eines Mannes und deren jeweiligen Einfluss auf die Partnerschaft erklärt. In diesem Kapitel werden Sie erfahren, wie Sie das jeweilige Karrierestadium Ihres Partners identifizieren können, und was Sie tun können, um Ihre Chancen auf einen Heiratsantrag zu optimieren.

Männer und ihre Karriere

Der Beruf ist für einen Mann von höchster Wichtigkeit. In einigen Fällen konzentrieren sich Männer völlig auf ihre Karriere und verlieren alles andere im Leben aus dem Blick. Können Sie uns Männern das zum Vorwurf machen? Wir fühlen uns wohl, wenn wir mit anderen Männern um den Posten eines Geschäftsführers, eines Oberarztes der Chirurgie oder eines Generaldirektors konkurrieren. Das durch unsere Adern fließende Testosteron sorgt für diese Ausrichtung unserer Aufmerksamkeit. Oft bedeutet das, dass ein Mann auf seinem Weg an die Spitze viele Stunden im Büro verbringt. Zu Hause, oder sogar bei einem Rendezvous, werden seine Gedanken völlig von beruflichen Problemen, Themen oder Projekten vereinnahmt. Die meisten Frauen verstehen einfach nicht, dass ein Mann, der es in seinem Beruf zu etwas bringen will, seiner Karriere den Hauptteil seiner Aufmerksamkeit widmen muss. Dies ist eine sehr wichtige Erkenntnis für Frauen – vor allem deshalb, weil der Grad der Intensität einer partnerschaftlichen Bindung in direktem Zusammenhang zum Maß der Konzentration auf seine berufliche Laufbahn steht.

Sogar Frauen, die selbst eine Karriere verfolgen, begreifen oft nicht den enormen instinktmäßigen und gesellschaftlichen Druck, der einen Mann dazu treibt, sich um Erfolg an seinem Arbeitsplatz zu bemühen. Viele Frauen kämpfen einen vergeblichen Kampf, um ihren Partner dazu zu bringen, ihrer Beziehung ebenso viel Aufmerksamkeit zu schenken wie ihrer Karriere. Sie begreifen nicht, dass der berufliche Aufstieg für die meisten Männer der einzige Weg ist, Stolz und Selbstbewusstsein in Hinblick auf sich selbst sowie darauf, was sie ihren Freundinnen, Verlobten oder Ehefrauen bieten können, zu empfinden. Ein Mann wird eine Frau, die ihn und seine Ambitionen unterstützt, sehr hoch schätzen. Sie sollten sich jetzt an diese wichtige Tatsache gewöhnen. Denn wenn Sie diese natürliche, leidenschaftliche Hingabe Ihres Mannes an den beruflichen Wettstreit nicht verstehen oder ihm diesen Wettstreit nicht erlauben, wird Ihre Beziehung letztlich scheitern.

Versuchen Sie nicht, uns Männern zu erzählen, dass ein gewisses Maß an Ehrgeiz bei einem Mann für Frauen nicht auch attraktiv ist. Wir wissen, wie verlockend die Macht und das Geld sein können, die mit dem Erfolg einhergehen. Doch der Preis, den wir für unseren Weg an die Spitze der Karriereleiter bezahlen, sind Zeit und Energie. Obwohl wir Männer manchmal alles dafür opfern, uns in unserem Beruf zu etablieren und voranzukommen, haben wir normalerweise noch einige Reserven zur Verfügung, um Frauen kennen zu lernen und eine feste Beziehung mit ihnen aufzubauen.

Wir wissen, dass auch die Karriere einer Frau sehr wichtig ist. Doch das Ziel dieses Buches ist es, Frauen aufzuzeigen, was sie tun können, um einen Mann dazu zu bringen, eine feste Bindung zu ihnen einzugehen. Wir präsentieren Ihnen hier eine einseitige und vereinfachte Sichtweise. Wir unterstützen die Karriere von Frauen und wünschen ihnen Erfolg. Aber um einen Mann dazu zu bewegen, eine feste Beziehung zu Ihnen einzugehen, müssen Sie Sensibilität dafür entwickeln, was Arbeit für einen Mann bedeutet, und nicht mit ihm konkurrieren.

Das „Karrierespiel“

Bereits sehr früh werden Männer dazu erzogen, mit anderen Menschen in Wettstreit zu treten, egal ob wir in der Grundschule Völkerball spielen, im Gymnasium ein Fußballspiel gewinnen oder an der Universität unsere Basketballmannschaft anfeuern. Natürlich ist dies eine oberflächliche Art von Wettbewerb. Der Sport hat sehr wenig mit den Erfolgen zu tun, die wir im Verlauf unseres späteren Lebens erzielen.

In der beruflichen Laufbahn handelt es sich um eine andere Art von Konkurrenz. Es ist ein psychologischer Wettstreit. Ein Mann muss erfolgreich sein, um sich als Mann zu fühlen. Ein beruflich hoch qualifizierter Mann befriedigt sein Bedürfnis nach Wettbewerb und Erfolg durch finanziellen und beruflichen Aufstieg. Er muss wissen, dass er seine Konkurrenten überflügeln und ein guter Versorger werden kann – nicht nur für sich selbst, sondern auch für seine bessere Hälfte und schließlich auch für seine Kinder. Verstehen Sie uns nicht falsch – dies ist nicht sexistisch, es ist einfach so, wie es ist. (Wir wissen durchaus, dass auch Frauen arbeiten und ihre Familie ernähren – aber wir konzentrieren uns hier, wie gesagt, ausschließlich auf den männlichen Blickwinkel.)

Wenn eine Frau nicht weiß, in welchem Stadium seiner beruflichen Laufbahn sich ein Mann befindet, wird es ihr schwer fallen zu erkennen, was er von ihr braucht, und was er in eine Beziehung einzubringen vermag. In einer derartigen Situation wird eine Partnerschaft bald in eine Sackgasse geraten. Solche Beziehungen sind häufig von einem Mangel an Verständnis gekennzeichnet. Stress, vergeudete Zeit und am Ende ein gebrochenes Herz sind das Ergebnis, wenn eine Frau versucht, einen Mann vor die Wahl zu stellen, sich zwischen ihr und seiner Arbeit zu entscheiden.

Die drei Stadien der beruflichen Laufbahn

Wie Sie in Kapitel 2 bereits erfahren haben, untergliedert sich eine gehobene berufliche Laufbahn in drei Phasen. Da wir ein Mediziner, ein Anwalt und ein Unternehmensberater sind, sprechen wir vor allem für Männer wie uns – Männer mit typischen gehobenen beruflichen Laufbahnen. Das tun wir nicht, um Künstler, Sportler, Arbeiter und in anderen Berufen tätige Männer herabzusetzen. Wir glauben, dass alle Männer den meisten unserer Aussagen zustimmen werden, speziell Männer, die sich ernsthaft um Erfolg in ihrem Beruf bemühen (Und welche Frau möchte einen Mann, dem es mit der Arbeit und seinem Streben nach Erfolg nicht ernst ist?).

Im Folgenden werden wir die drei Karrierephasen detaillierter beschreiben und enthüllen, was wir in den einzelnen Stadien von der Frau in unserem Leben erwarten. Erkennt eine Frau die berufliche Phase, in der sich ein Mann befindet, weiß sie, was er jeweils von ihr braucht. Auf der Basis dieses Wissens kann sie sich entscheiden, ob sie einem Mann das geben kann, was er braucht, und ob sie bereit ist zu akzeptieren, was er ihr geben will. Mit unserer Hilfe werden Sie aufhören, seinen Beruf als Konkurrenz zu sehen, und lernen, einen Mann auf seinem beruflichen Weg nach oben zu ergänzen. Damit werden Sie nicht nur die Verständigungsschwierigkeiten zwischen Ihnen und Ihrem Partner überwinden, sondern eine bessere, dauerhaftere Beziehung aufbauen, die schließlich zum Endziel führt – der Ehe.

Das Vorbereitungsstadium

Die erste Stufe auf der Karriereleiter eines Mannes ist das Vorbereitungsstadium. Wie Sie wissen, ist es in unserer heutigen Ellenbogengesellschaft sehr schwierig für einen Mann, sich in seinem Beruf zu etablieren und Karriere zu machen. Es muss nicht unbedingt so sein, dass ein Mann seinen beruflichen Aufstieg in der Vorbereitungsphase beginnt – und es ist ebenso möglich, dass er sich nach 15-jähriger Berufstätigkeit noch immer in diesen Stadium befindet.

Chris hat diese Erfahrung in seinem Beruf gemacht. Nachdem er das College abgeschlossen hatte, wollte er als Partner in einer öffentlichen Steuerkanzlei tätig sein. Als Chris seine Stellung antrat, übersprang er im Grunde genommen die Vorbereitungsphase, weil er in seinem Beruf gut war und in seiner Firma nach angemessener Zeit befördert wurde. Er war auf dem besten Weg, seine Ziele zu verwirklichen.

Mit der Zeit veränderten sich aber Chris' berufliche Ziele. Je länger er in seinem damaligen Fachgebiet tätig war, desto mehr kam er mit der Geschäftswelt in Berührung. Er stellte fest, dass es dort viele berufliche Möglichkeiten gab, die er lieber erkunden wollte als zum Teilhaber in einer der fünf großen Steuerkanzleien zu werden. Nach Abschluss seines Betriebswirtschaftsstudiums vollzog er einen Karriereschritt, den er als Meilenstein zu seinem tatsächlichen Ziel ansah. Nachdem er sieben Jahre als staatlich geprüfter Buchhalter tätig gewesen war, begab sich Chris in die Arena der Finanzwelt. Vom Beruf des Buchhalters wechselte er zu einem Tätigkeitsbereich mit größerer geschäftlicher Verantwortung – er wurde Leiter einer Internetfirma. Er war 28 Jahre alt, von einem Beruf auf einen anderen umgestiegen und befand sich nun in der Vorbereitungsphase.

Rich hingegen verfolgte schon seit seinem naturwissenschaftlichen Unterricht in der achten Klasse den Plan, Medizin zu studieren. Mit seiner Immatrikulation in der medizinischen Fakultät war sein beruflicher Werdegang vorgezeichnet. Einem vierjährigen Medizinstudium folgten sechs Jahre Assistenzzeit im Krankenhaus. Die Ausbildung zum praktischen Arzt ist ein langer, anstrengender Weg, aber klar vorgezeichnet. Die einzigen Übergangsphasen sind die Zeit nach Abschluss des Universitätsstudiums und die Zeit nach der Beendigung der Assistenzzeit. Während dieser Übergangsphasen musste Rich sein medizinisches Spezialgebiet wählen.

Charakteristische Merkmale des Vorbereitungsstadiums

Ein Hauptmerkmal dieser Phase ist die unsichere Zukunft. In der Regel ist irgendeine neue Anforderung gefragt, sei es die erste Arbeitsstelle nach Abschluss der Schule oder ein Wechsel des Tätigkeitsfeldes. Ein Mann empfindet häufig Unsicherheit, sowohl in Hinblick auf seinen neuen Weg als auch auf seine Erfolgschancen. In dieser Phase diskutiert er oft darüber, ob seine gerade getroffene Entscheidung richtig war. (Es ist schwierig, eine Entscheidung zu treffen und nicht auf das Vergangene zurückzublicken.) Er wird sich in der Regel im Nachhinein kritisieren, während er seinen Weg durch diese Feuerprobe macht. Viele Überstunden sind nötig, um sich die Kenntnisse seines neuen Fachgebietes anzueignen, und enorme Anstrengungen, um einen guten Eindruck zu machen. Im Vorbereitungsstadium kann ein Mann sogar Anzeichen von Depressionen zeigen. In der Regel nimmt es Zeit in Anspruch, im Büro einen guten Eindruck zu machen. Selbst wenn das der Fall ist, wird es bisweilen eine Zeit lang nicht beachtet oder gewürdigt. Ein Mann, der dieses fordernde Stadium seiner beruflichen Karriere durchläuft, ist unter Umständen unglücklich in seiner neuen Arbeitsstelle, hegt Zweifel an seinen Fähigkeiten, leidet unter Misstrauen seinen Kollegen gegenüber, gegen die er sich durchsetzen muss, macht sich Sorgen über seine Zukunft oder sehnt sich nach seinem alten Beruf zurück.

Wo ist Platz für die Liebe?

Dies klingt provozierend, nicht wahr? Sie denken wahrscheinlich, ein Mann im Vorbereitungsstadium seiner beruflichen Laufbahn hätte keine Zeit, Energie oder Lust für eine Liebesbeziehung mit einer Frau. Oberflächlich betrachtet mag es so aussehen, aber erfreulicherweise ist dies nicht der Fall. Es ist für einen Mann in dieser Phase durchaus möglich, eine feste, monogame Beziehung zu genießen, die schließlich in eine Verlobung und die Ehe münden wird. Wie wir nur immer wieder betonen können – es kommt weniger auf den passenden Zeitpunkt an, als darauf, die richtige Frau zu treffen. Die Richtige weiß, wie sie einen Mann in einer Partnerschaft glücklich machen kann – unabhängig von seinem beruflichen Karrierestadium.

Viele Frauen haben uns die hart arbeitenden, beruflich hoch qualifizierten Männer, die ihre Tätigkeit voller Schwung und Elan verrichten, geschildert, mit denen sie Beziehungen hatten. Aus ihren Beschreibungen konnten wir klar erkennen, dass diese Männer sich im Vorbereitungsstadium befanden und die Frauen das Scheitern ihrer Beziehungen ihrem Gefühl zuschrieben, dass „er einfach nicht bereit gewesen“ sei. Eine solche Äußerung beweist uns einmal mehr, dass Frauen Männer einfach nicht verstehen. Wir kennen ebenso viele Männer, die Frauen liebten, während sie sich in dieser Phase ihrer beruflichen Laufbahn befanden, aber der Mangel an Verständnis und Kommunikation zwischen den Partnern führte schließlich zum Scheitern der Beziehung. In diesem Stadium denken Männer, sie müssten eine große Karriere machen, um in der Lage zu sein, künftig für Frau und Kinder zu sorgen. Frauen müssen verstehen, dass die vielen Stunden, die ein Mann in dieser Phase im Büro zubringt, kein Zeichen für eine Zurückweisung durch ihn ist, sondern eine Investition in ihre gemeinsame Zukunft. Dies ist keine Schuldzuweisung an eine der beiden Seiten, nur eine Erläuterung, was Männer in diesem Stadium denken und weshalb viele sehr gute Beziehungen zerbrochen sind.

Werfen wir einen Blick in unseren Freundeskreis. Joe und Ashley leben in einer langjährigen, festen Partnerschaft. Joe betrachtet Ashley als potenzielle Heiratskandidatin. Er ist Rechtsanwalt und hat gerade eine Stellung in einer angesehenen Firma angetreten, in der er schon seit dem Abschluss seines Jurastudiums arbeiten wollte. Alles wirkt neu und Joe fühlt sich unsicher. Er macht sich Sorgen, sein neuer Chef könnte sein Talent und seine harte Arbeit vielleicht nicht bemerken und würdigen. Er hat Angst, Tom, einer seiner Mitarbeiter, könnte die Beförderung auf den einzigen höheren Posten bekommen, der in der Firma offen steht. Joe arbeitet viele Stunden und ist häufig aufgewühlt von beruflichen Sorgen, wenn er mit Ashley zusammen ist. Würde man ihn fragen, was der stabilste Faktor in seinem Leben ist – der Faktor, auf den er in diesem Stadium am meisten zählen kann –, würde er sagen, es sei die Beziehung zu seiner Freundin.

Da Joe ein Mann ist und Männer nicht gut über ihre Gefühle reden können, erzählt er Ashley nicht, wie er in Hinsicht auf seine berufliche Laufbahn – oder ihre Partnerschaft – fühlt. Seit er seine neue Stellung angetreten hat, bekommt Ashley nicht die Wärme, Liebe und Aufmerksamkeit, die sie von Joe gewöhnt ist. Sie fühlt das dringende Bedürfnis, die

Beziehung mit Joe zu „diskutieren". (Kommt Ihnen diese Situation bekannt vor?)

Ashley versucht, mit Joe über ihre Beziehung zu diskutieren, und was geschieht? Joe bekommt nun das Gefühl, dass der einzige stabile Faktor in seinem Leben und seiner Zukunft ein „Problem" sei. Weshalb sollte seine Freundin sonst „eine Diskussion darüber" führen wollen? Das Letzte, worüber Joe diskutieren will oder worauf er sich konzentrieren möchte, ist seine Beziehung. Er ist vollauf mit seiner angehenden Karriere beschäftigt und fühlt sich durch Ashleys Wunsch nach einer Diskussion über den Stand ihrer Beziehung bedroht. An diesem Punkt widerstrebt es ihm, sich mit ihr auf die gleiche Ebene zu begeben und ihr einzugestehen, dass er sich ängstlich und unsicher fühlt wegen seiner beruflichen Laufbahn.

Ashley hat nun eine ganze Kette von Erkenntnissen in Joes Kopf ausgelöst. Es wird ihm plötzlich bewusst, dass er in einer festen Partnerschaft lebt. Selbstverständlich wusste er das auch schon vorher, aber nun steht diese Tatsache im Vordergrund und Mittelpunkt. Nun kommen Joes sämtliche Ängste ins Spiel. „Werde ich gut für sie sorgen können", fragt er sich besorgt. „Was ist, wenn ich versage – was wird sie von mir denken? Was ist, wenn mir meine Tätigkeit nicht gefällt und ich wieder von vorn anfangen muss – wird sie auf mich warten? Verdammter Mist! Ich werde mit diesem ganzen Druck nicht fertig. Zudem ist Ashley die einzige Frau, mit der ich für den Rest meines Lebens schlafen werde! *Oh nein, ich lebe in einer festen Beziehung und ich bin fix und fertig!"* Nun wird Joe entweder klein beigeben und sich emotional von Ashley zurückziehen, oder er wird den extremen Schritt unternehmen: die Beziehung zu beenden.

Wir machen den Frauen, deren Beziehungen gespannt oder gescheitert sind, keinen Vorwurf. Gegenseitiger Mangel an Verständnis und Kommunikation sind verantwortlich für Trennungen in dieser Phase. Nachdem Sie nun wissen, was Männer während des Vorbereitungsstadiums empfinden, werden wir Ihnen erklären, was sie von Ihnen in dieser kritischen Phase ihrer Karriere brauchen.

Vor allen Dingen müssen Sie wissen, dass Männer *ständigen Zuspruch zur Stärkung ihres Selbstvertrauens und positive Bestätigung* brauchen. Es ist sehr beruhigend für einen Mann zu wissen, dass die Frau, die er liebt, Vertrauen in ihn hat, egal was er tut. Ob es um seine erste Arbeitsstelle nach dem Abschluss seines Studiums oder einen Berufswechsel im Alter von dreißig Jahren geht – es ist äußerst hilfreich für einen Mann, eine Frau, die ihm wichtig ist, an seiner Seite zu haben, die ihm bestätigt, dass er hart arbeitet, eine Menge zu bieten hat und bei allem, was er anfängt, Erfolg haben wird. Denken Sie einmal darüber nach. Wenn Sie in Ihrem Leben eine sehr schwere Zeit durchmachen, hilft es Ihnen dann nicht, wenn Ihr Partner an Ihrer Seite steht und Ihnen sagt, dass Sie es schaffen werden, dass er stolz auf Sie ist und enormes Vertrauen in Sie hat?

Zweitens ist es sehr hilfreich in dieser Phase der beruflichen Karriere eines Mannes, wenn die Frau, die er liebt, *Interesse an seiner neuen Aufgabe bekundet*. Es ist Musik in den Ohren eines Mannes, wenn seine Freundin fragt, wie sein Tag war, sich nach seinem neuen Mitarbeiter erkundigt oder danach, wie ein wichtiges Treffen verlief. Zeigen Sie ihm, dass Sie sich dafür interessieren, was er Ihnen erzählt, und dass Sie bereit sind, alles in Ihrer Macht Stehende zu tun, um ihn dabei zu unterstützen, die Anforderungen zu bewältigen, die unvermeidlicherweise bei seinem Emporklimmen auf der Karriereleiter auf ihn zukommen werden. Dieses aufrichtige Interesse vermittelt einem Mann das Gefühl, dass er bei seinen Bemühungen nicht allein ist. Diesen Eindruck – allein zu sein – haben viele Männer, wenn sie mit den Anforderungen einer neuen Karriere fertig werden müssen. Eine liebende „Mitstreiterin“ ist in dieser Situation ein Segen; die moralische Unterstützung, die Sie einem Mann in diesem Stadium seiner beruflichen Laufbahn geben können, ist von unschätzbarem Wert.

Drittens sollte eine Frau dafür sorgen, dass sie *gemeinsam etwas unternehmen, um ihn von seiner Arbeit abzulenken.*

Wie wir bereits erwähnten, fühlen sich Männer in der Vorbereitungsphase ihrer Karriere einem überwältigenden Druck ausgesetzt. Sie müssen sich in ein neues Fachgebiet oder einen neuen Beruf einarbeiten, ihre Kollegen und Vorgesetzten beeindrucken und ständig mit anderen Leuten, die auf einem verwandten Fachgebiet tätig sind, konkurrieren. In dieser ungemein stressigen Zeit hilft es einem Mann enorm, wenn er Dinge unternimmt, die ihn von seiner Arbeit ablenken, wenn er in einer wunderbaren, liebevollen Beziehung lebt und zusammen mit seiner Freundin einfach nur abschalten und „Dampf ablassen" kann.

Wahrscheinlich hat Ihr Partner nicht die Zeit oder die Energie, sich darum zu kümmern, diese Stress abbauenden Zeiten in seinen Kalender einzutragen. Auch in diesem Punkt können sie ihm helfen. Sie können die Rolle der Freizeitplanerin für Ihren Partner übernehmen. Wer wäre dafür besser geeignet als Sie, die Sie ihn lieben? Sie kennen ihn besser als irgendjemand anders und Sie kennen seinen Terminkalender. Also konzentrieren Sie sich darauf, etwas Spaß in sein – und Ihr – Leben zu bringen. Ziehen Sie den Kalender heraus und planen Sie:

- einen Wochenendausflug zum Skifahren, Wandern oder Erkunden eines nahe gelegenen Naturschutzgebietes,
- ein Picknick im Park, um Zeitung zu lesen und Ihr Zusammensein zu genießen,
- ein Filmfestival am Samstagabend, bei dem Sie einfach mit Popcorn vor dem Videorekorder sitzen und abschalten,
- einen Nachmittag in einem nahe gelegenen Museum, Theater oder Fußballstadion,
- einen Tag zum Einkaufen für Dinge, die ihm gefallen – Werkzeug, Kleidung, Musik oder Bücher,
- einen romantischer Abend in Ihrem Lieblingsrestaurant,
- ein Picknick mit Freunden, die Sie eine Weile nicht mehr gesehen haben,
- gemeinsame Trainingsstunden im Fitnessstudio.

Ein paar solcher kleiner Aktivitäten werden die Sorgenfalten auf der Stirn Ihres Partners glätten und ihn wieder zum Lachen bringen. Sie werden merken, wie sehr er Sie schätzt und sich amüsiert, sobald er einige Minuten nicht an seinen beruflichen Druck denkt. Diese Aktivitäten senken seinen Stresspegel und erhöhen die Chancen auf einen häuslichen Erfolg in seiner langfristigen Beziehung mit Ihnen!

Bleiben Sie ruhig, wenn Sie ihn halten möchten

Wir haben herausgefunden, dass das Vorbereitungsstadium eine schwierige Phase in einer Partnerschaft ist. Es kann die Geduld einer Frau auf eine harte Probe stellen, wie uns unsere weiblichen Bekannten erklärten. Sie sagen, die Männer seien so konzentriert auf ihr neues Tätigkeitsfeld und ihre Bemühungen, den nächsten Schritt auf der Karriereleiter zu schaffen, dass sie zu vergessen scheinen, dass Liebesbeziehungen einen Teil ihrer Zeit und Energie brauchen. Es wird oft überhaupt nicht über Zusammenziehen, Verloben, Heiraten oder Kinder gesprochen. Das verunsichert Frauen häufig, weil sie glauben, dass die Beziehung für ihren Partner keinen vorrangigen Stellenwert habe. Dieses Gefühl veranlasst viele Frauen, ihre Beziehung zu einem Mann, der sich in diesem Stadium seiner beruflichen Laufbahn befindet, zu lösen.

Wir können Ihnen aber versichern, dass eine Partnerschaft für einen Mann in dieser Phase seiner Karriere oft sehr wichtig ist. Die meisten Männer sind in diesem Stadium stark von ihren Freundinnen abhängig – sie sind der einzige stabile Faktor in ihrem Leben. Auch wenn ein Mann vielleicht nicht über Ehe oder Kinder spricht, heißt das nicht, dass er nicht darüber nachdenkt. Für ihn liegen diese Dinge zu diesem Zeitpunkt außer Reichweite. Damit sich ein Mann in einer Partnerschaft vollkommen wohl fühlt und über eine Verlobung nachzudenken beginnt, muss er erst sicher sein, dass er finanziell auf gesichertem Boden steht. Versuchen Sie zu verstehen, was für eine wichtige Phase seiner beruflichen Laufbahn dies ist, und vermeiden Sie es, solche Beziehungsthemen wie das Zusammenziehen oder die Verlobung anzuschneiden. Einen Mann zu diesem Zeitpunkt zu einer festen Bindung zu drängen, ist der sicherste Weg, eine Beziehung zu ruinieren, weil es die größte Angst eines Mannes zum Ausdruck bringt – fest gebunden zu sein, ohne zu wissen, ob er der Ernährer und Versorger sein kann, der er sein will und seinem inneren Empfinden nach sein sollte.

Rich hat gerade im Fall seines Freundes Phil erlebt, wie das Verhalten einer Frau während der Vorbereitungsphase ihres Partners Phil dazu veranlasst hat, seiner Freundin Sue einen Heiratsantrag zu machen. Phil absolviert sein Praktikum als Assistenzarzt im Krankenhaus und will Neurologe werden. Sue ist als Büroleiterin in einer Rechtsanwaltskanzlei tätig. Sue hatte genug Vertrauen und die Zuversicht, es Phil zu überlassen, ihr einen Heiratsantrag zu machen, sobald er bereit war, was zwei Jahre und drei Monate, nachdem sie sich kennen gelernt hatten, geschah.

Phil hatte lange nach Sue gesucht, einer schönen Frau, die Verständnis für die Anforderungen seiner Karriere als Arzt hatte. Von Anfang an unterstützte sie verständnisvoll seinen Traum, Neurologe zu werden. Als ihre Beziehung ernster wurde, fühlte sich Phil von Sue weder in Hinsicht auf die Zeit, die er mit seiner Arbeit verbrachte, noch in Bezug auf die Bedeutung seiner Gefühle für sie unter Druck gesetzt. Bald verbrachte er seine gesamte Freizeit mit Sue. Sie wurde seine beste Freundin und Vertraute, die dafür sorgte, dass er sich wohl fühlte. Phil unterhielt sich mit Rich darüber, dass Sue am Ende seiner langen Schichten immer für ihn da war, bereit, ihm mit einem Lächeln zuzuhören. Obwohl er es für sich behielt, dachte Phil darüber nach, was für eine großartige Ehefrau Sue sein würde. Auch nach zweijähriger Beziehung hatte Sue Phil nicht ein einziges Mal gedrängt, mit ihr zusammenzuziehen oder sie zu heiraten. Sie konzentrierte sich auf ihre Arbeit im Büro und wusste, dass sie und Phil eine gemeinsame Zukunft zusammen haben würden, und zwar sobald er sich sicher fühlen würde, den entsprechenden Schritt zu tun. Und diese gemeinsame Zukunft kam zustande, ohne dass sie ihn mit einem einzigen Wort dazu angestoßen hatte. Drei Monate später bat Phil Sue, seine Frau zu werden, und sie sagte glücklich „Ja". So wie Sue können auch Sie dafür sorgen, dass Ihre Beziehung mit einem Mann im Vorbereitungsstadium fester wird. In der ersten der folgenden beiden Spalten finden Sie einige Kommentare, die Ihnen vielleicht auf der Zunge liegen, die Sie aber unterlassen sollten. In der zweiten Spalte haben wir für Sie die Art von Bemerkungen aufgeführt, die Ihrem Partner Selbstsicherheit geben und die er schätzen wird:

Sagen Sie nicht:	**Sagen Sie:**
„Du hast keine Zeit für mich."	„Du arbeitest so hart – was kann ich tun, um dir zu helfen, dich zu entspannen?"
„Du redest über nichts anderes als über deine Arbeit."	„Erzähl mir, was du heute gemacht hast. Es interessiert mich sehr, was du erlebt hast."
„Liebst du deinen Beruf oder mich?"	„Ich weiß, wie wichtig diese Beförderung (diese neue Stellung) für dich ist. Tu, was nötig ist, um es zu schaffen. Ich werde mit dir feiern, wenn es so weit ist."
„Ich hatte vor zu heiraten und Kinder zu bekommen, bevor ich fünfzig bin, was dein Termin zu sein scheint."	„Ich liebe dich und bin froh, dass ich dir helfen kann, Ziele zu erreichen, die eine stabile Basis für unsere Zukunft schaffen werden."

Das Neubeginn-Stadium

Es gibt eine dem Vorbereitungsstadium vergleichbare Phase – das so genannte Neubeginn-Stadium. Das ist eine Phase in der beruflichen Laufbahn eines Mannes, in der er sich erneut beweisen muss oder einen Neuanfang macht. Er kann kürzlich sein Arbeitsfeld gewechselt haben, entlassen worden sein oder Schwierigkeiten haben, eine neue Arbeitsstelle zu finden.

Grundsätzlich hat es ein Mann in einer solchen Phase schwer. Ein Wechsel des Tätigkeitsfeldes ist mit großen Anforderungen verbunden und der Verlust einer Arbeitsstelle bringt dieselben Anforderungen wie eine neue Stellung mit sich, begleitet von finanziellen und psychologischen Auswirkungen. Während ein Mann, der in eine höhere Position aufsteigt, neuen Herausforderungen und dem Druck, sie gut zu bewältigen, ausgesetzt ist, fühlt sich ein Mann, der entlassen wurde, wie ein Versager, muss aber dennoch eine neue berufliche Laufbahn suchen, in der er erfolgreich sein kann. Gefeuert oder aufgrund von Personalveränderungen entlassen zu werden, ist beschämend. Ein Mann, der seine Arbeit verloren hat, erleidet einen enormen Verlust seines Selbstwertgefühls. Er fragt sich wahrscheinlich: „Wie konnte mir das passieren? Ich habe alles verloren, wofür ich gearbeitet und worauf ich gehofft habe." Sie werden vielleicht feststellen, dass er sich zurückzieht, weil er versucht, die Situation innerlich zu verarbeiten. Ein Mann, der sich entschlossen hat, eine neue Stellung anzutreten oder nach einem neuen Arbeitsplatz sucht, kann sich unter Umständen auch sehr unsicher darüber fühlen, was andere Menschen über ihn denken.

Ein Mann im Neubeginn-Stadium wird sich stets an eine Frau erinnern, die ihm während dieser schweren Zeit zur Seite gestanden hat. Sie ist wahrscheinlich auch die einzige Person, der er erlauben wird, ihm zu helfen, wieder auf die Beine zu kommen. Er wird den meisten Menschen gegenüber eine tapfere Miene aufsetzen, um seine Demütigung nicht zu zeigen. Wenn Sie mit einem Mann in dieser kritischen Phase zusammen sind, geben Sie ihm so viel Unterstützung und Verständnis wie möglich. Tun Sie alles, was in Ihrer Macht steht, um ihm Mut zu machen, seinen Stress abzubauen und ihm zu helfen, die notwendigen praktischen Schritte zu unternehmen, damit er wieder ins Berufsleben zurückfindet.

Chris kennt ein Paar – Ralph und Tracy –, deren Beziehung funktioniert hat, obwohl Ralph eine schwierige Neubeginn-Phase durchmachte. Tracys liebevolle Unterstützung während einer für Ralph aufreibenden Zeit brachte die beiden einander näher.

Ralph, der zehn Jahre lang als Teilhaber in seiner eigenen Rechtsanwaltskanzlei gearbeitet hatte, und Tracy, die einen Teilzeitjob in einem kleinen Bekleidungsgeschäft hatte, lebten seit einem Jahr zusammen, als bei Ralph ein Herzleiden diagnostiziert wurde. Da er zwei Monate im Krankenhaus bleiben musste, war er gezwungen, seine Kanzlei zu schließen, und musste große finanzielle Einbußen hinnehmen. Bei Ralphs Entlassung aus dem Krankenhaus teilte ihm sein Arzt mit, der Stress, der mit dem Betreiben einer eigenen Anwaltskanzlei verbunden sei, würde seine Genesung verhindern und wies Ralph an, sich eine Stellung zu suchen, in der er flexibler sein könnte, eine kürzere Arbeitszeit und weniger Verantwortung hätte. Ralph hielt sich daran und trat eine Stelle als Anwalt in einer kleinen, nahe gelegenen Anwaltskanzlei an. Durch diese Veränderung hatten er und Tracy Schwierigkeiten, die Miete für ihre große Wohnung in Manhattan aufzubringen. Tracy nahm einen Ganztagsjob als Sekretärin an, beide schränkten ihre Ausgaben ein und pflegten einen bescheideneren Lebensstil.

Während alledem versicherte Tracy Ralph immer wieder, dass sie ihn liebte und nicht das Geld, das er verdient hatte. Ihre neue Arbeit sei interessant und befriedigend, und sie sei glücklich, in jeder ihr möglichen Weise zu helfen. Mit ihren Worten und Taten machte sie Ralph klar, dass sie mit ihm zusammen bleiben würde, auch wenn er nie wieder so viel verdienen würde wie zuvor. Vier Monate nach seiner Entlassung aus dem Krankenhaus machte Ralph Tracy einen Heiratsantrag. Er wusste, dass er seine Frau gefunden hatte, diejenige, die ihn liebte und die unter allen Umständen zu ihm halten würde.

Wenn Ihr Partner eine ähnlich schwierige Situation durchmacht, können Sie mit folgenden unterstützenden Worten Tracys Beispiel folgen:

Sagen Sie nicht:	Sagen Sie:
„Du Versager, was ist los mit dir? Wie sollen wir überleben?“	„Wir können das gemeinsam durchstehen. Was kann ich tun, um dir zu helfen?“
„Ich kann nicht mehr länger warten. Meine Freundinnen heiraten und haben schon Kinder.“	„Was jetzt wichtig ist, ist eine neue Strategie, um mit dieser Situation fertig zu werden. Lass uns über die uns zur Verfügung stehenden Möglichkeiten sprechen.“
„Der Mann meiner Freundin Marie ist gestern erst befördert worden.“	„Ich weiß, dass du die Ziele, die du dir setzt, auch erreichen wirst. Mach dir keine Sorgen darüber, wie lange es dauert – tu einfach dein Bestes. Ich bin da, um dich zu unterstützen.“

Was Frauen tun können

- Es ist ganz wichtig zu wissen, dass ein Mann in diesem Stadium das, was ihn bewegt, ausdrücken muss. Sie müssen ihm zuhören, wenn er über seine Gedanken, Gefühle und Sorgen spricht. Drängen Sie ihn nicht, dauernd sein Herz auszuschütten, aber wenn er beginnt, über das zu reden, was er durchmacht, hören Sie ihm zu. Bringen Sie Ihr Mitgefühl durch Fragen zum Ausdruck, die es ihm ermöglichen, seine Gefühle mitzuteilen, ohne dass sein Stolz verletzt wird. Lassen Sie ihm so viel Zeit wie er braucht, um Ihnen von seinen Enttäuschungen, Ängsten, seinem Bedauern und seinen Hoffungen zu erzählen. Sie sind wahrscheinlich die Einzige, mit der er diese Dinge teilt.
- Bestärken Sie ihn. Erinnern Sie ihn an all seine großartigen Fähigkeiten. Helfen Sie ihm dabei, auf seinem beruflichen

Weg an die Spitze oder bei seinem Comeback an sich selbst zu glauben. Sagen Sie ihm, dass Sie ihn lieben, egal was geschieht. Verleihen Sie Ihrer Bewunderung dafür Ausdruck, wie er mit einer Periode extrem großer Anforderungen oder Widrigkeiten fertig wird.

- Trösten Sie ihn; versichern Sie ihm, dass dies eine weitere Hürde ist, die er überwinden kann. Sagen Sie ihm, dass Sie dies zu zweit durchstehen werden. Stehen Sie ihm mit Ermutigungen zur Seite, wo immer Sie können.
- Seien Sie geduldig. Geben Sie Ihrem Partner Zeit und Freiraum, sich durch diese Phase hindurchzukämpfen. Versuchen Sie, nicht gekränkt zu sein, wenn er sich zurückzieht. Häufig verstehen Männer all die Gefühle selbst nicht, die sie haben, wenn sie auf Hochtouren arbeiten, um an die Spitze zu gelangen, oder wenn ihre gesamten Zukunftspläne durch eine unerwartete Wendung der Dinge zu Fall gebracht werden. Manchmal brauchen sie Zeit und Freiraum, um die Dinge gedanklich durchzuarbeiten, bevor sie ihre Gefühle in Worte fassen können.

Was Frauen nicht tun sollten

- Vermeiden Sie es, zusätzlichen Druck auf ihn auszuüben. Egal in welcher Situation – bringen Sie Ihre Beziehung einem Mann gegenüber, der sich in der Vorbereitungsphase oder dem Comeback-/Neubeginn-Stadium befindet, nicht in einem besorgten Ton zur Sprache. Er ist nicht in der geeigneten Verfassung, darüber zu reden. Ein Mann wird unter Garantie nicht Ihren Wünschen gemäß reagieren, wenn Sie zu diesem Zeitpunkt das Thema Ehe anschneiden. Wenn Ihnen Ihre Partnerschaft etwas wert ist, bleiben Sie gelassen und überlassen es dem Mann, das Tempo zu bestimmen.
- „Belagern“ Sie ihn nicht. Wenn Ihr Partner kürzlich in seiner Stellung „abgeschossen“ wurde, ist Ärger in der Beziehung das Letzte, was er brauchen kann. Sie sollten

vermeiden, schwierige Themen zur Sprache zu bringen, die das Potenzial für einen Streit in sich tragen.

- „Schlagen“ Sie nicht auf ihn ein, wenn er k. o. ist. Er fühlt sich unsicher und emotional verletzbar; machen Sie sich nicht darüber lustig, dass er auf einer niedrigen Sprosse der Karriereleiter steht oder ganz von vorn beginnen muss. Weisen Sie nicht auf die gewaltigen Fortschritte der Männer von Freundinnen oder Bekannten hin. Betonen Sie in Ihren Unterhaltungen und Kommentaren die starken Seiten Ihres Partners. Tun Sie alles in Ihrer Macht Stehende, um sein Selbstvertrauen zu stärken.
- Reden Sie nicht dauernd über Ihre Arbeit. Vermeiden Sie im Wesentlichen mit dem Beruf zusammenhängende Themen, es sei denn, er schneidet sie von sich aus an. Ihre beruflichen Erfolge oder Schwierigkeiten lösen bei ihm nur wieder die gleiche endlose Reihe von Sorgen über seine beruflichen Leistungen oder kürzlichen Rückschläge aus. Bemühen Sie sich nach bestem Vermögen, unbeschwerte und hoffnungsvolle Gespräche zu führen.
- Bedauern Sie ihn nicht. Er wird es Ihnen übel nehmen.
- Seien Sie keine Freundin nur für gute Zeiten. Anders ausgedrückt, wenn Sie an einer langfristigen Beziehung mit diesem Mann interessiert sind, machen Sie sich klar, dass Sie in allen Widrigkeiten und bei sämtlichen unerwarteten Misserfolgen im Leben füreinander da sein müssen. Stehen Sie in dieser schwierigen Zeit zu ihm und zeigen Sie ihm, dass Sie eine Bundesgenossin sind, auf die er in jeder Lebenslage vertrauen kann. Das wird Ihnen einen großen Vorteil einbringen, wenn Ihr Partner für eine festere Bindung mit Ihnen bereit ist.

Wenn Sie durchhalten und Ihren Partner während dieser schwierigen Zeit unterstützen, wird er Ihre Liebe, Hilfe und den Umstand, dass Sie immer für ihn da waren, hoch schätzen. Wenn er sich in seinem Beruf zur Spitze hocharbeitet oder einen kürzlich erlittenen beruflichen Rückschlag überwindet, werden Sie beide davon profitieren.

Was können Sie dabei gewinnen?

In dieser Situation hat eine Frau die Macht, einen Mann zu trösten und „aufzubauen". Sie können die Partnerschaft verbessern, indem Sie sein Selbstwertgefühl stärken. Er wird sich stets daran erinnern, dass Sie während einer schwierigen Phase für ihn da waren. Er wird seine Beziehung zu Ihnen in einer Art und Weise intensivieren, die ihn für Ihre eventuellen beruflichen oder familiären Probleme sensibler werden lässt. Kurz gesagt, Sie beide werden ein engeres Band in Ihrer Beziehung zueinander knüpfen als je zuvor, wenn Sie Ihrem Partner jetzt beistehen. Außerdem merkt Ihr Freund, dass Sie die Fähigkeit besitzen, mit allen Lebenslagen fertig zu werden. Männer mögen diese Eigenschaft bei ihren Ehefrauen.

Das Übergangsstadium

Ihr Partner hat jetzt eine bestimmte berufliche Laufbahn eingeschlagen, seinen Traumjob gefunden (oder die Arbeitsstelle, die ihn zu seinem Traumberuf führen könnte), sich selbst bewiesen, gute Leistungen in seinem Beruf erbracht und das Vorbereitungsstadium hinter sich gebracht. Die darauf folgende Phase bezeichnen wir als Übergangsstadium. Dies ist der Punkt in der Karriere eines Mannes, wo er sich in einem bestimmten Fachgebiet etabliert hat und eine berufliche Laufbahn eingeschlagen hat, die ihn befriedigt. Er ist jetzt bereit, nach den Sternen zu greifen und sehr erfolgreich zu werden.

Charakteristische Merkmale des Übergangsstadiums

Die Übergangsphase in der beruflichen Karriere eines Mannes zeichnet sich durch eine Stärkung seines Selbstvertrauens und eine deutlichere berufliche Zukunftsperspektive aus. Es gibt keinen festen zeitlichen Rahmen für den Beginn dieses Stadiums. Da wir alle drei die Übergangsphase durchlaufen haben, werden wir Ihnen anhand unserer persönlichen Lebenserfahrungen erläutern, worauf Sie in diesem speziellen Stadium achten müssen.

Das Übergangsstadium kündigt sich durch ein klares berufliches Erfolgsmuster an. Bevor Chris die Übergangsphase erreichte, legte er beispielsweise sein Examen als staatlich geprüfter Buchhalter ab, machte einen Abschluss in Betriebswirtschaftslehre und war zum Posten eines Managers in einer der fünf großen Steuerkanzleien aufgestiegen. Brad hatte vor dem Eintritt in das Übergangsstadium das Jurastudium abgeschlossen und war vier Jahre als Assistenzstaatsanwalt bei einem Distriktstaatsanwalt tätig gewesen, wo er zahlreiche Fälle bearbeitet und Kenntnisse und Erfahrung in seinem Beruf gesammelt hatte. Rich kam nach Abschluss seines Medizinstudiums, dem Durchlaufen eines anstrengenden und anspruchsvollen Praktikums als Assistenzarzt, seiner Tätigkeit als Chefarzt und schließlich seiner Entscheidung, wo er als Arzt tätig sein wollte, in die Übergangsphase.

Wir zählen Ihnen diese Reihe von Leistungen nicht auf, um unser eigenes Loblied zu singen. Wir versuchen Ihnen damit deutlich machen, wie anspruchsvoll und fordernd die berufliche Karriere eines Mannes ist. Ein großer Aufwand an Zeit und Mühe ist nötig, um seinen Beruf zu erlernen und die für den Erfolg notwendige Erfahrung und Glaubwürdigkeit zu erwerben.

Das Übergangsstadium ist gekennzeichnet durch bedeutende Veränderungen, die mit dem Aufstieg eines Mannes auf der Karriereleiter verbunden sind. Ein Mann in der Übergangsphase ist wesentlich zuversichtlicher. Er hat das Gefühl, dass er immer „auf den Füßen landen" wird, egal welche Entscheidungen er trifft. Vielleicht erleben Sie, dass Ihr Partner den nächsten Schritt in seiner Karriere ins Auge fasst, wie Brad, als er nach Beendigung seiner Tätigkeit beim Distriktstaatsanwalt seine eigene Anwaltskanzlei eröffnete, und wie Rich, als er den Posten des Chefarztes in seinem Krankenhaus annahm. Diese Schritte bringen die Karriere eines Mannes voran, vergrößern seine Zuversicht und er macht sich einen Namen in seinem beruflichen Fachgebiet.

Seien Sie vor den während des Übergangsstadiums auftretenden Angebereien auf der Hut

Manchmal überträgt sich das Selbstvertrauen, das Männer während der Durchgangsphase ihrer beruflichen Karriere gewinnen, auf ihr Privatleben – und verleiht ihnen mehr Selbstsicherheit gegenüber Frauen. Einige Männer hegen die dumme Vorstellung, dass Geld Macht verleiht und sie nichts weiter zu tun bräuchten, als in eine Bar oder einen Nachtklub zu gehen, ihre Brieftasche demonstrativ in der Hand, um für eine schöne, intelligente Frau attraktiv zu sein. Nehmen Sie sich vor Männern in Acht, die ihre neu entdeckte Fähigkeit, Geld zu verdienen, zur Schau stellen. Das ist nicht der Typ Mann, mit dem Sie sich auf eine Beziehung einlassen sollten, wenn Sie Heiratsabsichten haben.

Sam, ein Bekannter von uns, begann sich bei seinem Eintritt ins Durchgangsstadium schrecklich zu benehmen. Als staatlich geprüfter Buchhalter hatte er eine sehr hohe Stellung in einer Kapitalbeteiligungsgesellschaft bekommen und sich zu einer Nervensäge entwickelt. Er fuhr mit seinem neuen Porsche mit aufklappbarem Verdeck bei den Nachbarn vor, seine 18 Euro-Zigarren fein säuberlich in seinem tragbaren Zigarrenbehälter verstaut. Wenn er zu seinem Strandhaus fuhr, stieg er in Schuhen von Gucci und mit einer Sonnenbrille von Armani aus dem Auto und machte eine dramatische Kunstpause, bevor er sich auf die dort stattfindende Party begab. Trotzdem dieser Mann ganz leicht zu durchschauen sein scheint, haben wir doch viele Frauen getroffen, die sich auf Beziehungen mit Männern wie ihm einließen und zwangsläufig irregeführt und verletzt wurden.

Die feste Bindung wird kommen

In der Übergangsphase beginnen die Männer ihre Aufmerksamkeit auf das Thema Partnerschaft zu richten. Sehr häufig wollen sie häuslich werden, sich verloben, heiraten und eine Familie gründen. Das Übergangsstadium wird begleitet von einem neuen Gefühl der Stärke, Zuversicht und Leistungsfähigkeit.

Wir drei erreichten etwa zur gleichen Zeit die Übergangsphase, nämlich ungefähr zehn Jahre nach unserem Collegeabschluss. Wir erfüllten als Schüler und später Studenten sowie durch das Erlernen unserer jeweiligen Berufe unser Soll. Privat hatten wir sehr viele Beziehungen mit einer Menge verschiedener Frauen.

Die Mühe all dieser mit harter Arbeit angefüllten Jahre begann sich schließlich auszuzahlen. Als unsere Karrieren anspruchsvoller wurden, wollten wir natürlich weniger Zeit als Singles und „Partylöwen" verbringen. Sicherlich mögen wir es, auszugehen und auf die Pauke zu hauen, aber die Zeiten, in denen wir fünf von sieben Nächten pro Woche unterwegs waren, sind für uns zu einer fernen Erinnerung verblasst.

Brad und Rich machten ihren Traumfrauen einen Heiratsantrag und das Puzzle fügte sich zu einem vollständigen Bild zusammen. Behalten Sie im Gedächtnis, dass diese erfolgreichen Beziehungen keine Frage des passenden Zeitpunktes, sondern der richtigen Frau waren, die Verständnis für die Stadien hatte, die ein Mann auf dem Weg zu einer festen Bindung durchläuft.

Rich ist der lebende Beweis dafür, dass ein Mann der Richtigen begegnen kann, bevor er Zuversicht und Vertrauen in Hinsicht auf seine Karriere gewonnen oder viele seiner beruflichen Ziele erreicht hat. Wenn eine Frau ihre Karten richtig ausspielt, wird sie mit dem Richtigen zum Traualtar schreiten, egal in welchem Stadium seiner beruflichen Laufbahn er sich zum Zeitpunkt ihres Kennenlernens gerade befindet. Rich begegnete Marla in seinem ersten Jahr als Assistenzarzt – in der Vorbereitungsphase seiner Karriere. Rich erkannte das in Marla steckende Potenzial zur Ehefrau sofort. Solange er seine Karriere ohne Beeinträchtigung durch seine Partnerschaft verfolgen konnte und solange die Beziehung Fortschritte machte, fühlte er sich wohl mit Marla, die selbst in einem so frühen Stadium seiner beruflichen Laufbahn die Richtige für ihn war.

Sie gingen drei Jahre miteinander, bevor sie zusammenzogen. Zu diesem Zeitpunkt wusste Rich, dass Marla sich mit ihm verloben wollte, aber gegen Ende seiner Zeit als Assistenzarzt musste er sich Gedanken über den nächsten Schritt in seiner beruflichen Laufbahn machen. Er befand sich in der Übergangsphase. So sehr er Marla liebte und heiraten wollte, wusste er doch, dass es für ihn wegen seiner Karriere nicht der richtige Zeitpunkt war. Sobald er seine nächste Stellung angetreten hatte, war er innerlich bereit für den mit der Planung einer Hochzeit einhergehenden Wirbel. Rich wusste, wie wichtig diese Zeit für sein und Marlas Leben sein würde und wollte auf den perfekten Augenblick für den Beginn ihres neuen gemeinsamen Lebens warten. Wenige Wochen nach Antritt seiner neuen Stelle machte Rich Marla einen Heiratsantrag, sechs Monate, nachdem er und Marla zusammengezogen waren. Sie setzten das Datum für den großen Tag auf ein Jahr später fest.

Marla war während Richs Übergangsphase auch unglaublich geduldig gewesen. Rich bewunderte und achtete Marla für ihre Geduld. Dies war sogar einer der Hauptgründe, weshalb er ihr einen Heiratsantrag machte. Marla verstand, was Rich während seiner Übergangsphase zu bewältigen hatte. Sie sprach nicht ständig über Verlobung und Ehe, obwohl sie drei Jahre miteinander gegangen waren. Aus Richs Verhalten schloss Marla zuversichtlich, dass Rich sich fest an sie gebunden fühlte und ihr schließlich einen Heiratsantrag machen würde.

Die richtige Frau

Die Frau, der ein Mann im Übergangsstadium wahrscheinlich einen Heiratsantrag machen wird, steht vermutlich selbst an einem ähnlichen Punkt in ihrem Leben. Eine Frau in dieser Situation blickt vertrauensvoll und zuversichtlich in die Zukunft und wird sich bei dem Gedanken wohl fühlen, den nächsten Schritt auf dem Weg zu einer festen Bindung zu tun. Sie sollte nicht nur die gleiche Wellenlänge wie ihr Partner haben, sondern auch ebenso unabhängig sein wie er.

Seit dem Erscheinen von *Was Mann wirklich will* werden wir ständig gefragt, wie Männer über Frauen denken, die beruflich erfolgreich sind oder die mehr Geld verdienen als Männer. Fühlen wir uns bedroht? Sind wir eifersüchtig? Nimmt es uns die Lust? Um ganz offen zu sein – wir finden es sehr attraktiv. Es gefällt uns, wenn eine Frau Selbstvertrauen hat und unabhängig ist und eine berufliche Karriere verfolgt. Wir sind der Ansicht, dass es außerordentlich wichtig für eine Frau ist, ein eigenes, erfülltes Leben zu haben.

Ein Mann in der Übergangsphase möchte lieber nicht viel über seine beruflichen Angelegenheiten sprechen, wenn er nach Hause kommt. Natürlich ist es gut, seine Freundin wissen zu lassen, was in seiner Arbeitsstelle geschieht, aber in diesem Stadium lastet so viel Druck und so viel anstrengende Arbeit auf uns Männern, dass dies das Letzte ist, worüber wir uns unterhalten möchten. Worüber wollen wir sprechen? Über das aktive, angenehme, erfüllte Leben unserer Partnerinnen. Es ist interessant, von etwas Neuem, Interessantem zu hören, anstatt über unseren Job zu reden. Die Konzentration auf die Aktivitäten seiner Freundin hilft einem Mann auch dabei, sich von seinem stressigen beruflichen Umfeld abzulenken.

Rich stellte fest, dass dies bei ihm ganz sicher der Fall war. Als Arzt ist jeder Tag für Rich stressig. Er muss wichtige Entscheidungen im Büro und im Operationssaal treffen, bei denen es um die Gesundheit und das Leben seiner Patienten geht. Das Letzte, was er möchte, ist, diesen Stress in sein Privatleben zu tragen. Er betonte sogar, dass er über diese anstrengenden Arbeitstage nicht mit seiner Verlobten Marla reden wollte. Er sprach hin und wieder über eine besonders beeindruckende Operation oder einen interessanten Fall mit ihr, aber er wollte seine Sorgen nicht tagtäglich zu Hause wieder „aufwärmen". Stattdessen ließ sich Rich gern von Marlas Arbeitstag als Steuerberaterin für das In- und Ausland berichten. Er interessiert sich für ihre Karriere und es hilft ihm, sich nach einem geschäftigen Arbeitstag zu entspannen, wenn er ihr zuhört. Er findet Marlas Erzählungen von der amerikanischen Firmenwelt und den Projekten, an denen sie arbeitet, faszinierend. Neben ihrer Ganztagsarbeit studiert Marla Betriebswirtschaftslehre in Villanova. Rich macht es Spaß, ihr bei ihren wirtschaftswissenschaftlichen Studien zu helfen, wenn sie ihn um seine Unterstützung bittet. Er schätzt den Umstand, dass er und seine künftige Frau völlig unterschiedliche berufliche Karrieren verfolgen und findet es außerordentlich erfrischend, am Ende seines Arbeitstages über etwas anderes als Medizin zu sprechen.

Natürlich gibt es auch Tage, an denen Rich mit überhaupt niemandem reden will, wenn er nach Hause kommt. An diesen extrem stressigen Tagen kommt er heim, isst rasch zu Abend und geht sofort ins Bett. Marla hat Verständnis dafür und gibt Rich Freiraum, wenn er ihn braucht. Rich tut dasselbe für sie. Dieses Verständnis war für ihre Beziehung enorm von Vorteil.

Wenn Brad von der Arbeit nach Hause kommt, ist das Letzte, was er möchte, nochmals auf alles zurückzukommen, was an diesem Tag geschehen ist. Brad ist sehr eingespannt in seiner Arbeit und genießt es, seiner Frau Cheryl zuzuhören, wenn sie von ihrem Arbeitstag berichtet. Cheryl ist als Einkäuferin in einem großen Warenhaus tätig, wo sie für die individuellen Wünsche bekannter und wohlhabender Leute zuständig ist. Cheryl besitzt ein besonderes Talent dafür, von den auf ihren Listen stehenden Kunden zu erzählen. Brad findet, Cheryl käme stets mit einer guten Geschichte über ihre prominenten Kunden nach Hause. Es macht ihm Spaß, sich anzuhören, was sie den Tag über erlebt hat, und zu versuchen, Cheryl bei der Steigerung ihrer Verkaufszahlen zu helfen. Brad genießt es, Cheryls Erfolg zu sehen, wenn er beispielsweise bei einer Preisverleihung eine berühmte Persönlichkeit sieht, die von seiner Frau eingekleidet wurde.

Was Sie während der Übergangsphase zu einem Mann sagen, kann Ihrer Beziehung schaden – oder sie stärken. Im Folgenden haben wir eine Liste dessen, was Sie zu einem Mann im Übergangsstadium nicht sagen dürfen, einer zweiten Liste mit dem, was Sie ihm sagen dürfen, gegenübergestellt. (Cheryl und Marla haben die positiven Äußerungen, die Sie in der „Sagen-Sie“-Liste finden, Brad und Rich gegenüber tatsächlich gemacht).

Sagen Sie nicht:	Sagen Sie:
„Werden wir jemals heiraten? Denkst du überhaupt darüber nach – oder warte ich die ganze Zeit vergeblich?“	„Lass dir eine komische Begebenheit erzählen, die heute in meiner Arbeit passiert ist.“
„Habe ich das richtig verstanden: Ich werde dich diese Woche überhaupt nicht sehen? Warum schickst du mir nicht per E-Mail ein Foto zu, damit ich mich daran erinnern kann, wie der Mann, mit dem ich angeblich zusammen bin, aussieht?“	„Ich werde dich vermissen diese Woche, aber ich weiß, wie voll dein Terminkalender ist. Bei mir ist es dasselbe. Mach mir trotzdem keine Vorwürfe, wenn ich nächsten Freitag über dich herfalle. Ich habe schreckliche Sehnsucht nach dir!“
„Hallo. Hallo! Freut mich auch, dich zu sehen! Ich kann nicht glauben, dass du zur Tür hereinkommst und überhaupt nichts zu mir sagst!“	„Ich kann sehen, dass du müde bist, Liebling. Ich habe dir eine Kleinigkeit zu essen hingestellt und die Zeitung auf dem Tisch liegen gelassen. Ich weiß, dass du Ruhe und Frieden brauchst. Ich gehe ins Bett und lese – du findest mich dort, falls du mich brauchst.“

Was eine Frau tun kann

- Konzentrieren Sie sich auf Ihre eigene Karriere oder Ihre persönlichen Interessen. Ein Mann im beruflichen Übergangsstadium sucht eine Frau, die ihre eigenen beruflichen Leistungen und Erlebnisse mit ihm teilen kann. Er will sich in den Unterhaltungen mit ihr auch von seinem beruflichen Stress ablenken. Bieten Sie ihm die Gelegenheit, sich für ihre Tätigkeiten zu interessieren.

- Seien Sie geduldig. Männer in der Übergangsphase ihrer Karriere würden häufig gern mit ihren festen Freundinnen zusammenziehen oder sich mit ihnen verloben, aber sie sind noch zu sehr auf ihre eigene berufliche Laufbahn konzentriert, um sich dabei wohl zu fühlen. Sie warten auf den Zeitpunkt, wo sich die Verhältnisse stabilisiert haben und sie für ihre Partnerinnen so sorgen können, wie sie es für richtig halten. Haben Sie Verständnis dafür und üben Sie keinen Druck aus.
- Gewähren Sie Ihrem Partner Freiräume. Ein Mann im Übergangsstadium seiner Karriere befindet sich mitten in einer sehr anstrengenden, fordernden Phase. Er wird eine Frau hoch schätzen, die dies versteht und ihm die Zeit für sich selbst gibt, die er nach der Arbeit oder an den Wochenenden braucht, um seinen Druck abzubauen.

Das Stadium des Erfolgs

Obwohl man uns auf den ersten Blick als erfolgreiche, beruflich hoch qualifizierte Männer einstufen würde, haben wir den Eindruck, dass wir uns noch immer in der Übergangsphase unserer Karriere befinden und bis zum Erreichen unserer beruflichen Ziele – dem Zeitpunkt, an dem wir als wirklich erfolgreich gelten –, noch ein weiter Weg vor uns liegt. Deshalb sprachen wir unsere männlichen Familienangehörigen, Freunde, Kollegen und Geschäftspartner auf das Thema an und erkundigten uns nach ihrer Meinung darüber, was beruflicher Erfolg für sie bedeutet und inwiefern er ihre Beziehungen zu Frauen beeinflusst. Wir richteten unser Augenmerk dabei auf allein stehende Männer im Erfolgsstadium ihrer Karriere.

Die wichtigste Information, die wir von erfolgreichen allein stehenden Männern erhielten, war, sie würden eine Frau brauchen, die sie lieben und von der sie geliebt werden, um sich vollkommen erfüllt zu fühlen. Obwohl sie beruflich bereits erfolgreich sind, fühlen sie sich unerfüllt, weil ihnen diese Partnerin fehlt, mit der sie ihr Leben zu teilen wünschen. Sie sind finanziell abgesichert und genießen ein enormes Maß an Respekt und Bewunderung, haben eine Menge Erfahrung gesammelt und Vertrauen in ihre Fähigkeiten. Sie haben es geschafft, können hervorragende berufliche Erfolge verzeichnen und wissen, dass sie fast alle ihre beruflichen Ziele erreichen werden.

Und wovor fürchten sie sich am meisten? Wir fanden heraus, dass sich allein stehende Männer im Erfolgsstadium vor dem Alleinleben fürchten. Sie machen sich Gedanken darüber, warum sie die Richtige nicht kennen gelernt haben – oder weshalb frühere Beziehungen nicht funktionierten –, und fragen sich, ob sie wohl jemals eine Frau treffen werden, mit der sie eine dauerhafte Bindung eingehen können. Sie machen sich Gedanken darüber, dass Frauen sich möglicherweise aufgrund ihres beruflichen Status und nicht um ihrer selbst willen „in sie verlieben" könnten. Obwohl diese Männer beruflich an der Spitze der Karriereleiter stehen, haben sie alle das Gefühl, dass ihnen ohne die richtige Partnerin in ihrem Leben etwas fehlt.

Die erfolgreichen Männer, mit denen wir sprachen, waren alle auf der Suche nach einer Frau, die sie lieben können und die ihnen auch privat oder beruflich zur Seite stehen würde. Einer dieser Männer brachte diesen Aspekt exakt auf den Punkt, indem er sagte: „Ich will eine Frau, mit der ich reden kann, eine Seelenfreundin – eine Partnerin, mit der ich ein angenehmes Wochenende zu zweit verbringen kann, nachdem wir jeden Abend in der Woche geschäftlich aus waren. Ich möchte mich mit ihr vor vielen Leuten ebenso wohl fühlen wie allein zu Hause." Aufrichtigkeit und Selbstvertrauen sind die zwei Eigenschaften, die erfolgreiche Männer an einer Frau mit dem Potenzial zur Ehefrau am höchsten schätzen.

Was kann eine Frau, die eine Beziehung mit einem Mann, der sich im erfolgreichen Stadium seiner Karriere befindet, fördern möchte, also tun? Wenn wir es vor dem Hintergrund dessen, was uns Männer in diesem beruflichen Stadium erzählt haben, beurteilen, ist es am wichtigsten, dass sich die Aufmerksamkeit einer Frau auf den Mann selbst, seine Persönlichkeit, richtet. Von Frauen, die es nur auf ihr Geld abgesehen haben, haben diese Männer die Nase voll. Jeder Hinweis auf seine Macht oder seinen Wohlstand reicht den Männern in der Regel aus, um einen endgültigen Schlussstrich unter eine Beziehung mit einer Frau zu setzen.

Auf der anderen Seite sind diese Männer offener und empfänglicher für Unterhaltungen über Beziehungen und tiefer gehende Gespräche über Partnerschaft als Männer, die das Stadium des Erfolgs noch nicht erreicht haben. Aufrichtigkeit ist die beste Strategie bei derartigen Unterhaltungen. Gespräche über frühere Ehen oder über eventuelle Kinder aus einer früheren Ehe sind diesen Männern sehr wichtig. Männer im erfolgreichen Stadium ihrer Karriere sind ehrlich interessiert daran, wie eine Frau ihre vergangenen Erfahrungen und künftigen Ziele sieht.

Wenn Sie eine Beziehung mit einem Mann in dieser Phase seiner beruflichen Laufbahn haben, bemühen Sie sich, seine Aufmerksamkeit mit einem offenen, direkten Gespräch über sich selbst und durchdachte Fragen über sein Leben zu gewinnen.

Sagen Sie nicht:	**Sagen Sie:**
„Alles, was du über meinen Exmann wissen musst, ist, dass er ein nichtsnutziger Scheißkerl war.“	„Mein früherer Mann und ich haben uns ineinander verliebt und geheiratet, aber wir konnten nie gut miteinander reden. Nach ein paar Jahren hatten wir die freundschaftlichen Gefühle, die zwischen uns bestanden, offenbar aufgebraucht.“
„Du hast genau den Geschmack, der mir zusagt, und dein Geld mag ich auch – du bist nicht wie mein letzter Freund, der sich einbildete, ein Hamburger und eine Cola im Auto seien ein Rendezvous.“	„Ich genieße unsere Unterhaltungen, dein Lachen und deine Offenheit.“

„Welchen Beruf hast du, dass du dir so einen Jaguar leisten kannst?"

„Ich suche nach einer ernsten Beziehung mit dem richtigen Mann, einem Partner, der mich und meine Söhne liebt und ein guter Vater für sie ist."

„Du bist schließlich Vorsitzender und solltest eine Skihütte und eine Eigentumswohnung in der Karibik kaufen können."

„Ich weiß, dass du hart arbeitest, aber was machst du gern, wenn du nicht arbeitest? Womit entspannst du dich und was zaubert dieses schöne Lächeln auf dein Gesicht?"

Was eine Frau tun kann

Wie kann eine Frau die Aufmerksamkeit eines Mannes auf sich ziehen, der sich im Stadium des beruflichen Erfolgs befindet? Im Folgenden finden Sie einige Methoden, die Sie anwenden können, um Ihre Chancen zu erhöhen, den erfolgreichen Richtigen zu einem Heiratsantrag zu bewegen.

- Ein energisches, zuversichtliches Vorgehen wirkt am besten – ein nettes Lächeln, ein fester Handschlag und eine freundliche Art schaffen die richtige Ausgangsposition für die Entwicklung der Dinge.
- Gespräche über aktuelle Ereignisse, Sport oder die Familie sind großartige Themen für eine lockere Unterhaltung. Bei diesen Themen geht es nicht um Beruf und Geld – und Männer im erfolgreichen Stadium ihrer Karriere wollen wesentlich lieber über diese Dinge sprechen als über ihren Beruf und den Ablauf ihres Arbeitstags. Denken Sie daran, dass erfolgreiche Männer immer ein bisschen paranoid sind und denken, dass Frauen sich nur für ihr Geld interessieren.

- Es mag sich vor dem Hintergrund dessen, was wir Ihnen über Männer im Allgemeinen gesagt haben, vielleicht erstaunlich anhören, aber Männer im Stadium des Erfolgs interessieren sich sehr dafür, was eine Frau über ihre früheren Beziehungen erzählt. Diese Männer wollen ganz unverhüllt darüber informiert werden, woran sie sind, und bieten keine Überraschungen. Wenn Sie sich in der Lage fühlen, mit diesen Männern über Ihre früheren Beziehungen zu reden, achten Sie darauf, dass Sie Ihren Exmann nicht dämonisieren. Tun Sie das, so wird der Mann, mit dem Sie sich unterhalten, denken, er könnte der Nächste auf der Liste sein.
- Nehmen Sie jede Gelegenheit wahr, Ihrem Partner zu zeigen, dass Sie sich in jeder Umgebung wohl und selbstständig fühlen. Wenn Sie eine gute Unterhalterin, Gastgeberin und Diplomatin sind, lassen Sie ihn das sehen. Männer im erfolgreichen Stadium ihrer Karriere stehen häufig im Licht der Öffentlichkeit und brauchen deshalb eine Partnerin, die sich gesellschaftlich anpassen kann. Wenn Sie in dieser Hinsicht Talente besitzen, sorgen Sie dafür, diese deutlich herauszustellen.
- Sagen Sie offen und ehrlich, was Sie in Ihrer derzeitigen Situation bei einem Mann suchen. Dies wird dem Richtigen Sicherheit geben, wenn er Interesse an Ihnen hat, und es wird auch Ihnen helfen, schneller herauszufinden, ob er eventuell der Richtige für Sie sein könnte.

Weshalb ist die Karriere eines Mannes überhaupt so wichtig?

Es ist wichtig für einen Mann, dass seine Familie, Freunde, Vorgesetzten und schließlich seine Partnerin ihn alle als einen hart arbeitenden, erfolgreichen Mann ansehen. Um mit sich selbst zufrieden zu sein, muss ein Mann seine berufliche Laufbahn kontinuierlich vorantreiben. Die Haltung eines sportlichen Wettkampfes, die er seiner Karriere gegenüber einnimmt, ist jetzt an die Stelle seiner sportlichen Leistungen und Lernerfolge in der Schule und auf der Universität getreten.

Offensichtlich trägt einem Mann sein beruflicher Erfolg auch noch andere Vorteile ein – Stolz auf seinen Titel, ein gutes Gehalt, hart erarbeitete Beförderungen oder Vergünstigungen und ein positives Feedback vonseiten seiner Klienten, Kollegen oder Vorgesetzten. Um es noch einmal zu betonen: Diese Dinge sind „Streicheleinheiten“ für das zerbrechliche Ego eines Mannes. Der gesellschaftliche Druck auf einen Mann, in seinem Beruf erfolgreich zu sein, ist sehr groß. Wenn er in seiner beruflichen Laufbahn gut vorankommt, hat ein Mann das Gefühl, sich ein wenig entspannen zu können. Er kann sich zurücklehnen und sich in dem enormen Maß positiver Bestätigung sonnen, die er erhält, wenn er diese gesellschaftlichen Anforderungen entsprechend erfüllt. Er kann zuversichtlich sein, was ihn selbst und seine Leistungen betrifft. Deshalb fühlt sich ein Mann im erfolgreichen Stadium seiner Karriere wohler dabei, sich in der Beziehung mit einer Frau mehr zu öffnen, als ein Mann, der sich in einer anderen beruflichen Phase befindet. Aufgrund unserer Erfahrungen wissen wir, dass sich ein Mann relativ wohl fühlen muss, um eine funktionierende, ernste Beziehung zu haben, egal in welchem Stadium seiner beruflichen Laufbahn er sich befindet.

Chris wurde in seiner ersten Steuerkanzlei sehr schnell befördert. Er war aber nicht ganz zufrieden, weil es keine der fünf großen Kanzleien war. Er glaubte, erfolgreicher sein zu können, und wollte unbedingt in einer größeren, anspruchsvolleren Kanzlei arbeiten, in der die Titel und Beförderungen einen wirklich großen Stellenwert hatten. Chris war nicht bereit, sich an eine Frau zu binden. Für uns war das kein Zufall. Wir wollen damit nicht sagen, dass Chris, wenn ihm zu diesem Zeitpunkt die Richtige begegnet wäre, keine Beziehung mit dieser Frau gehabt und nicht an eine künftige feste Bindung gedacht hätte. Wir wollen damit ausdrücken, dass das aktuelle Stadium von Chris’ beruflicher Laufbahn sein Verhalten in einer Partnerschaft beeinflusst hätte. Und dies trifft auf fast jeden in einem anspruchsvollen, gehobenen Beruf tätigen Mann zu.

Sobald ein Mann im Berufleben steht, stellt er fest, wie schwierig es ist, sich über Wasser zu halten. Er merkt, dass die Arbeitswelt stark vom Konkurrenzdenken geprägt ist und fängt an, nach dem Motto „fressen oder gefressen werden" zu leben. Ob das der Realität entspricht oder ein Mann es nur so empfindet – er nimmt oft eine Arbeitshaltung an, die ihm wenig Freiraum lässt. Er ist total eingespannt und gibt alles dafür, erfolgreich zu sein. Seine naiven Träume, ein professioneller Baseballspieler oder Hauptdarsteller in einem Kinokassenschlager zu werden, sind zerplatzt und er ist auf dem harten Boden der Realität gelandet. Ein beruflich hoch qualifizierter Mann, der sich für seine Karriere große Ziele gesteckt hat, merkt bald, dass er einen langen Weg zum Erfolg vor sich hat. Die Anforderungen und die harte Arbeit machen ihm nichts aus, aber er hat einen realistischen Blick dafür, wie viel Zeit, Mühe und Konzentration zum Erreichen seiner Ziele nötig sind.

An diesem Punkt wird die Situation für uns Männer schwierig. Wir wollen in unserem Beruf erfolgreich sein und wir wollen eine liebevolle Beziehung mit einer wunderbaren Frau. Je enger wir uns an eine Frau binden, desto intensiver widmen wir uns unserer Karriere. Wir bemühen uns, einen Mittelweg zu finden. Wir haben viele Frauen sehr verärgert, indem wir Verabredungen zum Abendessen verpasst, abends zu lange gearbeitet und einfach nicht genug Zeit miteinander verbracht haben. Es erscheint uns wie ein Teufelskreis, aus dem wir nicht entrinnen können. Wir arbeiten so angestrengt, um unseren Erfolg und finanziellen Wohlstand für uns und die Frau in unserem Leben zu sichern, aber manchmal investieren wir so viel Zeit in unsere Arbeit, dass keine Zeit bleibt, eine Beziehung aufzubauen und zu genießen. Ein Mann bekommt mit der Zeit das Gefühl, mit seinem Beruf verheiratet zu sein. Er denkt: „Ich gehe besser ins Büro und leiste die Überstunden ab, weil niemand ohne harte Arbeit an die Spitze kommt. Wenn ich mich nicht anstrenge, wird es meiner Firma schaden und ich weiß, dass jemand vor der Tür steht, der sich ins Zeug legt und mich ‚fressen' wird." Ein Mann möchte für sich selbst und seine Partnerin sorgen. Er hält sich selbst zu Disziplin und harter Arbeit an – zu sehr angestrengter Arbeit –, um zu finanziellem Wohlstand und Erfolg zu kommen.

Was Sie nicht tun sollten

Wir Männer finden es äußerst frustrierend, wenn unsere Partnerinnen kein Verständnis für den enormen Druck aufbringen, dem wir bei unserer Arbeit ausgesetzt sind, und in ihrer Unwissenheit diesen auf uns lastenden Druck noch verstärken. Es gibt wenige Dinge, die noch ärgerlicher sind, als zu versuchen, ein oder zwei anspruchsvolle berufliche Aufgaben zu bewältigen, und dabei alle fünf Minuten durch den Anruf einer Freundin gestört zu werden, die sich Gedanken darüber macht, was wir tun, weshalb wir noch im Büro sind und wann wir zu Hause sein werden.

Es ist schwer genug für einen Mann, spät am Abend oder an den Wochenenden im Büro zu sein, um zu versuchen, eine Arbeit zu beenden, anstatt einen sonnigen Tag oder einen entspannenden Abend mit der Frau, die er liebt, zu genießen. Wenn diese Zeit dadurch in die Länge gezogen wird, dass drängende Telefonanrufe seine Gedankengänge unterbrechen, wird ein Mann wirklich sehr wütend. Das Drängen ist nicht nur ärgerlich, sondern erzeugt auch Schuldgefühle. Der angestrengt arbeitende Mann denkt: „Ich sollte bei ihr sein und nicht im Büro. Weshalb werde ich anscheinend nie mit dem fertig, was ich erledigen muss, und habe nicht außerdem noch Zeit, mit ihr zusammen zu sein?" Schließlich akkumulieren diese Stressfaktoren und führen dazu, dass er (wenn er so ist wie die meisten Männer) die Kontrolle verliert und seine Freundin anfährt, was immer in einem Streit endet. Dann muss er das Büro um elf Uhr nachts verlassen und die Stadt nach Blumen absuchen, weil er weiß, dass er – obwohl er nur versucht, dieser Frau zu gefallen – geschrien hat und sich nun wieder mit ihr versöhnen muss.

Wir haben diese Situation bei einem engen Freund von uns immer wieder erlebt. Er ist ein sehr hart arbeitender Unternehmer, der sich bemüht, sein eigenes Geschäft aufzubauen. Er lebt in einer langfristigen, festen, monogamen Beziehung mit einer Frau, die er inzwischen vielleicht geheiratet hätte. Aber sie hat ihren Mangel an Verständnis gezeigt und ihn andauernd in der Arbeit angerufen und ihm das Leben schwer gemacht, indem sie sich erkundigte, was er mache, weshalb er so viel arbeite und wann er heimkäme. Unser Freund kann einfach nicht begreifen, warum die Frau, die er liebt, ihn so wenig unterstützt. So schmerzlich es auch für ihn war – unser Freund hat ernsthaft noch einmal darüber nachgedacht, ob diese Freundin die Richtige für ihn ist, wie er ursprünglich angenommen hat. Ihr drängendes Verhalten in Bezug auf seine Arbeit ist der Hauptgrund dafür, dass er ihr keinen Heiratsantrag gemacht hat. Wahrscheinlich wird er es nie tun.

Wir Männer hassen es, eine von der Frau in unserem Leben zubereitete Mahlzeit zu verpassen, weil wir bis spät in den Abend hinein arbeiten müssen. Denken Sie einmal darüber nach – wer würde nicht lieber einer reizenden Frau gegenübersitzen, bei Kerzenschein zu Abend essen, Wein zusammen trinken, anstatt nach der Lösung für ein Problem zu suchen, das gegen Ende des Arbeitstages aufgetaucht ist? Wir sind enttäuscht, wenn wir nicht zur vereinbarten Zeit aus dem Büro weg können oder wenn wir, was noch schlimmer ist, zu spät zu einem Abendessen kommen, auf das wir uns den ganzen Tag gefreut haben. Wir wissen, dass unsere Freundinnen enttäuscht sind, wenn das passiert, hoffen jedoch, dass sie unsere Situation verstehen. Wir mögen die Anrufe nicht, mit denen sie sich erkundigen, wann wir zu Hause sein werden. Wir wollen diejenigen sein, die zuerst zu Hause anrufen, um unsere Partnerin zu informieren, dass wir uns verspäten werden, und später in einem zweiten Telefonat Bescheid sagen, dass wir auf dem Heimweg sind. In der Zeit zwischen diesen Anrufen wollen wir uns auf unsere anstehende Aufgabe konzentrieren können.

Wenn wir unseren Partnerinnen sagen, dass wir uns verspäten werden, entgegnen die Freundinnen, die über das Potenzial zu einer Ehefrau verfügen: „Mach dir keine Gedanken, Liebling. Ich weiß, dass du hart arbeitest, und wir werden das Essen genießen, wenn du deine Arbeit beendet und dich entspannt hast. Lass dir so lange Zeit, wie du brauchst. Ruf mich nur kurz an, bevor du losgehst, und ich werde das Abendessen aufwärmen, sodass es warm ist, wenn du ankommst.“ Wenn Sie wollen, dass Ihre Beziehung in eine feste Bindung mündet, sollten Sie ebenso antworten. Eventuell wollen Sie Ihren Partner sogar noch mehr von dem auf ihm lastenden Druck befreien, indem Sie sagen: „Weshalb planen wir nicht ein nettes Abendessen irgendwo auswärts am Samstag, sodass du dir keine Gedanken darüber zu machen brauchst, wann du heute nach Hause kommen wirst. Ich werde schon einmal anfangen zu essen und werde dir dein Essen aufwärmen, wenn du heimkommst.“

Positive Resultate

Vielleicht fällt Ihnen auf, dass Ihre Beziehung dann besonders gut funktioniert, wenn es beruflich gut für Ihren Partner läuft. In diesem Fall ist er wahrscheinlich sehr glücklich, voller Zuversicht und Energie, wenn er mit Ihnen zusammen ist. Wenn in seiner beruflichen Laufbahn alles reibungslos vonstatten geht, ist er entspannt und öffnet sich ein wenig, Ihre Unterhaltungen und Ihr Umgang miteinander werden positiver und bald stellen Sie fest, dass Sie in einer Liebesbeziehung leben, in der Potenzial zu einer langfristigen Partnerschaft steckt. Das Gefühl, etwas geleistet zu haben, das ein Mann empfindet, wenn in seinem Job alles gut läuft, macht ihn stolz, und er möchte, dass Sie ihn in diesem neuen Licht sehen. Er fühlt sich wie der König der Welt, der bereit ist, alle Herausforderungen anzunehmen. Wenn Ihr Freund den Eindruck hat, dass beruflich alles gut klappt, empfindet er vielleicht sogar mehr Liebe für Sie. Das kommt daher, dass ein Mann seinen Erfolg häufig als etwas Greifbares ansieht, das er mit einer geliebten Person teilen kann.

Es kann Ihnen enorme Vorteile einbringen, zu einem Mann zu halten, der sich seinen Weg auf der Karriereleiter nach oben erarbeitet. Ein Mann fühlt sich außerordentlich sicher bei einer Frau, wenn er merkt, dass sie imstande ist, selbst in seinen schwierigsten Zeiten zu ihm zu halten. Ein Mann interpretiert die Toleranz und das Verständnis einer Frau für seine langen Arbeitszeiten, seine Gereiztheit und seine schlechte Laune während problematischer beruflicher Phasen auf seinem Weg zum Erfolg als Zeichen großer Liebe. Auch wenn ein Mann nicht immer imstande ist, einer Frau während solcher schwierigen Phasen zu sagen, dass er sie schätzt, sind dies die Zeiten, in denen er ihre Geduld, Unterstützung und Liebe am meisten braucht. Es gibt noch ein besseres Resultat als Hochschätzung. So weit wir es beobachten konnten, münden Beziehungen, die Krisen überstanden haben, die normalerweise mit dem Aufstieg eines Mannes zur Spitze der Karriereleiter verbundenen sind, offenbar in die Ehe. Tun Sie Ihr Möglichstes, die Schwierigkeiten zu verstehen, mit denen Ihr Partner in seiner Karriere fertig werden muss, und unterstützen Sie ihn dabei, sie zu bewältigen.

Wir kennen eine Reihe von Frauen, die ihren Partner im Stich ließen, als dieser den schwierigsten Anforderungen seiner Karriere gegenüberstand. Die verlassenen Männer verloren die Hauptquelle ihrer moralischen Unterstützung zu dem Zeitpunkt, als sie diese am meisten gebraucht hätten. Können Sie sich eine schlimmere Situation vorstellen? Die Männer, die das durchgemacht haben, vergessen es nicht. Die Frauen, die sie verlassen haben, ebenfalls nicht. In der Regel bereuen sie ihre Entscheidung und ihre Taten am Ende und fragen sich später, wenn ihr ehrgeiziger Exfreund erfolgreich geworden ist: „Wie um alles in der Welt konnte ich diesen Mann nur ziehen lassen?“

Als dies Mike, einem mit Chris befreundeten Kollegen, passierte, fühlten wir mit ihm. Mike ging ein Jahr lang mit Cindy, einer zierlichen Architektin, die einen ganz individuellen, ausgefallenen Stil hatte. Cindy und Mike verspürten eine sofortige gegenseitige Anziehung füreinander als sie sich in einer Bar in der Stadt trafen, und begannen, eine Beziehung aufzubauen, die den Eindruck einer festen Partnerschaft machte – sie teilten ihre Liebe zur Kunst, zum Wandern und für alte Filme. Cindys Mutter mochte Mike sehr gern und Mikes Eltern waren entzückt, als Mike Cindy zu Thanksgiving[1] mit nach Hause brachte. Sie war genau der fröhliche, fürsorgliche Typ Frau, den sie sich für Mike erhofft hatten. Offenbar dachte jedermann, diese Beziehung hätte das Potenzial für eine langfristige Partnerschaft – wovon Mike auch Chris erzählt hatte.

Mike überlegte sich gerade, den Schritt hin zu einer engeren Beziehung zu unternehmen, als er von einer Reihe unerwarteter Krisen überrascht wurde. Innerhalb von zwei Monaten wurde der Chef, der Mike eingestellt und ihn gemocht hatte, durch einen Kleinkrämer ersetzt, Mikes Miete wurde erhöht und damit zu teuer für ihn und ein Klient, den er in seiner Buchhaltung beraten hatte, bekam eine Buchprüfung und drohte, Mike als Folge davon zu verklagen. Plötzlich fand sich Mike auf der Suche nach einer neuen Arbeitsstelle, einer neuen Wohnung und einem guten Rechtsanwalt. Er hatte fast überhaupt keine Freizeit mehr, die er mit Cindy verbringen konnte, und wenn sie zusammen waren, war er zerstreut. Sie hörten sogar auf, miteinander zu schlafen. Mike war vollkommen fertig und Cindy kam mit der Situation nicht zurecht. Sie war verletzt und wütend, dass Mike nicht mehr so häufig anrief, und er lud sie auch nicht mehr zu den ausgedehnten Abendessen und den Spätfilmen ein, die sie liebte. Sie sah Mike fast überhaupt nicht mehr und Mike war ein Nervenbündel, wenn sie sich trafen. Nach einem Monat hatte Cindy die Nase voll und trennte sich von Mike. Sie sagte ihm, dass er ein sehr netter Mann sei, dass aber die Beziehung mehr Mühe als Spaß mache und sie dazu derzeit einfach nicht bereit sei. Mike brach das Herz und er hatte das Gefühl, dass ihm die letzte stabile Stütze weggezogen wurde. Er bat Cindy inständig, bei ihm zu bleiben – er war sicher, dass sich die Lage wieder bessern würde. Sie blieb nicht.

---

1 Thanksgiving: amerikanischer Feiertag, jeweils am vierten Donnerstag im November. Er erinnert an das erste Erntedankfest, das die Pilgrim Fathers (wörtlich: Pilgerväter) 1621 nach ihrer ersten erfolgreichen Ernte in Amerika feierten. (Anm. d. Ü.)

Mike überstand die schwierige Zeit und betreibt nun, fünf Jahre danach, seine eigene, sehr erfolgreiche Steuerkanzlei. Er hatte Beziehungen, hat aber noch keine Frau gefunden, mit der er eine so enge Beziehung eingegangen ist wie mit Cindy. Es ist sehr schade, dass sie nicht ein bisschen mehr Geduld und Verständnis aufbringen konnte. Wäre ihr dies möglich gewesen, hätte sie großen Gewinn aus ihrer Beziehung gezogen, einschließlich der Liebe eines unverwüstlichen und erfolgreichen Mannes.

Im Folgenden finden Sie einige Vorschläge für empfehlenswerte Verhaltensweisen beziehungsweise Beispiele für nicht ratsames Benehmen, wenn Sie Ihrem Partner helfen wollen, sich in einer festen Beziehung wohl zu fühlen, egal was sich in seiner beruflichen Laufbahn ereignet:

- Unterstützen Sie stets die Karriere Ihres Partners und stellen Sie sich darauf ein, von Zeit zu Zeit an zweiter Stelle zu stehen.
- Lernen Sie, die drei unterschiedlichen Karrierestadien zu erkennen, und finden Sie heraus, in welcher Phase sich Ihr Partner befindet. Machen Sie sich klar, inwiefern jedes Stadium seiner beruflichen Laufbahn bestimmt, was Ihr Partner in eine Beziehung einbringen kann. Passen Sie Ihre Erwartungen an Ihren Partner und an die Beziehung diesen jeweiligen Bedingungen an.
- Ermutigen Sie einen Mann in der Vorbereitungsphase seiner beruflichen Karriere durch Zuspruch und positive Bestätigung. Er schätzt eine Frau, die sich für seine neue Aufgabe interessiert, ihm hilft, sich von Zeit zu Zeit von seiner Arbeit abzulenken, und bereit ist, der Beziehung Zeit zu geben, sich allmählich zu entwickeln, während er den überwiegenden Teil seiner Aufmerksamkeit seiner Arbeit widmet.
- Konzentrieren Sie sich auf Ihr eigenes Leben und Ihre persönlichen Ziele, wenn Sie eine Beziehung mit einem Mann im Übergangsstadium seiner Karriere haben. Seien Sie geduldig, was eine feste Bindung betrifft. Männer in dieser Phase brauchen Frauen, die unabhängig sind und ihr

eigenes Leben führen. Ein Mann schätzt eine Partnerin sehr, die zuversichtlich und klug genug ist, ihm beim Erreichen wichtiger beruflicher Ziele zu helfen, die ihn auf seinem Weg zum Erfolg gut voranbringen.

- Zeigen Sie einem Mann, der sich im Erfolgsstadium seiner Karriere befindet, Ihre Erfahrung und seien Sie offen und ehrlich zu ihm. Diese Männer brauchen von Anfang an Offenheit vonseiten einer Frau und treiben die Entwicklung einer Partnerschaft gern ein wenig schneller voran. Sie wollen, dass eine Frau sie um ihrer selbst willen liebt – und nicht wegen ihres Vermögens oder ihres Erfolgs.
- Halten Sie während der schwierigen Zeiten zu Ihrem Partner und es wird sich auszahlen.

Sie kennen nun die verschiedenen Karrierestadien, die ein Mann durchläuft und seine Gefühle in Hinsicht auf eine engere Beziehung in der jeweiligen Phase. Dieses Wissen ist sehr wertvoll, wenn Sie nach dem Mann suchen, mit dem Sie hoffen, den Rest Ihres Lebens zu verbringen, denn dadurch optimieren Sie Ihre Chancen für eine erfolgreiche Beziehung mit ihm. Wenn Sie nicht bereits mit einem beruflich hoch qualifizierten Mann liiert sind, von dem Sie glauben, dass er Sie als potenzielle Ehefrau sieht, werden Sie sehr wahrscheinlich den Richtigen kennen lernen. In den nächsten zwei Kapiteln erklären wir Ihnen, wie man einen Mann, der bereit ist, eine feste Bindung einzugehen, erkennen kann, und stellen Ihnen einige Methoden vor, mit deren Hilfe Sie ihn in der Anfangsphase einer Beziehung halten können.

4

Hindernisse auf dem Weg zu einer engeren Beziehung: Teil I

Blind Dates, Online-Rendezvous, Casanovas, „Schnellstart-Beziehungen" und Beziehungen mit Arbeitskollegen

Wenn Frauen Probleme mit der mangelnden Bereitschaft eines Mannes haben, eine engere Bindung mit ihnen einzugehen, dann liegt das in der Regel an einer der folgenden zwei Gründe: Entweder sie verlieben sich in den falschen Mann oder sie verderben die Beziehung mit dem richtigen Partner. Da wir Frauen helfen wollen, diese beiden Situationen zu vermeiden, haben wir gründlich über die für das Entstehen dieser Situationen verantwortlichen Gründe nachgedacht. Die Antwort ist einfach (zumindest für uns). Wir haben festgestellt, dass Frauen nicht wissen, wann sie ihre Zeit mit einem Mann verschwenden, der nie eine feste Bindung mit ihnen eingehen wird, oder sie versuchen, den richtigen Mann dazu zu drängen, eine engere Beziehung mit ihnen einzugehen, bevor er dazu bereit ist. In den folgenden beiden Kapiteln wollen wir uns auf die erste Situation konzentrieren. In den späteren Kapiteln werden wir Ihnen erklären, wie Männer über das Eingehen einer monogamen Beziehung und die Verlobung denken – und wie Sie dafür sorgen können, dass sich Ihr Partner bei beidem wohl fühlt.

Geben Sie dem Falschen den Laufpass beziehungsweise verbessern Sie Ihre Chancen beim Richtigen

Helene, eine Freundin von Brad, trieb Beziehungen zu Männern gern rasch voran. Wenn die Beziehung nicht schnell ernst wurde, war sie nicht glücklich. „Ich bin fast dreißig und habe keine Zeit zu verschwenden", rechtfertigte sie das schnelle Tempo, mit dem sie sich immer wieder in Beziehungen stürzte. Brad schlug Helene vor, in Bezug auf Männer eine langsamere Gangart einzuschlagen. Er wollte nicht, dass diese Freundin, die er schon jahrelang kannte, verletzt wurde, wenn zungenfertige Schmeichler und schnelle Abenteurer ihre Ungeduld ausnutzten. Seit Jahren erzählte Helene Brad von leidenschaftlichen Wochenenden mit unheimlich attraktiven Männern, die viel Geld und Format besaßen. Aber diese Geschichten hatten immer den gleichen Ausgang – innerhalb von zwei Wochen hörten die Telefonanrufe auf und Helene blieb mit gebrochenem Herzen zurück. Brad sagte Helene, diese Männer hätten es nur auf Sex abgesehen und seien hingerissen gewesen, mit einer schönen Frau wie ihr schlafen zu können. Er erklärte ihr behutsam, dass die Männer sie als günstige Gelegenheit für den Augenblick, nicht jedoch als potenzielle Ehefrau betrachtet hätten.

Dann erzählte Helene Brad schließlich von Stan, den sie als unbekannten Blind Date Partner kennen gelernt hatte. Er war ein Freund von Helenes Mitbewohnerin Maggie. Helene sagte, sie habe sich mit Stan in den Zeiten zwischen ihren Verabredungen mit den anderen Männern, von denen Brad wusste, dass sie Casanovas waren, getroffen, und denke, sie sei möglicherweise verliebt in ihn. Stan schien lieb, rücksichtsvoll, aufmerksam und, nach Helenes Erzählungen zu urteilen, bei ihr an mehr interessiert zu sein als nur am Sex. Stan hatte mit Helene gerade einen romantischen Wochenendausflug aufs Land gemacht und die erste Nacht seit Beginn ihrer Rendezvous vor sechs Monaten mit ihr verbracht. In der darauf folgenden Woche hatte Stan Helene mehrmals angerufen, um für das kommende Wochenende am Samstagabend ein Treffen auszumachen und ihr zu sagen, wie sehr er ihre Zeit in der Blockhütte am See genossen habe. Wir hatten den Eindruck, dass Helene nicht die Einzige war, die es „erwischt" hatte.

Selbstverständlich sahen Helene und Stan sich immer häufiger. Ein halbes Jahr später verabredeten sie sich nur noch miteinander und gingen mit keinem anderen Partner mehr aus. Helene schwärmte von Stan, seiner Intelligenz, seinem Humor und seinem guten Aussehen. Aber sie beklagte sich auch ständig darüber, dass er sich zu sehr auf das Import-Export-Unternehmen seiner Familie konzentrierte. Sie habe das Gefühl, mit seiner Arbeit konkurrieren zu müssen, was die Zeit betraf, die sie miteinander verbrachten. Brad sagte ihr, sie solle froh sein, einen ehrgeizigen Partner zu haben. Aber Helene war ungeduldig. Nachdem sie und Stan 18 Monate miteinander gegangen waren, kündigte sie an, sie würde mit ihrem Freund „ein Gespräch" über ihren Platz in seinem Leben führen und darüber, dass ihm die Arbeit wichtiger geworden sei als sie. Brad wurde Helene gegenüber sehr energisch und ernst, als er das hörte. Er warnte sie davor, zu versuchen, Stan dazu zu bewegen, weniger Zeit in sein Geschäft zu investieren, und empfahl ihr, lieber mehr Zeit damit zu verbringen, sich mit ihm über das Unternehmen zu unterhalten. Sie solle versuchen, ein ernst gemeintes Interesse an Stans Arbeit zu zeigen, und ihm einen Monat später wieder berichten.

Helene befolgte Brads Rat und hatte ihm aufregende Neuigkeiten mitzuteilen, als sie ihn anrief. Sie sagte, sie habe den Eindruck gehabt, als habe Stan darauf gewartet, dass sie sich nach dem Familienunternehmen erkundige, und habe ihr ganz eifrig davon erzählt. Er habe ihr seine ganzen Sorgen und Pläne anvertraut. Zu ihrer eigenen Überraschung, so sagte Helene, habe sie wirklich großes Engagement für Stans Arbeit entwickelt. Stan begann sie in geschäftliche und familiäre Bereiche einzuführen, von denen er ihr vorher lediglich erzählt hatte. Aus dem, was Helene Brad mitteilte, ließ sich entnehmen, dass dieser Mann eine engere Beziehung zu ihr entwickelte und wahrscheinlich ernsthaft über eine feste Bindung mit ihr nachdachte. Das stimmte. Vier Monate später rief Helene Brad an, um ihm die freudige Nachricht ihrer Verlobung mitzuteilen und ihm für seine Einsichten und Ratschläge zu danken.

* * *

Es gibt Warnsignale, die auf Hindernisse auf dem Weg zu einer engeren Beziehung hinweisen, auf die wir Männer achten, wenn wir mit jemandem gehen. Wenn bei einem Rendezvous oder in einer Beziehung die „Alarmglocken läuten", ist die Frau keine potenzielle Ehefrau und wird nie im weißen Hochzeitskleid mit uns zum Traualtar schreiten. Manchmal treffen wir diese „Mädchen für den Augenblick", weil wir Sex, Gesellschaft oder einfach Abwechslung suchen. Genau das soll Ihnen nicht passieren, wenn Sie auf der Suche nach dem Richtigen sind, mit dem Sie eine gemeinsame Zukunft aufbauen wollen. Frauen wie Helene sind oft blind für solche Gefahren und verharren in Beziehungen, die keine Fortschritte machen. Wie Sie an ihrem Fall gesehen haben, können wir helfen!

Manchmal kann Ihre Reaktion und die Ihres Partners den Ausschlag dafür geben, ob Ihre Beziehung mit einer festen Bindung endet. Wir werden Ihnen verraten, wie Sie sämtliche gefährlichen Klippen umschiffen können. Mit ein wenig Hilfe unsererseits werden Sie imstande sein, Situation, Themen und Verhaltensweisen zu erkennen, die darauf hinweisen, dass Sie mit dem Falschen zusammen sind beziehungsweise sich auf dem richtigen Weg mit dem passenden Mann befinden.

Rendezvous mit Unbekannten: Das Blind Date

Im Allgemeinen haben wir festgestellt, dass Verabredungen mit einer unbekannten Rendezvouspartnerin ein sehr hilfreicher Weg sind, um allein stehende, für eine Beziehung offene Frauen kennen zu lernen. Der wesentliche Faktor bei diesen Blind Dates ist die Person, die diese Treffen arrangiert. Handelt es sich bei dieser Person um eine sehr gute Freundin oder einen sehr guten Freund von Ihnen, können Sie in der Regel zuversichtlich sein, dass der Mann, den Sie treffen werden, einige Eigenschaften haben wird, die Sie anziehend finden. Steht die Person, die die Treffen vermittelt, Ihrem Rendezvouspartner näher als Ihnen, stehen die Chancen, dass Sie jemanden kennen lernen, der Ihren Erwartungen entspricht, wesentlich schlechter. Sie könnten mit Frankenstein, Kevin Costner oder einem Mitteldding zwischen beiden zu einem Drink oder zum Abendessen verabredet sein.

Als Brad noch Single war, hatte er eine gute Freundin, die Blind Dates für ihn arrangierte. Nennen wir sie Sandra. Brad wusste, dass auf ein von Sandra vermitteltes Rendezvous immer Verlass war. Das kam daher, dass Sandra ihn und seine Vorlieben und Bedürfnisse gut kannte. Brad lernte durch Sandra eine ganze Reihe von Frauen kennen, die seinem Geschmack in Bezug auf ihr Äußeres, ihre Persönlichkeit und ihre Ansichten entsprachen.

Lori zum Beispiel war für Brad während seiner Junggesellenzeit ein sehr wichtiger Mensch. Brad lernte diese Frau eines abends in einer Bar kennen und sie unterhielten sich sehr gut miteinander. Lori traf sich bereits mit einem anderen, war aber sehr freundlich und hatte eine Menge allein stehender Freundinnen. Sie genoss es, mit Brad zusammen zu sein, und dachte, dass vielleicht eine Frau aus ihrer Clique sich gut mit Brad verstehen würde. Sie fragte Brad, ob er Lust hätte, sich am nächsten Abend ihr und einer Gruppe von Freunden und Freundinnen aus dem College anzuschließen. Brad tat es und ging schließlich einmal mit Amanda, einer von Loris Mitbewohnerinnen, aus. Die Beziehung entwickelte sich aber nicht weiter, und als Brad Lori von der Situation erzählte, lud sie ihn wieder ein, diesmal zu einem Treffen mit Arbeitskolleginnen. Er stimmte zu, und diesmal hatte er eine ziemlich lange Beziehung mit einer der Frauen.

Bei Dates ist es wesentlich, dass Sie die Augen offen halten und Gelegenheiten schaffen, nicht nur Menschen zu treffen, zu denen Sie sich hingezogen fühlen, sondern auch Leute, die Ihnen die Person, zu der Sie sich eventuell hingezogen fühlen, vorstellen könnten, so wie Brad dies in Bezug auf Sandra und Lori tat.

Chris hingegen hat in der Regel Blind Dates, die von Frauen arrangiert werden, die ihn nur von der Arbeit, aus dem Fitnessstudio oder durch einen gemeinsamen Freund kennen. Das Hauptinteresse dieser Frauen ist darauf gerichtet, einen Rendezvouspartner für ihre engen Freundinnen zu finden. Leider kennen diese Frauen Chris nicht besonders gut und wissen folglich nicht, was er an einer Frau mag. Die meisten Dates, die Chris mit einer Unbekannten hatte, führten nicht zu weiteren Verabredungen oder langfristigen Beziehungen.

Die Vorgehensweise

Blind Dates können ein spannender Weg sein, neue Menschen kennen zu lernen – oder aber eine demütigende Erfahrung. Es hängt davon ab, wie Sie bei dem entsprechenden Rendezvous vorgehen. Als sie noch nicht in einer festen Beziehung lebten, liebten Brad und Rich es, sich mit Unbekannten zu treffen. Jedes Rendezvous war eine neue Gelegenheit, die Bekanntschaft einer attraktiven Frau zu machen, mit der sie sich möglicherweise ausgezeichnet verstehen würden und die sie anderenfalls nicht kennen gelernt hätten. Brad und Rich gestehen, dass alles, woran sie denken konnten, wenn für sie ein Blind Date arrangiert wurde, war, wie sexy die Frau wohl sein würde. Dies mag oberflächlich klingen, aber Sie merken daran, mit welcher Spannung die beiden die Abende mit Frauen, die sie nie zuvor gesehen hatten, erwarteten.

Chris verhält sich anders, was Rendezvous mit Unbekannten betrifft. Er konzentriert sich weniger darauf, welchen Eindruck seine Rendezvouspartnerin auf ihn machen wird, sondern zerbricht sich vielmehr den Kopf darüber, inwieweit die Frau wohl positiv auf ihn reagieren wird. Will die Frau ihn nicht wiedersehen, nimmt Chris dies in der Regel sehr persönlich. Wenn Brad oder Rich hingegen zu einem Blind Date gingen und es nicht funktionierte, schrieben sie es ganz einfach dem Umstand zu, dass sie und ihre Rendezvouspartnerin nicht zueinander passten.

Wir stimmen alle drei überein, dass ein großer Vorteil von Blind Dates darin liegt zu wissen, dass die Frau, mit der wir ausgehen, bereit und in der Lage ist, eine Beziehung einzugehen. Wir gehen von dieser Annahme aus, weil sie „grünes Licht" für das Treffen gegeben und uns ihre Telefonnummer hinterlassen hat, damit wir uns mit ihr verabreden können. Zudem weiß ein Mann, für den ein Blind Date vermittelt wird, dass seine Rendezvouspartnerin seinen Anruf erwartet und sich sogar darauf freut. Dies nimmt einem Mann einen großen Teil der Angst und Unsicherheit, wenn er auf eine Frau zugeht. Trifft ein Mann von sich aus eine Frau und bekommt ihre Telefonnummer, hängt stets die Angst über ihm, dass er einen Korb von ihr bekommen könnte. Wir können die Male schon gar nicht mehr zählen, die wir die Telefonnummer gewählt haben, die eine Frau uns gab, und dann gefragt wurden, welche Pizza wir bei der hiesigen Pizzeria bestellen wollten, oder wo wir folgsam eine Nachricht nach dem Signalton hinterließen und nie eine Antwort erhielten. Bei einem Treffen mit einer Unbekannten hat ein Mann wenigstens die Sicherheit, dass die Frau ein offenes Ohr für seine Bemühungen hat, ein erstes Rendezvous zu verabreden. Wir finden alle drei, dass dies die Verabredung des ersten Treffens wesentlich erleichtert.

Befreien Sie sich vom Stigma der Blind Dates

Es besteht kein Grund, niedergeschlagen zu sein, wenn Sie sich mit unbekannten Rendezvouspartnern verabreden. Vielen Frauen ist es peinlich, dass sie von sich aus keinen Mann finden können und auf Freundinnen oder Freunde angewiesen sind, die ihnen helfen, jemanden kennen zu lernen. Lassen Sie sich davon nicht deprimieren. Es ist eine Tatsache, dass es schwieriger als früher geworden ist, sich zu Rendezvous zu verabreden.

Männer im Alter von Ende zwanzig oder Anfang dreißig, die in einem anspruchsvollen Beruf tätig sind, sind wesentlich flexibler geworden als in der Vergangenheit. Viele von uns ziehen in eine andere Stadt oder einen anderen Bundesstaat, wo sie neue Freunde oder Bekannte treffen, ganz zu schweigen von den neuen Rendezvouspartnerinnen. Auch wenn wir keinen Ortswechsel unternehmen, steht unsere Karriere an erster Stelle, und achtzig Stunden pro Woche zu arbeiten ist keine Ausnahme mehr, sondern inzwischen die Regel geworden. Es ist sehr schwierig, unter diesen Umständen Leute kennen zu lernen, also haben Sie kein unbehagliches Gefühl in Bezug auf Blind Dates. Sie können nicht wissen, ob Sie nicht vielleicht einen wirklich attraktiven Mann mit einem großartigen Charakter kennen lernen, der beruflich ebenso eingespannt ist wie Sie und der Sie als potenzielle Ehefrau betrachtet. Wir versichern Ihnen: Hätten Sie denselben Mann im Zug, im Waschsalon oder in einer Bar getroffen, hätten Sie ihn nie angesprochen.

Blind Dates können auch ein vorzügliches Heilmittel für diejenigen sein, die die Nase von der Bar- und Nachtklubszene voll haben. Wenn Sie nicht von selbst den Richtigen kennen lernen, ist es völlig in Ordnung, ein bisschen Unterstützung von Freunden zu bekommen. Ein von Freunden arrangiertes Rendezvous kann eine ausgezeichnete Alternative sein zu einem Ihrer wenigen freien Abende, die Sie in einem lärmigen Klub verbringen, wo Sie niemanden kennen lernen und von dem Sie mit klingenden Ohren nach Hause kommen. Sie müssen nur darauf achten, dass es eine gute Freundin beziehungsweise ein guter Freund ist, die/der das Treffen arrangiert – eine Person, die weiß, was Sie in einem Mann suchen, hat die besten Chancen, den Richtigen für Sie zu finden.

So unbehaglich Blind Dates auch sind und auch wenn es scheint, dass die Chancen gegen Sie stehen, denken Sie daran, dass die einzelnen Treffen sich total voneinander unterscheiden. Jedes neue Treffen birgt die Chance, die Liebe

Ihres Lebens zu finden. Es gibt viele glückliche Ehen, die mit einem Blind Date begannen. Also teilen Sie Ihren Freunden mit, dass Sie offen für diese Idee sind. Betrachten Sie ein solches Rendezvous als eine gute Gelegenheit – und was solls: Wenn es einfach nicht funkt zwischen Ihnen und dem Mann, sind Sie eben nicht die Richtigen füreinander. Lassen Sie sich von einem Rendezvous mit einem Mann, der grob, nicht anziehend oder einfach nicht Ihr Typ ist, nicht von weiteren Treffen mit Unbekannten abhalten aus der Angst, die nächste Verabredung könnte genauso sein. Sie haben gute Aussichten, wenn die richtige Person das Rendezvous arrangiert.

Der männliche Kuppler

Wenn Sie auf der Suche nach einer festen Bindung mit dem Richtigen sind, sollten Sie auf der Hut sein, wenn ein Mann ein Rendezvous mit einem seiner Kumpels für Sie arrangiert. Männer, die unter sexuellem Notstand leiden, halten nach jeder sich bietenden Gelegenheit Ausschau, mit einer Frau zu schlafen. Manchmal zwingt das Bedürfnis nach Sex einen Mann dazu, seinen Stolz zu bezwingen und seine Freunde zu fragen, ob sie nicht eine Frau kennen, mit der sie ein Rendezvous für sie arrangieren könnten. Männer sind sehr entgegenkommend, weil es ihnen mit der Zeit auf die Nerven geht, ihre Freunde über ihren Mangel an Aktivität klagen zu hören. Wenn Sie zu einem Treffen mit einem Mann gehen, das von dessen Freund arrangiert wurde, hat der Freund dies in der Regel nur getan, um seinem Kumpel zu Sex zu verhelfen.

Sehen wir den Tatsachen ins Auge. Männer sind nicht so umfassend informiert, was die Partnerschaftsvermittlung angeht. Welcher Mann kennt eine Frau, mit der er keine Beziehung hat, schon gut genug, um entscheiden zu können, ob sie zu seinem Freund passt? Es gibt Ausnahmen, aber im Allgemeinen denkt ein Mann, der für seine Freunde ein Rendezvous arrangiert, nicht in Ihrem Interesse. Er versucht, den sexuellen Notstand seines Freundes zu überbrücken. Wenn sich daraus eine Beziehung entwickelt, ist das großartig, es ist aber nicht das Ziel.

Es gibt noch eine weitere Wahrheit, die Sie vielleicht überraschen wird. In dem Augenblick, in dem ein Mann einem Freund erzählt, dass er eine Frau kennt, mit der er ein Rendezvous haben könnte, denkt dieser Freund sofort, dass die Frau „zweite Wahl“ sein müsse. Wenn sie so großartig ist, weshalb versucht dann sein Freund nicht sein Glück bei ihr? Männer sind nicht so großzügig. Vielmehr benehmen sie sich wie Platzhirsche, wenn es um tolle Frauen geht. Glauben Sie uns, der erste Gedanke eines Mannes ist nicht, seinen Freunden Rendezvous mit großartigen Frauen zu verschaffen. Der erste, zweite und dritte Gedanke eines Mannes ist, wie er es schaffen könnte, die Frau für sich selbst zu erobern.

Die weibliche Kupplerin

Sie haben eine weitaus bessere Chance, einen Mann zu finden, der das Potenzial für eine langfristige Beziehung mitbringt, wenn Frauen als Partnervermittlerinnen agieren. Frauen liegt eher daran, ihre Freunde und Freundinnen in liebevollen, guten Beziehungen zu sehen, die über eine einzige heiße Nacht hinausgehen. Wenn eine Freundin ein Rendezvous für Sie arrangiert, sind Ihre Aussichten auf Erfolg also wesentlich besser, was Ihre Absichten angeht – nämlich den Richtigen zu finden.

Denken Sie an Brads Freundin Sandra. Sandra war eine solche Bereicherung für Brad, dass er sie bat, einfach mit ihm zu Happy hours[2] oder zum Einkaufen zu gehen, um nach einem Mädchen Ausschau zu halten, das Sandra ihm vorstellen könnte. Es war ein Glück für Brad, eine so großartige Freundin zu haben, die auch eine vorzügliche Ehestifterin war. Durch ein von Sandra arrangiertes Blind Date lernte Brad schließlich auch seine Frau Cheryl kennen. Eine Freundin wie Sandra könnte Ihnen durchaus dem Richtigen vorstellen.

---

2 Happy hour: Zeit, in der Getränke (in Pubs etc.) zu ermäßigten Preisen angeboten werden (Anm. d. Ü.)

Was geht im Kopf Ihres unbekannten Rendezvouspartners vor?

Obwohl bei einer telefonischen Verabredung zu einem Treffen mit einer unbekannten Frau ein geringerer Druck auf uns Männern lastet, geht das Planen des Rendezvous mit seinen eigenen Anforderungen und Fragen einher. Soll ich sie zum Abendessen ausführen? Nein, das ist zu formell für ein Blind Date mit einer Unbekannten. Drinks? Vielleicht trinkt sie keinen Alkohol und schließlich ist es ein Abend unter der Woche. Auf eine Tasse Kaffee ausgehen? Nun ja, wenn wir das machen und es gut läuft und ich sie zum Abschied küssen möchte, riecht mein Atem nach Kaffee. Wird sie mich sympathisch finden? Vielleicht bin ich zu klein oder zu groß oder eventuell nicht gut genug für sie. Was ist, wenn ich sie nicht sympathisch finde? Wird es mir leicht fallen, ihr das schonend beizubringen? Was soll ich derjenigen sagen, die versucht hat, mich mit dieser Frau zusammenzubringen? Das sind die üblichen Dinge, die einem Mann vor einem Blind Date durch den Kopf gehen.

Für das Treffen an sich plant der Mann stets eine Möglichkeit ein, sich schnell zurückzuziehen, für den Fall, dass sich das Mädchen als Frankensteins Braut entpuppt. Wenn die Frau, die die Tür öffnet, hingegen aussieht wie Cindy Crawford, ist er clever genug, plötzlich nirgendwo mehr hingehen zu müssen, außer am nächsten Morgen zur Arbeit. Beim Treffen mit einer Unbekannten spielt das Äußere eine enorm große Rolle. (Erzählen Sie uns nicht, dass das bei Ihnen nicht der Fall sei!) Da wir die Frau, die wir bei einem solchen Rendezvous kennen lernen, nie zuvor gesehen haben, ist ihr äußeres Erscheinungsbild alles, woran wir Männer uns orientieren können. Wir mögen es, wenn eine Frau sich hübsch zurechtgemacht hat (ohne das Make-up zu übertreiben), gepflegt und gut angezogen ist, ohne dabei wie ein Opfer bestimmter Modediktate auszusehen. Wir wollen immer einen guten ersten Eindruck auf eine Frau machen, so dass Sie sicher sein können, dass die meisten Männer frisch geduscht, rasiert und passend angezogen erscheinen.

Einige Blind-Date-Erlebnisse

Es ist nicht vorbei, bevor es nicht vorbei ist

Wir möchten Ihnen nun eine unserer Lieblingsgeschichten über Blind Dates erzählen. Vor einigen Jahren waren Chris und Brad zufällig am gleichen Abend zu einem Blind Date verabredet. Chris, der damals noch nicht in Manhattan wohnte, kam zu Brad in die Wohnung, um sich dort für das Treffen fertig zu machen. Chris und Brad unterhielten sich darüber, wo sie hingehen würden, und machten aus, sich danach zu treffen für den Fall, dass ihre Verabredungen nicht gut liefen. Dann brachen sie auf – Chris zu einem ausgefallenen Restaurant im Norden von New York, Brad zu einer Bar im Stadtzentrum.

Nachdem Chris sein Abendessen etwa zur Hälfte beendet hatte, tauchte Brad allein im Restaurant auf. Seine Rendezvouspartnerin und er hatten sich nicht gut verstanden. Er zog sich einen Stuhl heran und erzählte Chris und dessen Rendezvouspartnerin alles. Chris bemerkte, dass seine Partnerin sich offenbar sehr für Brads Geschichte interessierte – und für Brad. Zwischen Chris und dieser Frau stimmte die Chemie nicht, sodass es ihn überhaupt nicht störte. Chris fand es sogar komisch.

Nach dem Abendessen gingen die drei in eine Bar. (Chris war zu diesem Zeitpunkt im Grunde genommen nur noch Zuschauer.) Brad und Chris' Rendezvouspartnerin begannen sich zu unterhalten, zu lachen und sich gemeinsam ziemlich zu betrinken. Schließlich überließ Chris die beiden sich selbst und ging nach Hause. Brad, der nun das zweite Blind Date an diesem Abend hatte, machte das Beste daraus – er ging mit der Frau in deren Wohnung und sie verbrachten eine aufregende Nacht miteinander.

An dieser Geschichte können Sie sehen, dass man nie voraussagen kann, wie eine Verabredung enden wird. Chris und seine Rendezvouspartnerin passten nicht zueinander, aber sie verstand sich ausnehmend gut mit Brad. Wenn Sie sich lediglich deshalb mit einem Unbekannten verabredet hatte, um Spaß zu haben, dann hatte sie ihn bestimmt gefunden – als „Mädchen für den Augenblick". War sie auf der Suche nach dem Richtigen gewesen, hatte sie ihre Karten nicht richtig ausgespielt, indem sie die erste Nacht zu einer so stürmischen Begegnung gestaltete. Keine Frau, die in der ersten Nacht mit einem Mann schläft, wird von diesem als potenzielle Ehefrau eingestuft. So altmodisch das klingt – so ist es leider. Prägen Sie sich das gut ein.

Was kann eine Frau tun, um ein Blind Date zu einem für ihn unvergesslichen Erlebnis zu gestalten?

Der Anruf

Beginnen wir beim Telefonat. Ein Mann zieht eine Menge Schlüsse aus diesem ersten Kontakt. Wenn Ihnen ein Telefonat als nichts Besonderes erscheint, stellen Sie sich vor, wie wir uns bei einer Unterhaltung wie dieser fühlen:

> *Chris*: Hallo, hier ist Chris.
> *Unbekannte Rendezvouspartnerin*: Chris ... welcher Chris?
> *Chris*: Sie wissen schon, der ehemalige Mitschüler und Freund der Cousine von Lisas Schwester, der Ihren Chef kennt.

Wir begreifen nicht, weshalb Frauen ihren Freundinnen oder Freunden ihre Telefonnummer geben, damit diese ein Treffen mit einem Unbekannten arrangieren können, und sich dann so verhalten, als hätten sie keine Ahnung, wer der Mann ist, wenn er anruft. Bitte, meine Damen – machen Sie es einem Mann etwas einfacher. Versuchen Sie, Ihre Stimme so klingen zu lassen, als wüssten Sie genau, wer Ihr unbekannter Rendezvouspartner ist, wenn er anruft. Denken Sie daran, ihm zu sagen, wie sehr Sie sich freuen, dass er Sie anruft und dass Sie von Ihren Freunden positive Dinge über ihn gehört haben. Haben Sie Verständnis dafür, wie stressig es für ihn ist, Sie anzurufen, und klingen Sie freudig gespannt, wenn Sie sich mit ihm unterhalten. Sie werden ihm sofort seine Befangenheit nehmen, das Gespräch wird entspannter – und das bringt Ihnen prompt einen großen Pluspunkt bei ihm ein.

Sie treffen sich

Der Tag Ihres Rendezvous ist gekommen. Was liegt jetzt an? Wie wir bereits erwähnt haben, spielt das Äußere an diesem ersten gemeinsamen Abend eine große Rolle. Entweder Ihr Aussehen entspricht dem Geschmack Ihres Rendezvouspartners oder nicht. Sie können nicht viel in Bezug auf Ihre Größe, Haarfarbe, Gewicht oder Gesichtsfarbe tun. Aber Sie können dafür sorgen, dass Sie eine Ausstrahlung haben, die die meisten Männer unwiderstehlich finden. Dies können Sie erreichen, indem Sie sich in Ihrer eigenen Haut wohl fühlen und dies durch eine Aura der Zuversicht, guter Laune und Optimismus zum Ausdruck bringen. Wenn Sie nicht mit einem wirklich guten Gefühl bei einem Rendezvous erscheinen können, sondern gute Laune vortäuschen müssen oder in schlechter Stimmung sind, ist es wahrscheinlich vorteilhafter für Sie, das Treffen abzusagen. Wenn Sie zu der Verabredung gehen, dann betreten Sie den Raum oder die Eingangshalle rechtzeitig und gut gelaunt. Begrüßen Sie Ihren Rendezvouspartner mit einem Handschlag und Ihrem freundlichsten Lächeln. Versuchen Sie, ihm ein Kompliment zu machen und nehmen Sie nette Komplimente seinerseits liebenswürdig entgegen.

Im Restaurant oder in der Bar

Das ist Ihre Chance, sich gegenseitig kennen zu lernen und Ihrem Rendezvouspartner einen Einblick in Ihre Persönlichkeit zu geben, der über Ihr äußeres Erscheinungsbild hinausgeht. Beantworten Sie also seine Fragen und stellen Sie ihm

Fragen über sein Leben. Sorgen Sie dafür, dass das Gespräch in Gang bleibt. Wenn Sie ein gemeinsames Interessengebiet entdecken, gehen Sie näher darauf ein. Wenden Sie Ihre ganze Aufmerksamkeit ihm zu; lassen Sie Ihre Augen nicht im Raum herumwandern. Lachen Sie über seine Witze und flirten Sie mit ihm. Wenn er vorschlägt, nach den paar geplanten Drinks, zu denen Sie sich verabredet hatten, zum Abendessen zu gehen, oder, nach dem Abendessen, zu dem Sie verabredet waren, Kaffee trinken zu gehen, willigen Sie ein, wenn Sie ihn sympathisch finden und nach wie vor die Absicht hegen, dieses Treffen zu einem denkwürdigen Rendezvous zu gestalten. Trinken Sie nicht zu viel und bestehen Sie nicht darauf, die Rechnung zu bezahlen, wenn er sie nimmt und zahlen möchte. Überlassen Sie ihm ruhig die Führung.

Was Sie tun sollten, wenn er grob ist

Einige Männer wissen nicht, wie man sich bei Rendezvous mit Unbekannten zu benehmen hat. Wir haben von Männern gehört, die betrunken zu einer solchen Verabredung erschienen sind, ihrer Rendezvouspartnerin an den Po gefasst haben, wenn sie ihr Haus verließen, dem Kellner oder der Kellnerin gegenüber unhöfliche Bemerkungen machten und an der Bar mit einer anderen Frau geflirtet haben. Wenn sich ein Rendezvouspartner bei einer solchen Verabredung unangemessen oder respektlos verhält, beenden Sie das Treffen sofort. Seien Sie bestimmt und direkt. Halten Sie dem Mann keine Ansprache, sondern sagen Sie ihm einfach nur, dass Sie daran interessiert sind, einen netten Mann kennen zu lernen und sich ein solches Benehmen nicht gefallen lassen. Sagen Sie ihm, dass sich Ihre Wege ohne Groll hier trennen sollten.

Der Abschluss des Abends

In der Regel wissen Sie am Ende der ersten Verabredung, ob Sie den anderen wieder treffen wollen. Wenn das der Fall ist, machen Sie Ihrem Rendezvouspartner mit Ihren Abschiedsworten und einem langen Augenkontakt klar, dass Sie ihn wiedersehen möchten. Verabschieden Sie sich mit einer Umarmung oder einem flüchtigen Kuss, wenn Ihnen danach zumute ist. Selbst wenn Sie es möchten, gehen Sie nicht zu einem Schlummertrunk mit in seine Wohnung und laden Sie ihn nicht zu sich ein. Wenn Sie das tun, vermasseln Sie sich alle Chancen auf eine langfristige Beziehung – so ist es leider.

Ein Traum wird wahr beim Blind Date

Wir haben Ihnen bereits erzählt, dass Sandra für Brad ein sehr erfolgreiches Rendezvous mit einer Unbekannten arrangierte. Wir werden die Geschichte nicht unvollendet lassen. Wir wollten Ihnen Brads Geschichte und ein paar andere als Beweis dafür vorführen, dass solche Treffen wirklich von Erfolg gekrönt sein können. Ihre Freundinnen oder Freunde können unter Umständen dafür sorgen, Sie mit dem Richtigen zusammenzuführen.

Brad wurde mit seiner Frau Cheryl durch ein solches Treffen zusammengeführt, eine Verabredung, die er nie vergessen wird. Es begann wie ein ganz normales Blind Date. Brad war aufgeregt und hoffte, das perfekte Mädchen kennen zu lernen. Er holte Cheryl in ihrer Wohnung ab und war erfreut, dass sie eine große, schöne und geschmackvoll gekleidete junge Frau war. Sie besuchten ein Straßencafé in Manhattan und genossen ihre unbeschwerte Unterhaltung. Sie sprachen über ihre Vorlieben und Abneigungen, unter anderem über Reisen, das Strandleben und viele andere Themen. Während des gesamten Treffens wusste Brad, dass er Cheryl sehr bald wiedersehen wollte. Schließlich verließen sie das Café und gingen in Richtung Cheryls Wohnung. Irgendwann stellten Brad und Cheryl plötzlich fest, dass sie, vertieft in ihre Unterhaltung, etwa fünf Mal um ihren Block herumgelaufen waren. Sie trennten sich mit einem Küsschen. Brad ging nach Hause und bezwang seinen Wunsch, sie sofort anzurufen.

Alison und George war von Freunden erzählt worden, wie perfekt sie zueinander passen würden. Zur Zeit ihres Rendezvous war Alison 25 Jahre alt und arbeitete für einen Modedesigner und Bekleidungsverkäufer in Queens; George war 28 Jahre alt und Kommunikationsberater für ein multinationales Unternehmen. Alison meinte, sie habe gewusst, dass George der Richtige sei, als sie die Tür öffnete und ihn auf den Stufen stehen sah. George liebte das strahlende Lächeln, das Alison ihm mit dem ersten „Hallo" schenkte. An diesem Abend gingen sie in ein italienisches Restaurant im Süden von Long Island. Sie lachten viel und unterhielten sich über ihre Familien, ihre Arbeit und ihre Hoffnungen für die Zukunft. Am nächsten Tag erzählten beide den Freunden, die sie zusammengebracht hatten, sie hätten das Gefühl, ihren Seelenpartner gefunden zu haben.

Aber sie überstürzten nichts. Sie gingen ein Jahr miteinander, bevor George zu Alison zog. George wechselte seine Arbeitsstelle und reiste viel. Alison gewöhnte sich an seinen Terminplan und widmete sich ihren eigenen Interessen, dem Dekorieren und Malen, um sich zu beschäftigen. Allmählich lernten sie die Gewohnheiten, Stimmungen und den Geschmack des anderen kennen. Als Alison am zweiten Jahrestag ihres ersten Rendezvous zum Mittagessen heimkam, fand sie einen mithilfe von Postern beschriebenen Weg vor, der von der Eingangstür bis zum Schlafzimmer führte. Die Worte lauteten: „Du bist die liebevollste und schönste Frau, die ich je kennen gelernt habe. Möchtest du, bitte, meine Frau werden?" Alison war zu Tränen gerührt. George stürzte aus dem Wandschrank hervor und schloss seine Verlobte fest in die Arme. Im folgenden Juni heirateten sie und sind jetzt, drei Jahre später, stolze Eltern von zwei Jungen.

Das Treffen zwischen Abbey und Charles wäre fast überhaupt nicht zustande gekommen. Abbeys Mutter war eine gnadenlose Partnervermittlerin und Abbey war verärgert, als ihre Mutter ihr erzählte, sie kenne jemanden, mit dem sie sich verabreden könne. Abbey, eine 28-jährige Journalistin, war der Meinung, sie könne selbst einen Mann finden, und betrachtete das übereifrige Verhalten ihrer Mutter als einen Mangel an Vertrauen in sie. An einem Wochenende jedoch war Abbey niedergeschlagen, als sie in ihrem Terminkalender zwei Monate voller freier Samstagabende entdeckte. Als ihre Mutter zum zehnten Mal das Thema ihres allein stehenden, reizenden Kardiologen zur Sprache brachte, brach Alisons entschlossener Widerstand zusammen und sie stimmte einem Treffen mit ihm zu.

Charles rief Abbey an und sie verabredeten ein Rendezvous für den kommenden Freitag. Sie hatten sich darauf geeinigt, zum Abendessen und danach zu einem Hockeyspiel zu gehen, weil sie beide Fans einer lokalen Hockeymannschaft waren. Charles machte auf Abbey am Telefon einen charmanten Eindruck und sie war neugierig auf ihn. Charles meinte später, Abbeys scharfer Verstand und ihr Selbstvertrauen hätten schon bei ihrer ersten Unterhaltung seine Aufmerksamkeit gefesselt. Charles erschien in einem schwarzen Sportwagen mit aufklappbarem Verdeck und hatte einen riesigen Strauß Rosen dabei. Abbey war sprachlos und ein bisschen vorsichtig, da Charles einen so glänzenden und erfahrenen Eindruck machte und sie das Empfinden hatte, die Situation sei ein wenig zu schön, um wahr zu sein. Charles fuhr mit ihr auf kleinen Landstraßen zu einem netten Restaurant, das er mochte. Er redete über seine Liebe zur Natur und wie froh er sei, sein Landhaus zum Ausspannen zu haben. Abbey stellte ihm Fragen nach seinen Hunden, seiner Familie und seiner Vergangenheit. Im Verlauf des Abends gewann Abbey zunehmend den Eindruck, dass Charles ehrlich war, und gab ihre Reserviertheit auf. Sie erzählte ihm, dass auch sie das Landleben liebte und dass Gartenarbeit ihre Lieblingsbeschäftigung war. Sie verließen das ruhige Lokal, um zu dem Hockeyspiel zu gehen, und dort schrien sie sich beide vor Begeisterung heiser. Ihre Mannschaft gewann.

Charles fühlte sich sehr zu Abbey hingezogen und genau aus diesem Grund zögerte er eine Weile, bevor er sie wieder anrief. Er wusste, dass es das Ende seiner Treffen mit anderen Frauen sein würde, wenn er es tat. Erst als Abbey sicher war, dass sie nie wieder von ihm hören würde, rief Charles an. Sie tat so, als mache es ihr überhaupt nichts aus, dass sie einen Monat lang nichts von ihm gehört hatte, obwohl sie beide fühlten, dass es zwischen ihnen „knisterte“, als sie ihr zweites Rendezvous hatten. Charles erklärte Abbey später seinen Grund dafür, warum er sie nicht früher angerufen hatte, und ließ von da ab keine Woche vergehen, ohne sie zu sehen. Nachdem sie ein Jahr miteinander gegangen waren, machte Charles ihr einen Heiratsantrag. Zum Entzücken von Abbeys Mutter heiratete das Paar im Juli in ihrem Vorgarten im kleinen Kreise der Familie und einiger Freunde.

Wenn Sie sich auf Rendezvous mit Unbekannten einlassen, könnte auch Ihnen so etwas passieren!

Online-Rendezvous

Online-Bekanntschaften sind inzwischen zu einem akzeptableren Weg geworden, einen Partner zu finden, als noch vor wenigen Jahren. Wir wissen, dass es einigen Menschen peinlich ist, Leute in Chatrooms, über Online-Partnervermittlungen oder schwarze Bretter im Internet kennen zu lernen. Doch wenn Sie es sich richtig überlegen, unterscheidet sich ein Chatroom nicht allzu sehr vom Besuch einer Bar, wenn man jemanden kennen lernen will. Eine Online-Unterhaltung ist wirklich nichts anderes als ein persönliches Gespräch. Wir haben keine Ahnung, weshalb die Online-Möglichkeiten, eine Frau kennen zu lernen, mit einem solchen Stigma behaftet sind. Wir halten das Internet für eine fabelhafte neue Möglichkeit, nach der Richtigen zu suchen. Wir empfehlen es sogar und hoffen, dass Frauen sich bald nicht mehr schämen, im Internet zu surfen und Männer kennen zu lernen.

Weshalb? Wir meinen, dass man jemanden rascher kennen lernen und die Beziehung auf eine persönliche Ebene bringen kann, wenn sie online beginnt. Wir wissen mit Sicherheit, dass Männer Online-Partnerschaftsvermittlungen in Anspruch nehmen, um schnell jemanden kennen zu lernen. Beruflich engagierte Männer mit einem vollen Terminkalender haben oft wenig Gelegenheit, die traditionellen Treffpunkte – Bars, Klubs etc. – aufzusuchen. Um eine Frau hingegen online zu treffen, müssen sie ihr Büro nicht verlassen.

Gibt es einen einfacheren oder schnelleren Weg? In gewisser Hinsicht unterscheidet sich diese Methode nicht vom Arrangieren eines Blind Dates. Statt das Treffen von einer Freundin oder einem Freund organisieren zu lassen, arrangieren Sie es im Wesentlichen selbst.

Keine perfekte Alternative

Wir müssen Sie auf zwei Minuspunkte bei Online-Rendezvous hinweisen:

Erstens sind Frauen häufig sehr misstrauisch gegenüber Männern, mit denen sie online korrespondieren – und wollen überhaupt keine Informationen über sich selbst preisgeben. Das vermittelt einem Mann wiederum das Gefühl, sie halte ihn für einen Typen, der Frauen belästigt oder gar Schlimmeres. Wir verstehen, dass ein gewisses Maß an Vorsicht notwendig ist. Doch wenn ein Mann versucht, eine Frau kennen zu lernen, muss sie ein bisschen aus sich herausgehen oder ein persönliches Treffen wird nie zustande kommen.

Zweitens kann man E-Mails auch zu haarspalterisch analysieren. Frauen neigen dazu, jedes Wort, das ein Mann schreibt, genau unter die Lupe zu nehmen. Dinge, die normalerweise unwesentlich sind, gewinnen plötzlich eine große Bedeutung. Wenn ein Mann eine Frau in einer Bar kennen lernt, sind seine Kenntnisse der Rechtschreibung in den seltensten Fällen ein Thema. Lernt man sich jedoch online kennen, stellt eine Frau nur aus dem Grund alle möglichen Mutmaßungen über einen Mann an, weil er Grammatikfehler macht oder sich vertippt. Die am wenigsten spontane Methode ist das schwarze Brett – hier werden Leute überkritisch und versuchen zu viel in das Geschriebene hineinzuinterpretieren („Er hat all diese Briefe in Kleinbuchstaben geschrieben? Er muss faul sein!"). Manchmal scheinen Online-Rendezvous zu oberflächlich zu sein; es wird zu viel auf der Grundlage des äußeren Erscheinungsbildes, von grammatischen, lexikalischen Fehlern und Schreibmaschinenkenntnissen geurteilt – und nicht auf der Basis der tatsächlichen Persönlichkeit eines Menschen.

Erhöhen sie Ihre Chancen für eine Online-Beziehung

Wir wissen, dass viele beruflich hoch qualifizierte Männer wie wir sich in das Internet einloggen, um die Richtige zu finden. Im Folgenden geben wir Ihnen einige Tipps, wie Sie deren Aufmerksamkeit erregen und fesseln können:

- Die besten Chancen, einen Mann kennen zu lernen, haben Sie in einem Chatroom. Unserer Erfahrung nach sind Chatrooms der spontanste Weg, online zu kommunizieren und so etwas wie eine echte, natürliche Unterhaltung entstehen zu lassen. Aber einige Leute, die wir kennen, hatten auch Glück mit Online-Partnervermittlungen und persönlichen Kontaktanzeigen im Internet.
- Versuchen Sie, erhaltene E-Mails so schnell wie möglich zu beantworten. Verschwenden Sie seine Zeit – und auch Ihre eigene – nicht.
- Fügen Sie ein Foto mit einer kurzen Biografie bei, wenn möglich. Oder aber bieten Sie an, den Männern, mit denen Sie eine viel versprechende Korrespondenz über das Internet angeknüpft haben, per E-Mail oder mit der Post ein Foto zu schicken. Zu wissen, wie Sie aussehen, wird vielen Männern ihre Angst nehmen, Sie zu treffen, und eventuell zum schnelleren Zustandekommen eines Rendezvous führen. Anhand eines Bildes können Männer gegebenenfalls feststellen, dass Sie nicht ihr Typ sind – und sie beide davor bewahren, noch mehr Zeit in ihre Korrespondenz zu investieren.
- Nehmen Sie es nicht persönlich, wenn ein Mann Sie nicht treffen will. Wie alle anderen Methoden, einen Rendezvouspartner zu finden, ist auch die Suche über das Internet eine Gelegenheit, jemanden kennen zu lernen. Die Chancen, dass jede Bekanntschaft ein Happy End hat, sind sehr gering. Manchmal möchte ein Mann Sie nicht näher kennen lernen – und umgekehrt. Das Wichtigste ist, sich vor Augen zu halten, dass Online-Rendezvous Ihnen eine weitere Gelegenheit bieten, die Bekanntschaft von

Menschen zu machen, die Sie anderenfalls nie kennen gelernt hätten.

- Was den Inhalt der E-Mails betrifft, die Sie von Männern erhalten, versuchen Sie, die Dinge im richtigen Verhältnis zu sehen. Hat er ein oder zwei Fehler gemacht, bleiben Sie offen und machen Sie sich klar, dass jemand, nur weil er ein Wort falsch schreibt, nicht automatisch disqualifiziert ist und nicht Ihr Traummann sein kann. Persönliche Mitteilungen vermitteln Ihnen auf keinen Fall ein faires und vollständiges Bild von einem beruflich hoch qualifizierten Mann.
- Machen Sie sich klar, dass es schwierig ist, das wahre Wesen eines Menschen aus einem Telefongespräch oder dem Austausch von E-Mails zu erschließen. Es ist das Beste, den betreffenden Mann persönlich kennen zu lernen. Verhalten Sie sich in Bezug auf Ihr Online-Rendezvous genau so, wie Sie das bei einer herkömmlichen Verabredung tun würden. Es kommt der Zeitpunkt, an dem Sie sich treffen müssen.
- Lassen Sie den Austausch von E-Mails nicht zu sehr ausufern oder zu lange andauern. Es ist, als würden Sie vor einem Treffen mit einem Unbekannten ein zweistündiges Telefongespräch führen. Das ist kategorisch abzulehnen. Glauben Sie uns – es ist ein schreckliches Gefühl, jemandem eine Menge persönlicher Dinge mitgeteilt zu haben, der sich als total verrückt entpuppt. Vermeiden Sie es, so etwas bedauern zu müssen, indem Sie die vorausgehende Korrespondenz auf ein Minimum beschränken. Beenden Sie Ihren Internet-Kontakt nach fünf E-Mails oder Treffen im Chatroom und verabreden Sie ein persönliches Rendezvous. Es kann ein wesentlicher Ansporn für einen Mann sein, zu diesem Zeitpunkt ein persönliches Treffen mit ihm zu arrangieren. Denken Sie daran: Er will die Beziehung vorantreiben – und Sie ebenso. Weshalb sollten Sie also durch den Austausch von E-Mails die Entwicklung der Dinge verlangsamen, wenn Sie den Gang des Geschehens durch ein persönliches

Treffen ganz natürlich beschleunigen – und diesen Mann wirklich kennen lernen – können?

- Nach dem Austausch von maximal fünf E-Mails (und wenn der Mann einen anständigen Eindruck macht), verabreden Sie sich mit Ihrem Internet-Partner zu einem Treffen an einem öffentlichen Ort. Wenn eine Terminabsprache per E-Mail schwierig ist, geben Sie ihm Ihre Telefonnummer. Das mag vielleicht altmodisch sein, ist aber häufig effizienter.
- Treffen Sie Sicherheitsmaßnahmen, wenn Sie Ihren Internet-Partner zum ersten Mal treffen. Verabreden Sie sich nicht mit ihm am Sonntagabend um elf Uhr nachts im Park! Planen Sie ein Rendezvous an einem öffentlichen Ort, wo Sie von vielen anderen Menschen umgeben sind, und teilen ein oder zwei Freundinnen oder Freunden mit, wohin Sie gehen und wann. Wenn dieses Vorgehen immer noch Zweifel in Ihnen hinterlässt, wäre der sicherste Vorschlag, dass jeder von Ihnen einen Freund oder eine Freundin mitbringt. Das mag sich für Sie vielleicht übertrieben anhören, aber wir kennen Menschen, die ein erstes Treffen mit einem Internet-Partner ausschließlich unter Einhaltung derartiger Vorkehrungen verabreden. Sie fühlen sich einfach nicht wohl bei dem Gedanken, sich allein mit einem Menschen zu treffen, mit dem sie nur korrespondiert haben.
- Betrachten Sie Online-Rendezvous wie ein normales Blind Date – der einzige Unterschied besteht darin, dass Sie sich selbst als Rendezvouspartnerin vorschlagen. Sie müssen den Willen Chancen zu nutzen und Sinn für Abenteuer haben. Außerdem müssen Sie gewillt sein, Ihr Bestes zu geben – seien Sie optimistisch, freundlich und zuversichtlich.

Rendezvous mit Casanovas (Beziehungsweise Ex-Casanovas)

Natürlich gibt es Frauen, die manchmal mit mehr als einem Mann gleichzeitig ausgehen, aber alle diese Frauen erzählten uns, dass sie nie das Gefühl hatten, mit den Männern zu spielen. Männer „spielen" aber gern mit mehreren Frauen, einfach weil es so spannend und aufregend ist. Diesen Männertyp bezeichnet man oft als „Casanova". Ein Mann hat mehrere Beziehungen gleichzeitig, weil dies seinem Ego Auftrieb verleiht und eine aufregende Herausforderung darstellt. Von vielen Frau begehrt und gemocht zu werden, verschafft ihm ein gutes Gefühl. Sie sind vielleicht der Ansicht, das habe mit Unsicherheit zu tun, und das mag auch so sein. Nun, wir wären die Ersten, die zugeben würden, dass Männer unsicher sind, was Frauen angeht. Aber wir glauben, dass ein Casanova häufig Beziehungen mit verschiedenen Frauen hat, weil es für ihn Sinn macht und er Spaß dabei hat.

Was einen Mann betrifft, so kann er bei Rendezvous mit mehreren Frauen nur gewinnen. Denken Sie einmal darüber nach. Ein Mann hat die Chance, mit mehreren Frauen zu schlafen, und verschafft sich gleichzeitig die Gelegenheit, die Richtige kennen zu lernen. Wir wissen, dass es Frauen gegenüber nicht fair ist, und oft tun Männer es unter totaler Missachtung den Gefühlen einer Frau gegenüber. Mit mehreren Frauen zugleich Beziehungen zu haben, ist total egoistisch und befriedigt nur die Bedürfnisse eines Mannes. Inwiefern ist diese Information also für Sie als Frau von Wert? Wir haben das deutliche Gefühl, dass es Ihnen automatisch zu einem besseren Verständnis der Männer verhilft, wenn Sie mehr über sie wissen. Sie sind dadurch in der Lage, erfolgreichere Beziehungen mit Männern zu haben und die Art von Beziehungen zu erkennen, die keine Zukunft haben und aus denen es an der Zeit ist sich zurückzuziehen.

Wie Sie wahrscheinlich vermuten, ist ein Casanova nicht der richtige Mann für die Ehe. Casanovas genießen die Erregung, die Spannung und die Abwechslung der Beziehungen zu mehreren Frauen gleichzeitig. Sie haben Spaß, Sex und erhalten Streicheleinheiten für ihr Ego. Einem Mann kann wirklich der Kamm schwellen, wenn er Glück bei vielen verschiedenen Frauen hat. Er bekommt das Gefühl, der bestaussehende Filmstar der Welt zu sein, und nichts könne ihn aufhalten. Es ist ein großartiges Gefühl und wird schwerlich aufgegeben.

Aber nun die guten Nachrichten. Die meisten Männer werden alles tun, um die richtige Frau in ihrem Leben zu halten, sobald sie sie treffen. Wenn ein Casanova die Richtige kennen lernt, wird er sich sofort überlegen, auf eine Menge „Mädchen für den Augenblick“ zu verzichten, um Zeit mit ihr zu verbringen. Sehr schnell wird das oberflächliche Beziehungsleben, das er geführt hat, ihm weniger wichtig als der Versuch, eine langfristige Beziehung zu dem Mädchen, das für ihn das Potenzial zur Ehefrau besitzt, zu fördern.

Dieser Übergang fällt Männern nicht leicht, speziell solchen nicht, die Beziehungen zu vielen großartigen Frauen hatten. Haben sich Männer erst an den Lebensstil eines Casanovas gewöhnt, haben sie das Gefühl, bei jeder Frau Erfolg haben zu können. Sie verfallen der Illusion, dass es immer noch irgendwo eine bessere Frau geben wird. Wenn sie bei einer Frau bleiben, verpassen sie die Beziehung zur nächsten, noch besseren. Das hört sich verrückt an, aber es ist wahr. Schauen Sie sich einfach den Lebensstil von Prominenten an – bekannten Sportlern, Musikern oder Schauspielern. Sie haben stets eine sexy Frau an ihrer Seite und ihre Beziehungen scheinen immer großartig zu beginnen. Aber sie sind nie von Dauer. Sie enden immer mit fürchterlichen Trennungen. Sicherlich sind die Trennungen nicht schlimmer als die, die wir „Normalbürger“ durchmachen. Aber das Leben der Prominenten wird zu Sensationen aufbereitet und von den Medien in die Öffentlichkeit getragen. Es ist uns nach wie vor ein Rätsel, dass es offenbar Männer gibt, denen es langweilig wird, mit Cindy Crawford, Pamela Anderson oder Gwyneth Paltrow zu schlafen. Aber es beweist das Wesentliche – Männer denken häufig, dass es irgendwo eine bessere Frau gibt und sie etwas verpassen würden. Männer scheinen das

„Spiel“ mit Frauen als eine Kunstform zu betrachten, die Geschick und Übung erfordert.

Was steckt wirklich hinter diesem „Spiel“?

Was denken und fühlen Männer, wenn sie mit Frauen „spielen“? Machen Sie sich bitte zunächst klar, dass Männer die Frauen, mit denen sie „spielen“, niemals als potenzielle Ehefrauen ansehen – sie werden für sie stets „Mädchen für den Augenblick“ sein. Ein Mann empfindet absolut kein Gefühl der Gebundenheit an diese Frauen. Er ist auf gelegentliche Treffen und gelegentlichen Sex aus. Der große Nutzen, den ein Casanova daraus zieht, ist Freiheit. Da er sich in keiner Weise an die Frauen gebunden fühlt, empfindet er keine Notwendigkeit, ihnen zu erklären, wo er ist oder was er tut. Da diese Männer großspurige Kerle sind, schämen sie sich in der Regel nicht, vor jedermann mit dem Umstand zu protzen, dass sie praktisch einen Harem haben – auch vor den Frauen, mit denen sie sich treffen. Sie genießen es, am Telefon mit einer anderen Frau zu flirten oder einer weiblichen Zuhörerschaft provozierende Nachrichten auf dem Anrufbeantworter vorzuspielen. Da sie keine ernsten Gefühle für diese Frauen hegen, ist es für sie vollkommen akzeptabel, anzugeben oder ihr Tun zumindest nicht zu verstecken.

Zwar ist das genau die Art, wie Casanovas denken und fühlen, aber Sie werden einen Mann niemals dazu bringen, Ihnen so etwas im Rahmen einer Unterhaltung über Beziehungen einfach offen zu erzählen. Er wird ausweichen, alle Themen vermeiden, die nach festen Bindungen „riechen“, und Ihnen alles sagen, was Sie hören wollen, nur um Sie sich warm zu halten. Er wird Sie auch nicht bitten, ihm zu erklären, was Sie in den sechs Nächten anfangen, in denen Sie ihn nicht sehen. Die meisten Casanovas kümmert es nicht, ob eine Frau sich mit anderen Männern trifft. Zudem würde es ihn keine schlaflose Nacht kosten, wenn Sie ihn verließen. Er würde lieber von Ihnen verlassen werden als sich von Ihnen bitten zu lassen, sich zu ändern. Er würde Ihr Gehen als eine freie Nacht mehr sehen, die ihm für ein Treffen mit einer anderen Frau zur Verfügung steht.

Sie können einen Casanova nicht dazu zwingen, sich zu ändern

Ein Freund von uns „spielte" einmal mit verschiedenen Frauen gleichzeitig. Im Nachhinein betrachtet war uns klar, dass er nicht an einer langfristigen Beziehung mit diesen Frauen interessiert war. Er verbrachte nicht viel Zeit mit ihnen, erkundigte sich nicht nach den Dingen, die in ihrem Leben eine wichtige Rolle spielten, und ging viel mit seinen Freunden aus – natürlich um zu versuchen, andere Frauen kennen zu lernen.

Die Frauen waren sich all dieser Signale von seiner Seite nicht bewusst. Eine Frau verlangte dummerweise mehr von ihm. Nachdem sie ihn mehrere Male gebeten hatte, sich zu ändern, kündigte sie an, sie werden dasselbe tun wie er. Sie würde immer häufiger mit ihren Freundinnen ausgehen und keine Verabredungen mit anderen Männern mehr ablehnen. Soweit wir es beurteilen konnten, stellte sie unseren Freund auf die Probe, um herauszufinden, ob er aufhören würde, mit ihr zu „spielen".

Diese Frau beging denselben Fehler wie die meisten Frauen, die wir kennen. Sie opferte ihr Glück, indem Sie irrtümlicherweise annahm, ihn ändern zu können. Da er im Grunde überhaupt nichts für sie empfand, erschreckten ihn ihre „Drohungen" nicht. Er hatte sogar das Gefühl, dass die Frau ihm genau das gab, was er wollte: weniger Verantwortung und mehr Freiheit. Der Schuss ging nach hinten los. Es wäre klug von ihr gewesen, sich klar zu machen, dass sie eine von vielen Frauen war, die unser Freund als „Mädchen für den Augenblick" betrachtete, und die er niemals als potenzielle Ehefrauen einordnen würde. Dann hätte sie erkannt, dass sie de facto kein Druckmittel in der Hand hatte. Da sie mit dem Verhalten dieses Mannes nicht glücklich war, hätte ihre einzige kluge Entscheidung darin bestanden, ihn nicht mehr zu sehen. Sie hätte ihn niemals ändern können.

Ernsthafte Beziehungen mit ehemaligen Casanovas

Wir möchten Frauen in Bezug auf Männer zur Vorsicht mahnen, von denen bekannt ist, dass sie Casanovas waren, die plötzlich eine Frau treffen, die ihnen die Richtige zu sein scheint, und die dann alle Verbindungen zu anderen Frauen abbrechen. Ein Mann, der einen solch drastischen Schritt vollzieht, kann entweder verliebt sein, was eine großartige Sache ist, oder hat gerade von sich aus beschlossen, dass er sein Verhalten ändern will. Genau hier liegt die Gefahr. Ein Mann, der den Sprung vom Lebensstil eines Casanovas direkt in eine ernste Beziehung tut, macht ihn vielleicht aus den falschen Gründen. Unter Umständen hat er sein Bedürfnis und seinen Wunsch nach einer Lebensgefährtin an die zweite Stelle hinter sein Verlangen gestellt, aus der Welt der ständig neuen Rendezvous auszubrechen. Es kann sogar sein, dass einem Mann dies gar nicht bewusst ist.

Manche Leute mögen vielleicht sagen, dass ein Mann für eine Frau „sesshaft" wird, die ihm zufälligerweise zu dem Zeitpunkt begegnet ist, als er den Drang verspürte, nur eine einzige Frau in seinem Leben zu haben – andere Leute meinen eventuell, dieser Mann wüsste einfach nicht, was er in einer Frau suchte. In jedem Fall ist das äußerst gefährlich für Sie, denn es ist schwierig für eine Frau, einen Mann zu erkennen, der in diesem Dilemma steckt. Wenn ein Casanova von seinem Lebensstil die Nase voll hat und häuslich werden möchte, wird er wie ein Märchenprinz wirken. Wenn Sie nicht die richtige Frau für ihn sind, wird Ihre Beziehung schließlich scheitern.

Was kann eine Frau, die eine feste Beziehung sucht, also tun? Wenn Sie den Verdacht hegen, dass Ihr Partner gerade erst den Sprung aus seinem Lebensstil als Casanova hinein in Ihre Arme getan hat, drosseln Sie das Tempo der Beziehung. Es ist schön, wenn Sie es genießen, dass Ihr Partner wie Don Juan um Sie wirbt – was die meisten Männer am Anfang einer ernsten Beziehung tun –, aber es ist wichtiger für Sie, dass Sie die Motivation dieses „Don Juan" rasch herausfinden. Sie müssen abschätzen, ob seine Gefühle für Sie aufrichtig sind oder ob er nur den Reiz des Neuen einer Beziehung genießt, die über gelegentlichen Sex hinausgeht. Stellen Sie fest, in welchem Stadium seiner beruflichen Karriere er sich gerade befindet, und beurteilen Sie, inwieweit er sich ernsthaft an Sie gebunden fühlt.

Meist wird der Mann in Bezug auf den letzten Punkt nicht so direkt und offen zu Ihnen sein, und zwar nicht deshalb, weil er Sie in irgendeiner Weise betrügen will, sondern es kann auch ein unbewusst ablaufender Prozess sein. Unter Umständen denkt er, er sei total in Sie verliebt, und nimmt überhaupt nicht wahr, dass diese intensive Reaktion eher von einem Wandel seines Lebensstils herrührt und weniger mit seinen tatsächlichen Gefühlen zu Ihnen zu tun hat.

Eine Methode, Ihren Partner auf seine wirklichen Gefühle hin zu prüfen, auch wenn er sich selbst nicht klar darüber ist, besteht darin, mit ihm zu bekannten Single-Treffpunkten zu gehen, wenn Sie mit ihm ausgehen. Wirklich verliebte Paare können zu diesen Treffpunkten gehen und eine wundervolle Zeit miteinander verbringen. Wenn Ihr Partner total auf Sie und Ihre Beziehung konzentriert ist, ist es ihm ziemlich egal, wo er sich befindet. Er wird überall mit Ihnen hingehen und sich völlig auf Sie konzentrieren. Er würde es nicht bemerken, wenn am Nebentisch lauter Supermodels sitzen würden. Im Anfangsstadium der Verliebtheit sieht Ihr Partner Sie an, spricht über Sie und tut alles, um Sie glücklich zu machen.

Wenn Sie mit einem Ex-Casanova zusammen sind, der lediglich von seinem Lebensstil die Nase voll hat, versichern wir Ihnen, dass er mehr auf die Umgebung des Single-Treffpunkts achten wird als auf das, was Sie sagen, tun oder die Kleidung, die Sie tragen. In der Regel wird er die Szenerie überblicken und sich über die anderen Männer lustig machen, die versuchen, sich eine Frau zu angeln, und über die Frauen, die verzweifelt nach einem Ehemann suchen. Obwohl er seine Augen nicht von der Umgebung losreißen kann, bemerkt er Ihnen gegenüber, wie glücklich er ist, dass er Sie gefunden hat und nicht mehr in dieser Szene verkehrt. Hören Sie auf die Sprache seiner Taten, anstatt sich von seinen bloßen Worten einwickeln zu lassen. Wenn Ihr Partner seinen Blick umherschweifen lässt und Schwierigkeiten hat, sich auf Sie zu konzentrieren, würden wir sagen, dass jeder Versuch einer langfristigen Beziehung mit ihm wahrscheinlich ein vergebliches Unterfangen ist. Geben Sie ihm den Laufpass.

Einmal brachte Chris seine damalige Freundin zum Geburtstag eines Freundes in eine Schickimicki-Bar mit. Da er in einer glücklichen Beziehung lebte, interessierte die Szene Chris nicht sonderlich. Es war ihm egal, wo er sich befand. Chris hatte seinen Freund seit geraumer Zeit nicht mehr gesehen und freute sich, ihn und den Rest der Clique zu treffen. Er ging zu diesem Zeitpunkt seit acht Monaten mit seiner Freundin und war eine ganze Weile nicht mehr in Bars und Nachtklubs gewesen. Nachdem Chris und seine Freundin vom Türsteher schikaniert worden waren, wurden ihnen das Privileg zugestanden, für zwanzig Dollar diese dunkle, laute, überfüllte Kneipe zu betreten. Chris brauchte nur einige Sekunden, um festzustellen, dass er sich wieder auf dem „Fleischmarkt" befand. Männer betranken sich bis zur Bewusstlosigkeit, gaben ihr Geld aus und begafften die Frauen. Da er in einer glücklichen, festen Beziehung lebte, kam sich Chris vor, als hätte er gerade einen anderen Planeten betreten – und war glücklich, dass er so fühlte. Diese Szene übte keine Anziehung mehr auf ihn aus, weil er eine gute Beziehung hatte. (Jetzt, da Chris ein Single ist, besucht er gern Bars und Klubs, in der Hoffnung, die Richtige zu finden.)

Was geschieht, wenn Sie ihm vorwerfen, ein Casanova zu sein?

Auch wenn Sie versuchen herauszufinden, ob Ihr Partner die Nase vom Casanova-Lebensstil voll hat oder ob er Sie wirklich liebt, ist es keine gute Idee, ihn direkt auf sein vergangenes Leben anzusprechen – nicht, wenn Sie sich Hoffnungen auf eine Zukunft mit ihm machen.

Wir haben erlebt, wie zahlreiche viel versprechende Beziehungen zerbrachen, weil Frauen einen Mann „Casanova" nannten oder ihm erklärten, er stünde in dem Ruf, mit Frauen zu „spielen". Wie kann eine Frau einem Mann gegenüber, an dem sie ein langfristiges Interesse hat, so handeln? Wenn ein Mann eine Frau wirklich liebt und sie ihn beschuldigt, er würde sich nur als Objekt für eine sexuelle Eroberung für sie interessieren, fühlt er sich abgelehnt und frustriert. Unter Umständen nimmt er an, dass sie ihm nie wirklich vertrauen wird. Ob er nun ein Casanova war oder nicht: Ein Mann wird das Gefühl haben, eine Frau, die dieses Thema zur Sprache bringt, habe eine derart ausgeprägt vorgefasste Meinung in Hinblick auf seinen vergangenen (und möglicherweise seinen gegenwärtigen) Lebenswandel, dass es für ihn keine Möglichkeit gibt, sie von der Irrelevanz seiner Vergangenheit zu überzeugen, jetzt, da er sie getroffen hat. Eine sehr frustrierende Situation für einen Mann, besonders wenn er mit einer Frau zusammen ist, für die er immer intensivere Gefühle entwickelt.

Wenn ein viel versprechender Mann Ihnen eine ähnliche Frage nach sexuellen Eroberungen in Ihrer Vergangenheit stellt, betrachten Sie das als Warnsignal, dass Sie in seinen Augen keine potenzielle Ehefrau sind. Ob Sie eine Abenteuerin waren oder nicht, sollte für ihn keine Rolle spielen, wenn er Sie liebt. Natürlich gibt es für jede Regel Ausnahmen. Achten Sie gut auf das Gespräch, das sich nach dem Anschneiden dieses Themas entwickelt. Hört sich das, was Ihr Partner sagt, so an, als würde er Ihnen mehr vertrauen, wenn Sie ihm Ihre guten Absichten versichern? Oder hat er Bedenken, ganz egal was Sie sagen? Wir erzählen Ihnen nun, wie Chris mit einer solchen Situation umging – beachten Sie, dass er sich nicht verteidigte und keine Entschuldigungen für seine Vergangenheit vorbrachte. Das sollten Sie auch nicht tun. Ihr Verhalten innerhalb einer Beziehung sollte für sich selbst sprechen. Ihr Partner sollte sich keine Gedanken darüber machen, wie andere Leute Ihr Verhalten in früheren Beziehungen beurteilen; er sollte ausschließlich darauf achten, wie Sie jetzt sind.

Chris hatte einmal eine Beziehung zu einer Frau, zu der er sich vom ersten Rendezvous an sehr stark hingezogen fühlte.

Sie empfand dasselbe für ihn. Sie genossen ihr Zusammensein außerordentlich und verbrachten viel Zeit miteinander. Allmählich stellten beide fest, dass Sie tiefe Gefühle füreinander hegten (und damit stellte sich das Gefühl der Verletzlichkeit ein). Die Beziehung wurde sehr schnell ernst und besaß ein großartiges Potenzial.

Eines Tages, nach einem romantischen Essen und einem fantastischen Abend, brachte die Frau einige ihrer Sorgen im Zusammenhang mit Ihren Gefühlen zu Chris zur Sprache. Sie kenne einige Leute, die gehört hatten, dass Chris sich für Frauen nur als Sexualobjekt interessiere, und sie mache sich Gedanken darüber, dass sie lediglich ein solches Sexualobjekt für ihn sein könne. Sie habe ihn gern, wolle aber nicht verletzt werden und verspüre deshalb das Bedürfnis, das Thema anzusprechen, obwohl Chris in der Beziehung mit ihr der perfekte Gentleman gewesen sei und die gemeinsame Zeit wirklich zu genießen schien.

Chris' Gefühle für diese Frau waren aufrichtig. Er hatte ihr das gezeigt, indem er viel Zeit mit ihr verbrachte. Er hatte sie zu teuren Abendessen ausgeführt, ihr Blumen gekauft und ihr gesagt, wie sehr sie sich von anderen Frauen, die er kennen gelernt hatte, unterschied. Als sie Chris gegenüber ihre Befürchtungen zur Sprache brachte, er sei ein Casanova, war er völlig erschüttert. Er begriff, dass sein Ruf ihm vorausgeeilt war und dieser Frau eine Menge Sorgen bereitete. Er sagte ihr das und versicherte ihr, dass sie sich keine Sorgen zu machen bräuchte. Er sagte ihr, dass sie für ihn etwas Besonderes sei und dass er gehofft habe, sie würden viel Zeit miteinander verbringen.

Trotz Chris' Versuchen, sie zu beruhigen, schien seine Freundin sich im Verlauf der Unterhaltung zunehmend zu distanzieren. Am Ende des Abends hatte Chris das Gefühl, dass diese Frau, an der ihm so viel lag, versuchte, sich davor zu schützen, verletzt zu werden, und sich ihm nicht öffnen konnte. Er meinte, in seiner Beziehung mit ihr so gut wie keine Chancen mehr zu haben. Sein Gefühl sagte ihm, dass es nichts gab, was er sagen oder tun konnte, um ihr zu helfen, ihre Furcht zu überwinden. Schließlich hatte sie ihm gesagt, es falle ihr sehr schwer, ihm zu vertrauen, obwohl er ihr nichts angetan hatte, um dieses Misstrauen zu verdienen. Er „spielte" nicht im Mindesten mit ihr, aber sie befürchtete das dennoch, und zwar nur aufgrund von Gerüchten.

Chris spürte sofort, dass diese Frau, die er wirklich mochte, seine ehrliche Aufmerksamkeit als manipulative Versuche abtat, sie ins Bett zu bekommen. Das war eine schreckliche Art, eine Beziehung zu beginnen. Chris glaubte, sie würde niemals in der Lage sein, ihm zu vertrauen, ganz egal was er sagte oder tat, wenn sie nach allem, was sie zusammen erlebt hatten, noch immer diese Bedenken hatte. Nach diesem Gespräch wurde die Beziehung nie mehr so wie vorher und bald trafen Chris und diese Frau sich überhaupt nicht mehr.

Es ist schrecklich, gute Beziehungen scheitern sehen zu müssen, weil Frauen einfach nicht verstehen, wie Männer denken, fühlen und handeln. Bitte hören Sie auf unseren Rat und lassen Sie sich nicht von der Vergangenheit eines Mannes beeinflussen, weder was seine Gefühle Ihnen noch Ihre ihm gegenüber betrifft. Lernen Sie Ihren Partner kennen und bilden Sie sich Ihr eigenes Urteil aus seinem Verhalten *Ihnen gegenüber*.

Es stimmt – im Allgemeinen können Männer mit dem Ruf, ihr einziges Interesse bestehe darin, eine Frau ins Bett zu bekommen, Probleme bereiten und Sie sollten ihnen aus dem Weg gehen. Aber seien Sie sich der Tatsache bewusst, dass Männer, die früher Casanovas waren, großartige Freunde – und Ehemänner – werden können. Sehen Sie sich Brad an – er ist ein Beispiel für einen verwandelten Casanova! Lassen Sie nicht zu, dass die Vergangenheit eines Mannes eine Beziehung mit ihm ruiniert. Es ist durchaus richtig, vorsichtig zu sein und sich ein gutes Urteilsvermögen zu bewahren; versuchen Sie aber gleichzeitig auch offen zu sein und zu erkennen, dass Männer aus bestimmten Phasen herauswachsen – besonders dann, wenn ihnen die richtige Frau begegnet.

„Schnellstart-Beziehungen“

Hatten Sie jemals eine Beziehung, in der Sie sich vom ersten „Hallo“ an Hals über Kopf verliebten? Liebe auf den ersten Blick ist zwar sehr romantisch, aber nicht realistisch. Natürlich gibt es hin und wieder gute Ehen, die sich nach einer kurzen Zeit des miteinander Gehens offenbar von allein entwickeln und ein wunderbarer Erfolg werden. Manchmal begegnen sich zwei Menschen und sind von Anfang an füreinander bestimmt, aber das ist selten. Realistischer ist die Feststellung, dass Liebe und Beziehungen allmählich wachsen müssen. Menschen brauchen Zeit, um sich gegenseitig kennen zu lernen, besonders Menschen, die die Erwartung hegen, den Rest ihres Lebens miteinander zu verbringen. Lassen Sie uns den Tatsachen ins Auge sehen: Die Ehe ist für immer – und „immer“ ist eine lange Zeit. Es besteht keine Notwendigkeit, sich Hals über Kopf in eine feste Bindung zu stürzen.

Das soll nicht heißen, eine leidenschaftliche Verbindung könne sich nicht zu einer langfristigen Liebe entwickeln. Es ist möglich. Sie müssen nur darauf achten, was in der Hitze einer intensiven Beziehung geschieht, und Vorkehrungen treffen, das zu erhalten.

Unsere Freundin Jane lernte Eddie auf einer Weihnachtsparty ihrer Firma kennen. Er arbeitete als Berater in der Public-Relations-Firma, in der sie beschäftigt war. Er forderte sie zum Tanzen auf und Jane fühlte von dem Augenblick an, als sie in seine dunkelbraunen Augen schaute, den Funken überspringen. Den Rest des Abends tanzten sie unter der strahlenden Festbeleuchtung und unterhielten sich in den weniger beleuchteten Ecken. Sie verließen die Party als eines der letzten Paare und gingen danach auf einen Drink in die Bar nebenan. Sie wollten sich nicht voneinander verabschieden. In den darauf folgenden Wochen telefonierten Jane und Eddie täglich miteinander und gingen jeden Abend zusammen aus. Sie schliefen schon nach einer Woche miteinander – es war großartig und machte sie noch verrückter aufeinander.

Aber in diesem ersten Monat stellten sowohl Jane als auch Eddie fest, dass ihr Gefühl füreinander sich sehr von allem unterschied, was sie zuvor erlebt hatten. Sie wollten dieses Feuer nicht, das zwangsläufig verlöschen würde. Also trafen sie bewusst die Entscheidung, ihre Treffen auf zwei oder drei Male pro Woche zu beschränken. In der Zeit dazwischen sahen sie andere Freunde und Freundinnen, gingen ins Fitnessstudio und arbeiteten. Das war zwar anfangs sehr hart für die beiden, aber sie wussten, dass ein Herunterschrauben ihres Tempos ihnen helfen würde, im Sturm der Liebe ihre eigene Identität zu bewahren. Eddies und Janes Vertrauen, dass ihre Beziehung sich schrittweise entwickeln würde – und ihre Liebe erhalten bleiben würde –, half ihnen, eine solide Basis für ihre gemeinsame Zukunft zu schaffen. Sie gingen drei Jahre miteinander und heirateten dann. Dieses Jahr erwarten sie ihr erstes Kind.

Wir haben festgestellt, dass sich Frauen in unserer Gesellschaft (und in einigen Fällen auch Männer) verpflichtet fühlen, ihr Leben nach einem Zeitplan auszurichten. Man geht zur Schule, macht seinen Abschluss, studiert, legt sein Examen ab, „tingelt" in seinen Zwanzigern herum und heiratet schließlich Ende zwanzig oder Anfang dreißig. Um sich an diesen Zeitplan zu halten, heiraten Leute üblicherweise nicht wirklich aus Liebe. Sei es aus Panik, wenn Menschen glauben, niemals den richtigen Ehepartner zu finden, sei es das Vorrücken der Zeiger ihrer biologischen Uhr – außerordentlich viele Ehe werden offenbar eingegangen, weil die Leute diesen Zeitplan oder vorgefasste Ansichten über das „richtige Heiratsalter" im Kopf haben. Das trifft ganz besonders auf Frauen zu, die die dreißig überschritten haben. Diese Frauen fühlen sich offensichtlich außerordentlich unsicher und haben es extrem eilig zu heiraten. Der Drang kann so stark sein, dass sie ihre wirklichen Gefühle und Bedürfnisse opfern, um sich einen Mann zu „angeln".

Oftmals fallen diese Beziehungen unter die „Strohfeuer"-Kategorie. Ein Mann und eine Frau treffen sich und glauben, das sei der richtige Zeitpunkt und das passende Lebensstadium. Also steigen sie vom ersten Tag an in den „Schnellzug" zum Traualtar. Diese Beziehungen bedeuten unnötigen Schmerz und verschwendete Zeit. Schließlich verlöscht das Feuer einer Beziehung, in die sich beide Hals über Kopf gestürzt haben, ebenso schnell wie es aufloderte. Wenn diese Beziehungen enden, hinterlassen sie eine Spur zerstörter Pläne und Träume. In der Regel verspüren Menschen in einer solchen schnell begonnenen und schnell zerronnenen Beziehung die Spannung des Neuen und treiben eine engere Bindung in großer Eile voran. In ihrer wahnsinnigen Hast ziehen sie unter Umständen innerhalb der ersten paar Wochen oder Monate ihrer Beziehung zusammen, sprechen über Verlobung und Heirat, stellen sich gegenseitig ihren Familien vor. Dabei hat das Paar vergessen, sich auf das Wichtigste bei einer funktionierenden, langfristigen Bindung zu konzentrieren – ihre Gefühle und die Persönlichkeit des Menschen, mit dem sie vielleicht ihr Leben teilen möchten, kennen zu lernen.

Nach einigen Monaten einer solchen hektischen Romanze wachen die beiden eines Tages auf und stellen, wenn sie Glück haben, fest, dass sie nicht genügend voneinander wissen, um darüber entscheiden zu können, ob sie ihr Leben zusammen verbringen können. Entweder brechen sie dann aus der Beziehung aus oder sie schlagen eine langsamere, vernünftigere Gangart ein. In anderen Fällen schaffen es die Unglücklichen nicht aufzuwachen und bemerken nicht, dass sie sich den falschen Partner ausgesucht haben, sondern sie rationalisieren ihre Gefühle und verharren in der Beziehung. Diese Beziehungen sind zum langfristigen Unglücklichsein oder zum Scheitern verurteilt.

Der Mann, der eine Beziehung Hals über Kopf beginnt und sie ebenso schnell beendet

Was ist das für ein Männertyp, der eine Beziehung Hals über Kopf anfängt und sie ebenso schnell wieder beendet? Wahrscheinlich ist es ein Mann, der sich in die Idee verliebt hat, in einer Beziehung zu leben. Vermutlich hatte er lange keine

Partnerin und seit geraumer Zeit mit keiner Frau mehr geschlafen. Es kann auch ein Mann sein, der sich über eine gescheiterte Beziehung hinwegtrösten möchte. Im letzteren Fall ist die „Schnellstart-Beziehung“ eine Möglichkeit für ihn, das angenehme Gefühl wieder zu gewinnen, eine feste Freundin zu haben. In jedem Fall hat dieser Männertyp die irrationale und übereilte Entscheidung getroffen, sich in eine feste Beziehung zu stürzen. Er hat seine Aufmerksamkeit nicht auf die Frau konzentriert, mit der er zusammen ist. Er kennt ihren Charakter und ihre besonderen Eigenheiten nicht und weiß nicht, ob diese seinen Bedürfnissen entsprechen, die erfüllt werden müssen, wenn er auf Dauer glücklich werden will. Er weiß lediglich, dass er sich im Augenblick wohl fühlt. Er hat keine Ahnung, wie die Zukunft aussehen wird.

Unserer Meinung nach sind die Chancen für diese schnell begonnenen Beziehungen auf die Dauer außerordentlich gering. Am einfachsten können wir das begründen, indem wir die Entwicklung einer langfristigen, festen Beziehung mit der Art und Weise vergleichen, wie wir Männer bestimmte wichtige berufliche Entscheidungen fällen und Aufgaben lösen. In unserem Beruf treffen wir ausschlaggebende Entscheidungen in der Regel täglich. Bevor wir eine Entscheidung fällen, wollen wir Zeit haben, alle verfügbaren Informationen zusammenzutragen. Nachdem wir diese gesichtet haben, entscheiden wir uns. Es handelt sich um einen Denkprozess; so gehen wir doch in unserem Berufsleben tagtäglich mit unseren Pflichten um.

Diese Vorgehensweise überträgt sich auch auf unser Privatleben. Wir gehen selten eine feste Bindung ohne vorherige lange, ausgedehnte Beobachtung und reifliche Überlegungen ein. Und um ganz ehrlich zu sein – die Entscheidung, jemanden zu heiraten, ist der wichtigste Entschluss unseres Lebens. So etwas lässt sich nicht übers Knie brechen. Das ist ganz einfach nicht unsere Art. Insbesondere auch deswegen, da es sich hier um eine Entscheidung handelt, für die uns kaum Hilfestellungen und überhaupt keine persönlichen Erfahrungen zur Verfügung stehen. Wir müssen unsere gesamten Informationen selbst sammeln und zuversichtlich sein, dass diese Frau die Richtige ist, bevor wir den Bund fürs Lebens mit ihr schließen. Das bedeutet, dass wir bei unserem Entscheidungsprozess in dieser Sache noch kalkulierter und besonnener vorgehen als bei weniger wichtigen Dingen. Sicherlich haben Sie sich doch dieses Buch gekauft, um zu erfahren, weshalb wir uns nicht ein bisschen schneller zu einer festen Beziehung und zur Ehe entschließen.

So gesehen, gelangen wir zu dem Schluss, dass ein Mann, der sich übereilt in eine Beziehung stürzt, sich nicht in der richtigen geistigen und emotionalen Verfassung befindet. Er geht aus den falschen Gründen zu schnell eine Beziehung ein, ohne ausreichend Zeit, die Frau kennen zu lernen, mit der er eine feste Bindung eingehen möchte, oder die von ihm beabsichtigte Veränderung seines Lebens zu analysieren. Aus unserer Sicht hat er eine Entscheidung nicht realistisch, sondern auf der Basis einer Fantasievorstellung von der Frau, mit der er zusammen ist, und der künftigen Beziehung getroffen.

Wie begonnenen, so zerronnenen

Was sind nun die Gründe dafür, dass sich ein Mann auf eine schnell begonnene, schnell zerronnene Beziehung einlässt? Er kann sich beispielweise von einem augenblicklichen Eindruck hinreißen lassen. Die Dinge können zu Beginn vieler Beziehungen sehr aufregend und vielversprechend wirken. Hatte ein Mann eine Zeit lang keinen Sex mehr, kann eine heftige Romanze sehr anziehend für ihn sein. Lebte er zuvor in einer langfristigen Beziehung mit Heiratsabsichten, die aber zerbrach, so sucht er unter Umständen nach einem Ersatz, der ihm helfen soll, diese angenehme Situation wiederherzustellen. Auch das Stadium seiner beruflichen Karriere kann ausschlaggebend sein. Befindet er sich beispielsweise im Erfolgsstadium, sucht er vielleicht ungeduldig nach einer längerfristigen Beziehung und hat das Gefühl, er befinde sich nach all den Jahren, in denen er sich auf die Arbeit konzentrierte, in Hinsicht auf die Suche nach einer Ehefrau im Rückstand. Wenn ihm eine Frau begegnet, bei der er sich sehr wohl fühlt, zögert er unter Umständen nicht, sehr schnell eine feste Bindung einzugehen.

Wie wir gesehen haben, steht das überstürzte Eingehen einer Beziehung im völligen Gegensatz zum üblichen Entscheidungsprozess eines Mannes. Männer kalkulieren ihre Entscheidungen sehr sorgfältig, sie müssen alle Fakten zusammentragen und sämtliche Möglichkeiten analysieren, bevor sie einen Entschluss fassen. Aber Männer sind Menschen und fühlen sich natürlich gut, wenn sie eine Frau treffen, die sie mögen und in die sie zumindest *glauben*, sich verliebt zu haben. Also lassen sie sich einfach von diesem angenehmen Gefühl hinreißen und begehen den Fehler, mit einer Frau, die sie kaum kennen, rasch eine Bindung einzugehen. Obwohl so gut wie sicher ist, dass diese Beziehungen nicht lange dauern und schmerzvoll enden – entweder mit verletzten Gefühlen oder sogar, was noch schlimmer ist, vor dem Scheidungsrichter –, kommen sie sehr häufig vor. Deshalb möchten wir Frauen wirklich davor warnen, ihrem natürlichen Bedürfnis nachzugeben und sich auf diese Beziehungen einzulassen, die anfangs so romantisch zu sein scheinen. Diese Art von Bindungen sind in der Regel das Produkt einer reinen Vernarrtheit. Man verliebt sich um des Zustands des Verliebtseins willen, anstatt wirkliche Liebe zu einem anderen Menschen zu entwickeln.

Falls Sie noch immer nicht überzeugt sind, dass man feste Bindungen im Eilverfahren vermeiden sollte, lesen Sie das folgende reale Beispiel einer schnell begonnenen, schnell zerronnenen Beziehung aus unserem Bekanntenkreis. Eine Freundin von uns lernte einen Staranwalt kennen, der eine große Wohnung, einen Porsche mit offenem Verdeck und eine dicke Brieftasche hatte. Sie waren sofort vernarrt ineinander und vom ersten Augenblick an unzertrennlich. Schon in den ersten beiden Wochen verbrachten sie jeden freien Augenblick zusammen. Beide hatten das Gefühl, den Richtigen beziehungsweise die Richtige gefunden zu haben – den Menschen, mit dem sie den Rest ihres Lebens in Liebe verbringen wollten. Sie empfanden beide ihre Bindung zueinander als normal und hatten eine großartig Zeit zusammen.

Eines Abends gingen wir mit unserer Freundin zum Essen und sie strahlte vor Glück. Sie erzählte uns, dass sie das Gefühl habe, ihren neuen Partner wirklich zu lieben. Sie hatte ein so intensives Gefühl im Hinblick auf ihre Beziehung, dass sie darauf beharrte, es handle sich um eine spezielle „Schnellstart-Beziehung". Sie gestand uns, sie hätten sich innerhalb von zwei Wochen ihre Liebe füreinander erklärt, und erzählte auch, er sei ein vollendeter Gentleman und sie hätten keinen Sex miteinander gehabt, obwohl sie jede freie Minute miteinander verbracht und einer in der Wohnung des anderen geschlafen hätte. Obwohl sie zugab, die Beziehung sei zu schön, um wahr zu sein, beharrte unsere Freundin darauf, dass sie einen Traummann wie diesen verdiene, nach all den Männern zuvor, die nie eine feste Bindung mit ihr hatten eingehen wollen.

Das schien uns einfach suspekt und wir warnten unsere Freundin vor dieser Situation und empfahlen ihr, eine langsamere Gangart einzuschlagen und den Mann erst wirklich kennen zu lernen. Wir gaben nicht nach und rieten ihr, sich etwas zurückzuhalten und die Beziehung ruhiger anzugehen. Aber unsere Freundin weigerte sich, auf uns zu hören. Sie genoss weiterhin ihre Beziehung zu dem Mann, der ihr per Lieferservice ein Feinschmeckerfrühstück liefern ließ und ihr einen Autoservice zur Verfügung stellte, der sie fuhr, wohin immer sie wollte. Ihr Partner war wirklich charmant und sie genoss es in vollen Zügen. Unsere Freundin und ihre neue Flamme verlobten sich sogar.

Wir waren weder fassungslos noch dachten wir, wir hätten uns geirrt – wir hielten an unserer Meinung fest. Alle drei hatten wir das Gefühl, dass diese Beziehung zu schnell zu intensiv geworden und zum Scheitern verurteilt sei. Tatsächlich verließ unsere Freundin diesen Mann nach nur einigen Monaten Verlobungszeit. Als sie mehr Zeit miteinander verbrachten, begriff sie schließlich, dass sie einander nie richtig kennen gelernt hatten. Sie gerieten aneinander, als er anfing, von seiner Arbeit zu reden, und erzählte, dass er kein Bedauern empfände, kleine Firmen im Interesse seiner Mandanten, die für große Firmen arbeiteten, zu vernichten. Unsere Freundin merkte, dies war in ihren Augen ein mitleidloser, gerissener Anwalt, der die Leute bis aufs letzte Hemd auszog. Sein berufliches Verhalten stieß sie ab, und als das wahre Wesen ihres Verlobten zum Vorschein kam, kam unsere Freundin zu dem Schluss, sie wären überhaupt nicht füreinander geschaffen. Sie erzählte uns, er sei total geschockt über die Wendung der Dinge gewesen und es habe ihm das Herz gebrochen, als seine Verlobte ihn verließ. Zumindest einer der beiden war aufgewacht, bevor sie sich das Jawort gaben.

Alarmsignale für eine schnell begonnene, schnell zerronnene Beziehung

- Er sagt Ihnen innerhalb der ersten paar Monate, dass er Sie liebt.
- Er schläft innerhalb der ersten zwei Monate jede Nacht bei Ihnen.
- Bevor Sie sich sechs Monate lang kennen, möchte er, dass Sie bei ihm einziehen.
- Er spricht vom Heiraten, bevor ein Jahr vergangen ist.

Was können Sie tun?

Machen Sie sich jetzt bitte keine Sorgen, wenn Sie derzeit mit einem Mann zusammen sind, mit dem Sie sehr rasch eine enge Beziehung aufgebaut haben. Schnell begonnene Beziehungen können funktionieren, aber sobald Sie feststellen, dass es sich bei Ihrer Partnerschaft um eine Beziehung handelt, die rasch sehr eng geworden ist, müssen Sie die notwendigen Schritte unternehmen, um das Tempo zu drosseln. Natürlich gibt es die Liebe auf den ersten Blick und den Funken, der zwischen zwei Menschen, die einfach füreinander bestimmt sind, überspringt. Sind all diese Gefühle in einer Partnerschaft von Anfang an vorhanden, ist das wundervoll. Aber weshalb die Dinge überstürzen? Wenn Ihre anfänglichen Gefühle echt, ehrlich und aufrichtig sind, werden sie in Zukunft noch intensiver werden. Wir garantieren Ihnen, dass „Schnellstart-Beziehungen“, die nicht auf ein etwas normaleres Tempo heruntergeschraubt werden, stets mit einem gebrochenem Herzen enden, während Beziehungen, die schön langsam aufgebaut werden, eine wesentlich bessere Chance haben, beide Partner wirklich glücklich zu machen.

Wie schlagen Sie eine langsamere Gangart an? Beginnen Sie mit einem Gespräch. Wir sind der Ansicht, Sie sollten das Thema Ihrer „Schnellstart-Beziehung“ zur Sprache bringen. Unterhalten Sie sich mit Ihrem Partner ganz offen und direkt über Ihren Wunsch, Ihre Beziehung weiterhin intensiv zu pflegen, während Sie sich zugleich die Zeit nehmen, sich gegenseitig besser kennen zu lernen. Das klingt sehr einfach und es kann auch sehr einfach sein. Sagen Sie Ihrem Freund zunächst, wie großartig die Beziehung ist, wie glücklich Sie sind, und wie sehr Sie es genießen, über Ihre gemeinsame Zukunft zu reden. Dann betonen Sie das Gesagte, indem Sie ihm mitteilen, dass Sie dieser Beziehung eine echte Chance geben möchten und der einzige Weg dazu sei, das Tempo ein wenig herunterzuschrauben und sich gegenseitig auf einer wesentlich tieferen Ebene wirklich kennen zu lernen.

Wir denken, dass Männer auf diese Art des Vorgehens positiv reagieren werden, weil sie so praktikabel ist. Sie können sie mit ihrem täglichen Leben in Zusammenhang bringen, insbesondere mit ihrem beruflichen Alltag, in dem sie Dinge langsam angehen und Entscheidungen unter Einbeziehung sämtlicher Aspekte einer Situation nach reiflicher Überlegung treffen. Welcher Mann würde diesen Vorschlag nicht begrüßen? Indem Sie selbst zu der Überzeugung gelangen, dass die Partnerschaft zum Scheitern verurteilt sein würde, wenn sie weiterhin im Eiltempo voranschreitet, sind Sie in der Lage, den ersten Schritt in Richtung auf eine längerfristige, erfolgreiche Beziehung zu tun. Ihre Erwartungen auf den Boden der Realität zu bringen und Ihren Umgang miteinander realistischer zu betrachten, ist der einzige Weg, einer schnell begonnen Partnerschaft die Chance zu geben, nicht zu einer schnell zerronnenen Beziehung zu werden.

Wir können gar nicht deutlich genug betonen, dass es unbedingt nötig ist, die Gangart einer Partnerschaft zu drosseln, wenn Sie merken, dass Sie in einer „Schnellstart-Beziehung“ leben. So hart es sein mag, Sie müssen Grenzen setzen, um sich selbst und Ihre gemeinsame Zukunft zu schützen. Wenn Sie sich noch im Anfangsstadium Ihrer Beziehung befinden, sagen Sie Ihrem Partner, dass er nur einmal pro Woche bei Ihnen schlafen kann. Wenn er Ihnen früher eine Liebeserklärung macht, als Ihnen angemessen erscheint, sagen Sie es ihm. Drängt er Sie dazu, mit ihm zusammenzuziehen, bevor Sie dazu bereit sind, müssen Sie ihm Ihre Gefühle und Bedenken mitteilen. Denken Sie immer daran, dass es für eine langfristige Beziehung das Beste ist, wenn sie sich langsam und natürlich entwickelt.

Beziehungen mit Arbeitskollegen

Wir haben Tausende von Briefen und E-Mails zum Thema Liebesbeziehungen am Arbeitsplatz erhalten, in denen wir gefragt werden, ob solche Beziehungen gute Aussichten haben, sich zu langfristigen, festen Partnerschaften zu entwickeln.

Zunächst einmal gibt es eine Menge gesellschaftlicher Regeln und eventuell auch Vorschriften von Seiten Ihrer Firma in Bezug auf Beziehungen mit Arbeitskollegen. Sie müssen sich zuerst über die Grundsätze Ihrer Firma zu diesem Punkt informieren, bevor Sie die Entscheidung treffen, mit einem Arbeitskollegen eine Beziehung einzugehen.

Wenn Ihr Chef Beziehungen zwischen Arbeitskollegen nicht erlaubt, gehen Sie natürlich ein großes Risiko ein, wenn Sie sich doch mit einem Mitarbeiter treffen.

Und selbst wenn Beziehungen an Ihrem Arbeitsplatz gestattet sind, haben manche Männer für sich selbst die Regel aufgestellt, das Geschäftliche nicht mit dem Vergnügen zu vermengen. Wie wir weiter oben bereits erwähnten, ist die berufliche Karriere für einen Mann außerordentlich wichtig. Er wird sehr darauf achten, nichts zu tun, was die Jahre anstrengender Arbeit, die er in das Erreichen seiner beruflichen Ziele investiert hat, möglicherweise gefährden könnte. Machen Sie sich bewusst, dass es ein sehr ernster Entschluss für einen Mann ist, mit einer Arbeitskollegin eine Beziehung einzugehen.

Beruflich hoch qualifizierte Männer sind so eingespannt in ihre Karriere, dass sie unter Umständen überhaupt nicht offen für eine mögliche Beziehung mit einer Mitarbeiterin sind. Die Angst vor dem Verlust des Arbeitsplatzes oder die Befürchtung, sexueller Belästigungen beschuldigt zu werden, kann für einen Mann, der eine anspruchsvolle, gehobene berufliche Laufbahn verfolgt, ausreichen, um alle potenziell gefährlichen Situationen zu meiden. Egal was geschieht: Wird ein Mann einer sexuellen Belästigung beschuldigt, steht er grundsätzlich auf der Verliererseite. Ob schuldig oder nicht – seine Karriere kann sogar wegen einer einzigen falschen Anschuldigung beendet sein. Deshalb lassen Männer, was Beziehungen zu einer Arbeitskollegin betrifft, äußerste Vorsicht walten.

Weshalb Männer das Risiko einer Beziehung am Arbeitsplatz eingehen

Sie fragen sich jetzt vielleicht, weshalb ein Mann überhaupt ein zusätzliches Risiko eingeht und sich auf eine Liebesbeziehung mit einer Arbeitskollegin einlässt, wenn ihm seine Karriere so wichtig ist. Das ist eine gute Frage, die uns hilft, unseren Standpunkt sehr klar zu formulieren. Beruflich hoch qualifizierte Männer, die lange und hart arbeiten, haben sehr wenig Zeit für ein ausgefülltes Privatleben. In unserer heutigen schnelllebigen Gesellschaft wird es offensichtlich immer schwieriger für karriereorientierte Männer, eine Frau kennen zu lernen, mit der sie sich ein gemeinsames Leben vorstellen können. Wir heiraten heutzutage später, verglichen mit der Generation unserer Eltern und Großeltern, und Frauen und Männer müssen mehr Zeit investieren, um in ihren Berufen erfolgreich zu sein. Häufig wird heutzutage am Arbeitsplatz dafür gesorgt, dass die beruflich sehr eingespannten Mitarbeiter untereinander soziale Kontakte pflegen. Da Männer, die in einem anspruchsvollen, gehobenen Beruf tätig sind, so viel Zeit mit ihren Arbeitskollegen verbringen und einfach nicht viel Zeit haben, außerhalb des Büros ein aktives soziales Leben zu pflegen, verkehren sie schließlich privat mit den Menschen an ihrem Arbeitsplatz. Sei es nun gefährlich oder nicht – der nächste natürliche Schritt besteht offenbar in einer Beziehung zu einer Arbeitskollegin.

Wie der ehemalige amerikanische Präsident Clinton demonstriert hat, können Männer sich dem Fluss der Dinge überlassen und eine Beziehung mit einer Arbeitskollegin eingehen, unabhängig davon, ob es gut für sie ist oder nicht. Es ist schwierig für einen Mann, jeden Tag mit einer anziehenden Frau zusammen zu sein, mit der er sich gut versteht, und nicht seinen natürlichen Instinkten zu folgen und die Beziehung enger zu gestalten. Wenn die Chemie zwischen einem Mann und einer Frau stimmt, wird ihr Gefühl füreinander wachsen, wenn sie mehr Zeit zusammen verbringen, auch wenn es im Büro ist. Zudem verspürt ein Mann an seinem Arbeitsplatz, wo er einer Frau seine wahren Stärken und Talente demonstrieren kann, Selbstvertrauen. Denken Sie einmal darüber nach – ein Mann hätte nie die Gelegenheit, einer Frau zu zeigen, wie gut er in seinem Beruf ist, wenn er sie in einer Bar oder bei einem Blind Date treffen würde. Der Arbeitsplatz bietet sowohl für Männer als auch für Frauen eine einmalige Gelegenheit, ihre beruflichen Seiten kennen zu lernen. Es kann sehr attraktiv sein, jemanden bei der Arbeit zu beobachten.

Für einen Mann, der eine Beziehung mit einer Arbeitskollegin beginnt, ist der größte Teil der „Vorarbeit" zum Anknüpfen einer Beziehung bereits geleistet – ein sehr positiver Aspekt, der die mit einer Liebesbeziehung am Arbeitsplatz verbundenen Gefahren aufwiegen kann. Der Mann in guter beruflicher Position lernt seine Arbeitskolleginnen bei der Zusammenarbeit kennen oder bei einem Plausch am Getränkeautomaten oder bei Firmenveranstaltungen. Damit überspringt er das unangenehmere Stadium des Kennenlernens zu Beginn einer Beziehung. Oftmals lernt ein Mann eine Frau, mit der er in einer vertrauten sicheren Umgebung zusammenarbeitet, sehr gut kennen – und umgekehrt. Weder das Selbstwertgefühl des Mannes noch das der Frau stehen in der Schusslinie. Keiner der beiden befindet sich in der verletzlichen Position einer möglichen Zurückweisung. Ein weiterer Vorteil der Zusammenarbeit ist es, dass beide die Anforderungen der Arbeit kennen und das Thema Zeitaufwand in einer solchen Liebesbeziehung kein Streitpunkt wäre.

Eine verzwickte Situation

Eine Beziehung am Arbeitsplatz kann äußerst schwierig sein. Ein Mann kann sehr unterschiedliche Signale empfangen. Er kommuniziert mit einer Frau und es scheint ganz selbstverständlich zu sein, weil sie sich beruflich kennen. Häufig kann er den vorschnellen Schluss ziehen, sie bringe ihm mehr als nur rein berufliches Interesse entgegen. Er denkt sich: ‚Wir verstehen uns gut, sie ist attraktiv und wir wissen bereits viel voneinander.' Dann kommt der Augenblick der Wahrheit. Wird der Mann alle Warnungen in den Wind schlagen und mit der Frau den nächsten Schritt wagen? Wenn er die Chance ergreifen kann, wird er möglicherweise eine Freundin oder eine Bettgenossin gewinnen, ohne viel Mühe investieren oder das Risiko, einen Korb einzustecken, eingehen zu müssen.

Dennoch sind die Risiken einer Beziehung am Arbeitsplatz wesentlich größer als sonst, also ist für einen Mann Zurückhaltung angesagt. Hat er die Absicht, eine erfolgreiche Karriere zu machen, kann das Risiko, am Arbeitsplatz bei einem unprofessionellen Verhalten erwischt zu werden, den Vorteil einer Liebesbeziehung mit einer Arbeitskollegin bei weitem überwiegen. Die Gelegenheit ist ständig präsent: Fühlt er sich zu einer Arbeitskollegin hingezogen, befindet er sich nicht in der Situation, eine attraktive Zufallsbekanntschaft vielleicht nie wiederzusehen, wenn er nicht sofort handelt. Eine bequeme Situation, weil er weiß, dass weder er noch die Frau irgendwohin verschwinden werden, zumindest nicht in absehbarer Zeit. Sie wird morgen wieder im Büro sein. Also kein Grund, den nächsten Schritt zu überstürzen oder unnötige Risiken einzugehen. Im Hinterkopf weiß der Mann in guter Position, dass ihm alle Zeit der Welt zur Verfügung steht. Wir sind der Ansicht, dass die meisten Männer bei einer Frau, die sie als potenzielle Ehefrau einstufen, diesen langwierigen Weg zum Aufbau einer Beziehung einschlagen werden. Aller Wahrscheinlichkeit nach wird ein Mann eine solche Frau bei der gemeinsamen Arbeit näher kennen lernen und sich die Zeit nehmen, die Freundschaft zwischen ihnen wachsen zu lassen, bevor er den Versuch einer Beziehung wagt.

Ein Mann, der es eilig hat, eine Beziehung zu einer Arbeitskollegin aufzubauen, ist möglicherweise auf das Falsche aus – aus Sicht der Frau. Unter Umständen versucht er, Kapital aus der gegenseitigen Anziehung zu schlagen und sie schnell ins Bett zu bekommen. Die Vorarbeit ist seiner Meinung nach durch die Art ihrer Kommunikation bei der Arbeit bereits geleistet worden. Also hüten Sie sich vor einem Arbeitskollegen, der diese Situation auszunützen scheint, um bei Ihnen zu „landen". Seine Absichten könnten nicht ehrenwert sein und Sie könnten sich in einer „Schnellstart-Beziehung" wieder finden, die zwangsläufig sehr unerfreulich endet.

Achten Sie darauf, den Moment der ersten Faszination vorübergehen zu lassen, und nehmen Sie sich in den Anfangsphasen der Beziehung Zeit, besonders am Arbeitsplatz. Es hat keine Eile und in dieser gefährlichen Situation lassen Sie besser Vorsicht walten, anstatt sich zu eilig hineinzustürzen. Die Gelegenheit bleibt so lange bestehen, wie Sie zusammenarbeiten. Wenn keiner von Ihnen in absehbarer Zeit seinen Arbeitsplatz wechselt, können Sie die Chance nutzen und die berufliche jederzeit zu einer persönlichen Beziehung ausbauen. Es besteht keine Notwendigkeit, die Dinge zu forcieren – geben Sie Ihrer Beziehung Zeit, sich allmählich und ganz natürlich zu entwickeln. Wenn ein Mitarbeiter anfänglich großes Interesse zeigt und seine Aufmerksamkeit dann nachlässt, sucht er wahrscheinlich nicht nach einer langfristigen Beziehung mit Ihnen. Lassen Sie ihn getrost auf seine nächste sexuelle Eroberungsreise gehen.

Was Frauen tun können

Was können Sie tun, wenn Sie merken, dass Sie einen Arbeitskollegen anziehend finden? Wir raten Ihnen, äußerst vorsichtig vorzugehen, und schlagen sogar vor, Einladungen zu Verabredungen mit Arbeitskollegen generell abzulehnen, und zwar wegen der Vielzahl an Problemen, die mit einer Beziehung zu einem Arbeitskollegen verbunden sein können. Am besten ist es, Sie sprechen in seinem Fall offen an, dass Sie sehr gern ausgehen würden, sich aber Gedanken wegen der mit einer Beziehung am Arbeitsplatz verbundenen Risiken machen würden. Machen Sie ihm Ihre Bedenken klar. Wenn Sie seine Einladung abgelehnt haben und er nach einiger Zeit immer noch interessiert ist, könnte er vielleicht der Richtige sein und es könnte sich für Sie beide lohnen, ein Rendezvous zu wagen. Wenn drei Monate vergangen sind und Sie immer noch Interesse an dem Mann haben, nehmen Sie seine Einladung, mit Ihnen auszugehen, an. Dauert sein Interesse so lange an, besteht Aussicht, dass er sich für Sie als Person und nicht als Objekt für eine Eroberung interessiert.

Wenn Sie schließlich eine Beziehung mit einem Arbeitskollegen eingehen, empfehlen wir Ihnen dringend, jeden Schritt in dieser Partnerschaft sehr langsam zu wagen, ganz besonders in Bezug auf Sex. Sie sollten länger warten als normalerweise – drei oder vier Monate –, bevor Sie diesen Schritt vollziehen. Auch hier gilt: Warten Sie eine Weile und teilen Sie ihm mit, weshalb Sie es langsam angehen möchten. Wenn die Gefühle zwischen Ihnen intensiv genug sind und die Beziehung gut läuft, wird Ihre Partnerschaft nur gewinnen und intensiver werden, wenn Sie warten können und sich gegenseitig besser kennen lernen, bevor Sie intim werden.

Ein Blick auf die Statistiken zeigt, die meisten Beziehungen funktionieren aus diesen oder jenen Gründen einfach nicht. Wir wollen hier nicht pessimistisch, sondern realistisch sein. Trennungen sind sehr schwierig, besonders für zwei

Menschen, die miteinander geschlafen haben. Die meisten Paare, die auseinander gehen, müssen sich nie wiedersehen. Denken Sie daran, wie viel komplizierter eine Trennung wäre, wenn Sie diesen Mann täglich am Arbeitsplatz sehen müssten. Nun multiplizieren Sie das mit einhundert, wenn Sie entdecken, dass der Kollege, der Sie letzte Nacht verführte, nur Sex wollte.

Um das Ganze noch einmal zu rekapitulieren, finden Sie im Folgenden Richtlinien für die Beziehung zu einem Arbeitskollegen und für das Funktionieren einer solchen Partnerschaft:

- Lehnen Sie seine ersten Einladungen zu einem Rendezvous ab. Nehmen Sie keine Einladung an, solange er nicht weiter darauf besteht und Sie drei Monate lang trotz Ihrer Ablehnungen wiederholt einlädt. Im letzten Fall nehmen Sie seine Einladung an.
- Wenn Sie eine Beziehung begonnen haben, lassen Sie die Dinge sich langsam und stufenweise zu körperlicher Intimität entwickeln. Vermeiden Sie es, sich zu schnell zu nahe zu kommen oder zu offen zu sein. Das hilft Ihnen, viele unangenehme Situationen und Gefühle zu vermeiden, falls die Beziehung nicht funktioniert. (Was bei den meisten Beziehungen der Fall ist.) Beschränken Sie Ihre Rendezvous in den ersten zwei Monaten auf ein Mal pro Woche. Treffen Sie sich die folgenden zwei Monate zwei Mal wöchentlich usw.
- Warten Sie mit Sex länger als gewöhnlich; wir schlagen vor, ihn drei oder vier Monate lang hinzuhalten.
- Solange Sie Arbeitskollegen sind und eine Beziehung zueinander aufbauen, seien Sie sehr vorsichtig – in seinem und Ihrem Interesse.

5

Hindernisse auf dem Weg zu einer engeren Beziehung: Teil II

Die Suche nach Trost; Scheidungen und Kinder

Wir kommen nun zu schwerer wiegenden Beziehungsaspekten, die Hindernisse auf dem Weg zu einer engeren Bindung darstellen können: Wenn Sie sich über eine gescheiterte Beziehung hinwegtrösten wollen, wenn Sie geschieden sind oder Kinder haben. Weil uns viele Frauen in ihren Briefen und E-Mails Fragen zu diesen Punkten gestellt haben, wissen wir, dass diese Aspekte Hindernisse sein oder Umwege auf dem Weg zur Ehe bedeuten können. Auf der Basis unserer Erfahrungen und Erkenntnisse werden wir Ihnen helfen herauszufinden, ob Hoffnung auf eine langfristige Partnerschaft besteht, wenn einer dieser Faktoren eine Rolle spielt, oder ob Sie sich aus der Beziehung zurückziehen sollten. Möglicherweise fällt es Ihnen schwer, mit einigen unserer ehrlichen Meinungen zurechtzukommen, aber wir wissen, dass Sie als Frau, die als potenzielle Ehefrau und nicht als einmalige Affäre eingeordnet werden möchte, die Antworten auf diese Fragen erhalten müssen. Hier sind sie.

Die Suche nach Trost

Es gibt keine bessere Methode, Ihren letzten Liebhaber zu vergessen, als einen nächsten Geliebten. Zumindest sagt man das im Allgemeinen. Wir haben alle drei Erfahrungen mit Beziehungen, die wir nach dem Zerbrechen einer engen Partnerschaft eingegangen sind, und wir hatten Rendezvous mit Frauen, die sich über eine gescheiterte Beziehung hinwegtrösten wollten. Wir wissen, dass das eine schwierige Situation ist. Jemand, der an angenehme Zweisamkeit und regelmäßigen Sex einer festen Partnerschaft gewöhnt ist, ist häufig verletzlich und sehnt sich nach diesen verlässlichen Elementen, wenn er oder sie erneut den Sprung in die unbekannten Gewässer neuer Beziehungen wagt. Wegen dieser gefährlichen Kombination machen Menschen, die sich über eine gescheiterte Partnerschaft hinwegtrösten wollen, bekanntlich oft den Fehler, sich an den nächsten warmen Körper anzuschmiegen und die neue Beziehung mit denselben emotionalen Elementen auszustatten wie eine feste Partnerschaft. Wir wissen alle, dass das selten funktioniert. Ob Sie selbst es sind, deren Partnerschaft zerbrochen ist, oder der Mann, mit dem Sie sich treffen – im Folgenden finden Sie praktikable Methoden, um sich auf Ihrer Suche nach Glück und einer lange andauernden Liebe selbst zu schützen.

Wenn Sie sich über eine zerbrochene Beziehung hinwegtrösten möchten

Frauen, die gerade aus einer gescheiterten festen Partnerschaft kommen, tragen eine enorme emotionale Last. Ehrgeizige Männer, die sich beruflich mit allerhand ermüdenden Aufgaben beschäftigen müssen, brauchen oder wollen kein weiteres Problem in ihrem Leben. Wenn sie wissen, dass eine Frau sich über eine gescheiterte Partnerschaft hinwegtrösten möchte, werden sie diese folglich nicht zum Ziel einer einfachen Beziehung „für den Augenblick“ machen.

Ein Mann wird sich eventuell dann dazu entschließen, sich um eine solche Frau zu bemühen, wenn er sich sehr zu ihr hingezogen fühlt und in ihr das Potenzial für eine langfristige Beziehung sieht. Unserer Ansicht nach lohnt sich das Werben um eine Frau mit Trostbedürfnis dieser Art nur dann, wenn sie das Potenzial zur Ehefrau aufweist. Das Gute daran ist, dass ein Mann, der sich um Sie bemüht, wenn Sie gerade eine gescheiterte Beziehung hinter sich haben, ein wirkliches Interesse an Ihnen haben muss. Wenn die emotionale Last, die Sie mitbringen, nicht innerhalb kurzer Zeit leichter wird oder verschwindet, nachdem der Mann in Ihr Leben getreten ist, erwarten Sie nicht von ihm, dass er noch sehr lange bleibt.

Das Schlechte an der Sache ist, dass ein Mann nur bis zu einer gewissen Grenze mit dem Wissen umgehen kann, dass eine Frau den Verlust eines anderen Mannes betrauert. Ein Mann wagt sich durchaus an eine Beziehung mit einer Frau, die sich über eine gescheiterte Beziehung hinwegtrösten will, heran, aber er wird sehr vorsichtig dabei sein. Schließlich ist die schlimmste Befürchtung eines Mannes, eine Frau, an der ihm sehr viel liegt, an einen anderen Mann zu verlieren. Hat eine Frau eine zerbrochene Beziehung hinter sich, ist es so, als sei der Exfreund oder Exehemann immer irgendwie gegenwärtig und drohe seinen alten Platz wieder einzunehmen. Egal ob sie ihren Expartner noch sieht oder nicht oder er ihr noch etwas bedeutet oder nicht – er ist so lange gegenwärtig, solange sie über ihre verflossene Beziehung spricht, einen niedergeschlagenen Eindruck macht oder pessimistisch in Hinsicht auf Männer und feste Partnerschaften im Allgemeinen zu sein scheint. Der Gedanke daran, dass eine Frau, mit der er eine ernsthafte Beziehung hat, mit einem anderen Mann intim war, ist für jeden Mann ein Problem, mit dem er schwer fertig wird. Hat ein Mann eine Beziehung mit einer Frau, die eine gescheiterte Partnerschaft hinter sich hat, muss er sich ständig mit diesem Gedanken auseinander setzen. Sie sehen, weshalb Männer es sich zweimal überlegen, bevor sie eine Beziehung mit einer solchen Frau beginnen.

Ein Mann fühlt sich noch bedrohter, wenn er merkt, dass die Frau das Scheitern der Partnerschaft betrauert. Natürlich ist dieser Kummer etwas Selbstverständliches und er sollte sogar erwarten, dass sie trauert. Aber durch diesen Kummer fühlt er sich in seiner Sicherheit bedroht. Selbst wenn ein Mann verstandesmäßig begreift, was eine Frau in dieser Lage durchmacht, wird er ihren Schmerz automatisch als Mangel an Gefühlen für ihn selbst interpretieren. Er kann die Situation unter Umständen sogar überinterpretieren und befürchten, die Frau plane, zu ihrem Expartner zurückzukehren und ihn mit gebrochenem Herzen zurückzulassen.

Im Allgemeinen wird eine Frau, die sich über eine gescheiterte Beziehung hinwegtrösten will, nicht fähig sein, einen Mann glücklich zu machen. Es ist nicht ihr Fehler; sie ist nur emotional nicht in der Lage, einem Mann die Aufmerksamkeit und die Sicherheit zu geben, die er braucht, um eine Beziehung aufzubauen, die über gelegentliche Treffen hinausreicht. Diese Situation ist außerordentlich frustrierend für einen Mann und kann ausreichen, um ihn in die Flucht zu schlagen.

Hüten Sie sich vor dem „Kämpfer"

Es gibt einen gefährlichen Männertypus, der Beziehungen mit Frauen anfängt, die sich über eine gescheiterte Partnerschaft hinwegtrösten wollen. Das ist der Mann, der meint, unbedingt gewinnen zu müssen, und es gibt ein sehr verräterisches Zeichen, an dem Sie seine Absichten erkennen können. Er erwähnt ständig Ihren Expartner, um sich zu vergewissern, dass Sie absolut keinen Kontakt zu diesem Mann haben. Er fragt Sie, weshalb Sie so niedergeschlagen über den Verlust eines Mannes sind, der nicht gut genug für Sie war. Gleichzeitig scheint der „Kämpfer" besessen davon zu sein, Sie mit allen Mitteln von Ihrem Expartner wegzubringen, obwohl Sie überhaupt nicht mehr mit diesem zusammen sind. Eine Beziehung zu einer Frau, die sich über eine gescheiterte Partnerschaft hinwegtrösten will, passt zur beruflichen Wettbewerbshaltung eines Mannes, des „Gewinnens um jeden Preis".

Letztlich ist ein Mann, der so fühlt, sehr selbstsüchtig. Die Fähigkeit, eine Frau zu erobern und sich dabei gut zu fühlen, ist alles, was für ihn zählt. Es kümmert ihn überhaupt nicht, wer diese Frau ist. Für ihn ist sie ein zu gewinnender Preis. Hat er sie erobert, kann er sie seiner „Trophäensammlung" hinzufügen, die er sich im Geist angelegt hat, und sich der nächsten Frau zuwenden. Vor dieser Art von Männern müssen Sie sich in Acht nehmen. Es sind äußerst unsichere Männer, die die Verletzlichkeit von Frauen ausnützen, nur um sich selbst aufzubauen.

Wird ein Mann eine feste Beziehung mit einer Frau eingehen, die aus einer gescheiterten Partnerschaft kommt?

Die Antwort lautet: Ja. Aber zuerst muss sie ihn davon überzeugen, dass das, was sie durchmacht und fühlt, nur natürlich ist. Eine Frau muss einem Mann zu verstehen geben, dass Niedergeschlagenheit, ein Gefühl der Verlassenheit oder Wut im Zusammenhang mit ihrer gescheiterten Beziehung nichts mit ihrer aktuellen Situation zu tun haben. Sobald ein Mann sich dadurch, dass er eine Frau nicht von Anfang an glücklich macht, oder durch die Möglichkeit, dass sie zu ihrem Expartner zurückkehren könnte, nicht mehr bedroht fühlt, kann er sich an die Situation gewöhnen und im Rahmen der Beziehung zuversichtlich handeln. Das kann allerdings sehr schwierig für einen Mann sein, der kürzlich eine herbe Zurückweisung von einer Frau erlitten hat. Ein Mann, der keine Angst hat, eine Enttäuschung zu erleiden, gibt einer Beziehung mit einer Frau, die aus einer gescheiterten Partnerschaft kommt, eventuell eine Chance.

Sie können aber sicher sein, dass ein Mann nicht ewig darauf warten wird, bis Sie ihm Ihre volle Aufmerksamkeit zuwenden. Ein Mann will das Gefühl haben, er mache seine Freundin glücklich, und möchte im Mittelpunkt ihres Privatlebens stehen. Wenn die Entwicklung dahin durch nicht endende Rückwendungen zum Expartner einer Frau blockiert wird, sind künftige Beziehungsprobleme vorprogrammiert.

Was kann eine Frau tun?

Befinden Sie sich gerade in der Situation, dass Sie sich über eine vergangene Beziehung hinwegtrösten und Ihre Chancen, einen neuen Mann zu finden, vergrößern möchten? Das Wichtigste, was Sie tun können, ist, sämtliche Verbindungen zu Ihrem Expartner abzubrechen und Ihrem neuen Freund gegenüber vollkommene Ehrlichkeit über Ihre Gefühle walten zu lassen.

Wenn Sie wirklich wollen, dass Ihre neue Beziehung funktioniert, treffen Sie sich nicht mit Ihrem Expartner, reden und kommunizieren Sie in keiner Art und Weise mit ihm. Nicht einmal im Schlaf. Brechen Sie die Verbindung zu ihm vollkommen ab, und halten Sie sich keinerlei Hintertürchen offen, wieder mit ihm zusammenzukommen. Sie müssen in dieser Hinsicht einen ganz klaren Schlussstrich ziehen, um Ihrem Freund zu beweisen, dass Sie wirkliches Interesse an ihm haben, trotz allem, was Sie mit Ihrem früheren Partner durchgemacht haben.

Sprechen Sie mit Ihrem neuen Freund über Ihre Gefühle. Es mag ihm zwar nicht gefallen zu hören, dass Sie noch immer einer vergangenen Beziehung nachtrauern, aber es ist besser, ihm Ihre Empfindungen mitzuteilen, statt zu schweigen und seine Fantasie wilde Blüten treiben zu lassen. Ein Mann wird Ihre Aufrichtigkeit in dieser Situation respektieren. Wenn Sie Ihrem neuen Freund Ihre Trauer zeigen, sich aber weigern, sie ihm zu erklären, werden Sie ihn nur frustrieren und die Belastung erhöhen, der die Beziehung durch Ihre Situation ausgesetzt ist. Es ist Männern lieber, die Wahrheit zu hören und darüber zu sprechen, anstatt sich der Qual der Befürchtung auszusetzen, dass ihre Freundin sie verlassen könnte. Denken Sie immer daran, dass Männer unsicher, eifersüchtig und wissbegierig sind. Je mehr Einzelheiten Sie Ihrem Freund über Ihre Gefühle mitteilen können und ihn gleichzeitig Ihrer wachsenden Zuneigung zu ihm versichern, desto besser wird sich Ihr neuer Partner fühlen. Wenn Sie damit so lange fortfahren, bis Ihre Gefühle für die alte Beziehung vergangen sind, wird Ihr Partner nicht mehr befürchten, dass Sie ihn verlassen werden oder sich nicht zu ihm hingezogen fühlen.

Ein Mann, der während dieser schwierigen Zeit mit einer Frau zusammenbleibt, tut das, weil er eine tiefe Verbundenheit mit ihr verspürt, eine Verbundenheit, die getragen wird von einem offenen und ehrlichen Umgang miteinander. Das ist genau der Mann, den Sie suchen – ein Mann, der wirklich mit Ihnen durch dick und dünn geht.

Wie Sie Ihre Erfolgschancen erhöhen

- Unterhalten Sie, wenn möglich, keinen Kontakt zu Ihrem Expartner. Versichern Sie Ihrem neuen Freund häufig, dass die Beziehung mit Ihrem Expartner gänzlich vorüber ist und dass Sie nicht die Absicht haben, jemals wieder zu ihm zurückzukehren. Tun Sie alles in Ihrer Macht Stehende, um sich die verflossene Partnerschaft aus dem Kopf zu schlagen und sich auf Ihre neue Beziehung zu konzentrieren.
- Minimieren Sie die Befürchtungen Ihres neuen Freundes, indem Sie ihm immer wieder sagen, dass Sie daran interessiert sind, eine Beziehung mit ihm aufzubauen und ihn besser kennen zu lernen. Untermauern Sie das damit, dass Sie sich Zeit nehmen, wenn er Sie um ein Rendezvous bittet. Beantworten Sie seine Telefonanrufe schnell. Wenn Sie mit ihm zusammen sind, konzentrieren Sie sich auf ihn. Zeigen Sie ihm mit Ihrem ganzen Verhalten, dass Sie für ihn da sind.
- Seien Sie geduldig und haben Sie Verständnis dafür, dass Ihr Freund vorsichtig ist. Drängen Sie ihn nicht, Ihre Beziehung schneller voranzutreiben, als er es will. Sie brauchen beide Zeit, sich gegenseitig kennen zu lernen und Ihre vergangene Beziehung zu einer fernen Erinnerung verblassen zu lassen.

Wenn Ihr Partner eine gescheiterte Beziehung hinter sich hat

Ein Mann, der aus einer gescheiterten Beziehung kommt, versucht, die durch seine zurückliegende Trennung entstandene Leere zu füllen. Eine langfristige Beziehung, die mit einem gebrochenen Herzen endet, hinterlässt ein großes Loch im Herzen und im Leben eines Mannes. Einsamkeit, Unsicherheit und Versagensangst befallen einen Mann, der eine gescheiterte Partnerschaft hinter sich hat, ebenso wie dies bei einer Frau in einer solchen Situation der Fall ist. Selbst wenn er gerade ein Millionengeschäft abgeschlossen oder eine Beförderung auf einen wichtigen Posten erhalten hat, wird er sich wie ein „halber Mann" fühlen, wenn er die Frau, die er liebt, verloren hat. Ein Mann in dieser Lage bekommt sofort das Gefühl, sein gewohntes Maß an Selbstvertrauen wiedergewinnen zu müssen. Er hat das Bedürfnis, sich mit Frauen zu umgeben, die ihn attraktiv, witzig, charmant und erfolgreich finden, um sein Selbstbewusstsein wieder finden zu können.

Unterschiedliche Männer suchen sich unterschiedliche Frauen, die diese Rolle spielen sollen, wenn sie ein gebrochenes Herz haben. Nur ein äußerst geringer Teil von Männern ist sofort offen für die Richtige. Die meisten Männer sind nicht imstande, so schnell das Risiko einer solch großen Zurückweisung erneut einzugehen, und verbringen deshalb viel Zeit mit Freundinnen oder „Mädchen für den Augenblick", während ihr gebrochenes Herz heilt. Wenn Sie ernste Absichten in Bezug auf einen Mann hegen, der gerade eine gescheiterte Beziehung hinter sich hat, seien Sie für ihn eine Freundin und üben Sie sich in Geduld. Und zwar aus den folgenden Gründen.

Wenn eine feste Beziehung zerbricht, haben Männer ihre beste Freundin beziehungsweise Frauen ihren besten Freund verloren. Natürlich haben sowohl Männer als auch Frauen enge Beziehungen zu ihrem Freundeskreis, aber das ist nie vergleichbar mit der besonderen Bindung, die sie zu der geliebten Person haben. Ein Mann kann seiner Gefährtin Dinge erzählen, die er sich seinen Freunden nie mitzuteilen trauen würde. Einige Männer würden sich wahrscheinlich lieber nackt auf einer belebten Straße erwischen lassen, statt ihre Freunde einige der Gedanken und Gefühle wissen zu lassen, die sie ihren Freundinnen verraten haben. Wenn eine solche Beziehung endet, verspürt ein Mann das Bedürfnis, eine andere beste Freundin zu finden.

Wenn Sie einem Mann näher kommen wollen, der eine zerbrochene Partnerschaft hinter sich hat, und es Ihnen nichts ausmacht, einige Zeit in ihn zu investieren, können Sie sich Ihren Weg in sein Leben bahnen, indem Sie seine neue beste Freundin werden. Das ist kein bombensicherer Weg, die Auserwählte für ihn zu werden, aber ihm in dieser Situation zur Seite zu stehen, kann Ihnen die Tür zu ihm öffnen. Wenn Sie diesen Weg einschlagen möchten, machen Sie sich nicht gleich Gedanken über das Fortschreiten der Beziehung oder über eine feste Partnerschaft. Seien Sie einfach nur für ihn da, wenn er niedergeschlagen ist und jemanden zum Zuhören braucht, oder bieten Sie ihm Ihre Gesellschaft an, wenn er sich einsam fühlt. Wenn dieser Mann Zeit hatte, seine Wunden zu lecken und genügend Frauen zu vernaschen, wird er aufschauen und Sie sehen – die Frau, die die ganze Zeit über bei ihm war und ihn kennt.

Wenn Sie eine Chance bei einem Mann haben wollen, der sich über eine zerbrochene Beziehung hinwegtrösten will, müssen Sie wahrscheinlich auch seine Erzählungen über seine Unsicherheit auf sexuellem Gebiet tolerieren. Nach einer Trennung verspürt ein Mann Schmerz, Verlustgefühle, die Sehnsucht nach einer Gefährtin und das Bedürfnis, über Sex zu reden und Sex zu haben. Vielleicht denken Sie, dass sich Männer nach einer Trennung frei fühlen und auf die Gelegenheit freuen, neue und ganz verschiedene Frauen kennen zu lernen und Sex mit ihnen zu haben. Aber dem ist nicht so. Nach einer Trennung hat ein Mann das Gefühl, als ob jede Frau auf der Welt entweder in festen Händen sei oder sich ohnehin nicht für ihn interessiere. Es ist ein schreckliches Gefühl, und, ganz offen gesagt, Masturbation wird – wieder – zu einem wesentlichen Teil des täglichen Lebens.

Ein Mann, der sich über eine gescheiterte Partnerschaft hinwegtrösten will, möchte sich vergewissern, dass er sexuell attraktiv ist. Ein gelegentliches Kompliment von Ihnen, einer Freundin, kann Wunder wirken, was das desolate Selbstwertgefühl eines Mannes betrifft. Sie können eine kleine Bemerkung in der Richtung fallen lassen, dass Sie in ihm mehr als einen Freund sehen, und ihm ein positives Gefühl vermitteln, indem Sie ihm sagen, dass er einen schönen Körper habe, einen Po, der vielen Frauen gefallen würde, oder schöne Augen. Eine regelmäßige Stärkung des verletzten Selbstwertgefühls eines Mannes kann bewirken, dass er in dieser Periode sehr starker Unsicherheit wieder Sicherheit gewinnt.

Sie dürfen sich auf keinen Fall aufregen, wenn er sich mit einer Menge anderer Frauen umgeben will – mit „Mädchen für den Augenblick“. Wenn es einen Mann gibt, der eine Medaille für das Verlangen nach Sex gewinnen könnte – und Sie wissen, wie sehr alle Männer Sex wollen –, dann wäre das unserer Ansicht nach der Mann, der gerade eine zerbrochene Partnerschaft hinter sich hat. Natürlich hilft viel Sex immer, die Angst davor, nie wieder Sex zu haben, verschwinden zu lassen. Sobald ein unversehens wieder allein stehender Mann feststellt, dass er sexuell begehrenswert ist, wird er sich die Gelegenheit, mit einer ganzen Reihe von Frauen zu schlafen, nicht entgehen lassen. Männer in dieser Situation möchten wieder hinter den Frauen her sein, flirten, Telefonnummern bekommen, attraktiv auf Frauen wirken und – natürlich – Sex haben.

Ein Mann, der in einer langfristigen Beziehung lebt, denkt viel darüber nach, sich an eine einzige Frau fest zu binden, mit ihr zusammenzuziehen, sich mit ihr zu verloben und sie schließlich zu heiraten. Ehrlich gestanden dreht sich ein großer Teil dieses gedanklichen Prozesses darum, damit klarzukommen, sich nicht mehr mit anderen Frauen zu Rendezvous zu verabreden oder mit ihnen zu schlafen – weder jetzt noch jemals in der Zukunft! Wenn ein Mann, der in einer festen Beziehung gelebt hat, wieder allein ist, konzentriert er sich sofort auf die positive Seite des Geschehenen. Er hat jetzt seine Freiheit und alle seine Befürchtungen, sein Leben lang nie wieder mit einer Frau zusammen zu sein, verschwinden, wenn sich sein kleines Notizbuch, in das er seine Frauenbekanntschaften einträgt, mit neuen Namen und Telefonnummern füllt.

Werden die tieferen Gefühle von Männern in dieser Situation angesprochen und sie haben das Gefühl, eine Frau könnte ihr Herz gewinnen, sind sie äußerst vorsichtig. Männer, die in einer Beziehung verletzt wurden, gehen emotional sehr hart mit sich selbst um. Sie sehen sich in der Regel als Verlierer und fragen sich, weshalb sie weinen oder sich so furchtbar niedergeschlagen wegen einer Beziehung fühlen, die vorbei ist. Sie mögen fälschlicherweise das Gefühl haben, dass ihre „Machofreunde" niemals weinen würden wie Babys oder sich innerlich so zerstört fühlen würden, wenn sie sich in derselben Situation befänden. Sehr häufig stellt ein Mann seine Männlichkeit infrage, weil er sich so verletzt und so deprimiert durch den Verlust seiner Freundin fühlt. Man erwartet von einem Mann, dass er nicht weint und dass er sich von einer Frau nicht verletzen lässt. Geschieht das, ist er folglich sehr vorsichtig, sich nicht wieder in eine solche Situation zu bringen. Das kann sogar bedeuten, dass er dann lange Zeit darauf verzichtet, eine ernsthafte Beziehung einzugehen, nur um die Möglichkeit einer weiteren Trennung und des schrecklichen Schmerzes, der sie begleiten kann, auszuschalten. In den seltensten Fällen öffnet ein solcher Mann sich zu diesem Zeitpunkt für die Richtige. Neun von zehn Männer nutzen diese Zeit dafür, wieder auf die Beine zu kommen.

Wird sich ein Mann, der gerade eine gescheitere Partnerschaft hinter sich hat, auf eine feste Beziehung einlassen?

Als allgemeine Regel müssen wir sagen: Nein, nicht sofort. Das heißt nicht, dass es keine Ausnahmen gibt, aber meist geht so viel in und um ihn herum vor, dass er sich nicht sofort auf eine feste Beziehung konzentrieren kann – noch nicht einmal mit einer Frau, die er sich als potenzielle Ehefrau vorstellen kann. Aber es besteht trotzdem Hoffnung. Ist eine Frau bereit zu warten, hat sie häufig Aussichten, beim Richtigen schließlich und endlich zum Erfolg zu gelangen.

Was kann eine Frau tun?

Wenn Sie eine Beziehung zu einem Mann aufbauen möchten, der gerade eine gescheiterte Partnerschaft hinter sich hat, achten Sie darauf, langsam und vorsichtig vorzugehen. Unter Umständen wird er sich wie ein Märchenprinz benehmen, um Sie zu gewinnen. Dieses Verhalten fällt ihm in der Regel leicht, weil er es von seiner verflossenen langfristigen Beziehung her gewohnt ist, nett und liebevoll zu sein. Er kann dieses Verhaltensmuster ganz einfach in seine neue Beziehung mit Ihnen übertragen. Hat er sich jedoch nicht die erforderliche Zeit genommen, um seine Wunden heilen zu lassen und über seine vergangene Partnerschaft nachzudenken – und schon gar nicht dafür, Sie kennen zu lernen –, sind Probleme vorprogrammiert.

Wenn Sie auf der Suche nach einem Partner sind, nehmen Sie sich lieber vor Männern in Acht, die sich über eine zerbrochene Beziehung hinwegtrösten wollen. Sie mögen Sie zwar wunderbar zum Abendessen ausführen und Sie mit ihrem Charme verrückt machen, aber ihnen geht eine Menge durch den Kopf – nur nicht der Gedanke, mit Ihnen eine feste Bindung einzugehen. Vermeiden Sie also besser, eine Liebesbeziehung mit ihm einzugehen. Da wir wissen, wie empfänglich Frauen für überschwänglich romantische Männer sind, wiederholen wir es extra noch einmal: Es fällt einem solchen Mann aus Gewohnheit leicht, sich wie ein „Partner“ zu benehmen, wenn er gerade aus einer Partnerschaft kommt. Wenn Sie seinen romantischen Avancen nachgeben, bevor er bereit ist, sich wirklicher Intimität zu öffnen, verscherzen Sie sich Ihre Chancen bei ihm. Uns sind so viele Fälle begegnet, in denen eine Frau die Absichten eines Mannes falsch interpretierte, weil ihm die Beziehung ernst zu sein schien, während er in Wirklichkeit nur dort weitermachte, wo er mit seiner Exfreundin aufgehört hatte. Gehen Sie die Sache langsam an. Seien Sie am Anfang die gute Freundin, die der Mann, der sich über eine gescheiterte Partnerschaft hinwegtrösten will, braucht.

Um es ganz deutlich zu sagen: Wir sind der Meinung, dass es äußerst wichtig ist, nicht gleich von Anfang an mit einem Mann zu schlafen, der gerade eine gescheiterte Partnerschaft hinter sich hat. Das wäre ein todsicherer Weg, auf die Dauer von ihm auf seine Liste mit „Mädchen für den Augenblick" gesetzt zu werden. Das kann eine verzwickte Situation sein, weil Sex genau das ist, was ein Mann in dieser schwierigen Zeit will. Aber seien Sie stark. Sobald Sie mit ihm schlafen, wird er sich mit sehr hoher Wahrscheinlichkeit nicht die Zeit nehmen, Sie kennen zu lernen, sondern nach der nächsten Frau suchen, die er ins Bett kriegen kann.

Je vorsichtiger Sie in einer solchen Situation sind, desto besser sind Ihre Chancen für ein längerfristiges Verhältnis. Denken Sie daran, dass dieser Mann den ihm gewohnten behaglichen Zustand bei einer Frau sucht. Vermutlich sucht er nicht nach einer ernsthaften Partnerschaft und wahrscheinlich hat er außerordentlich große Angst davor, wieder verletzt zu werden. Je besser es Ihnen gelingt, sich zurückzuhalten, desto höher sind Ihre Chancen, sich gegenseitig wirklich gut kennen zu lernen. Beginnen Sie Ihre Beziehung als Freunde, nicht als Liebespaar. Es ist diese Art von Kameradschaft, die ein Mann jetzt braucht, sei es ihm nun bewusst oder nicht. Bekommt er sie, wird er sich weiter mit Ihnen treffen, egal ob Sie mit ihm schlafen oder nicht. Je länger Sie zusammen sind, desto mehr wird sein gebrochenes Herz heilen und desto größere Zuneigung wird er zu Ihnen entwickeln. Je mehr Ihre gegenseitige Zuneigung wächst, desto besser stehen die Chancen, dass Sie sich wirklich ineinander verlieben.

Und versuchen Sie unter keinen Umständen, „Psychiater" mit einem Mann in dieser Situation zu spielen. Das Letzte, worüber er sprechen will, ist seine Expartnerin. Sie werden vielleicht genau wissen wollen, wie und weshalb es zu einer

Trennung kam, aber er will nicht darüber reden. Vielleicht ist der Schmerz für ihn zu groß oder er ist noch immer unsicher, was er tun möchte – zu seiner Exfreundin zurückkehren, mit Ihnen zusammenbleiben oder eine Menge Beziehungen zu vielen verschiedenen Frauen haben. Wir sind alle drei übereinstimmend der Ansicht, dass Sie ihn nicht drängen sollten, über dieses Thema zu sprechen. Sie mögen zwar annehmen, Ihnen entgehe dadurch ein sehr wertvoller Einblick in sein Leben, aber das ist nicht der Fall. Ob er seine frühere Freundin sitzen ließ oder sie ihn, hat nicht viel zu sagen. Ein Mann, der gerade aus einer zerbrochenen Partnerschaft kommt, kann sich in beiden Fällen unter Umständen dazu entschließen, zu seiner Expartnerin zurückzukehren.

Es gibt keine Garantien, und die Beziehung zu einem solchen Mann ist ein riskantes Unterfangen. Es gibt jedoch eine Möglichkeit für Sie, sich einen großartigen Mann zu angeln, wenn Sie Ihre Karten richtig ausspielen. Wenn Sie der Meinung sind, dieser Mann könnte der Richtige für Sie sein, sollten Sie diese Gelegenheit nicht vorbeigehen lassen, nur weil er gerade eine gescheiterte Beziehung hinter sich hat. Sie müssen nur verstehen, was er denkt und was er von Ihnen will. Gehen Sie die Dinge langsam an, geben Sie Ihrer Beziehung Zeit, sich ganz natürlich zu entwickeln, und der Mann gehört Ihnen.

Marsha, eine Freundin von Chris, eine kluge, hübsche dreißigjährige Frau, die sich gerade eine erfolgreiche Karriere im Hotel- und Gaststättengewerbe aufbaute, fand den Richtigen, als dieser gerade von seiner Freundin Tammy nach einer vierjährigen Beziehung verlassen worden war. Marsha lernte Danny, den 32-jährigen Leiter der Finanzabteilung einer Kosmetikfirma, auf einer Party einer guten Freundin kennen. Schon jahrelang hatte Marsha die Gastgeberin der Party, Andrea, darüber reden hören, was für ein netter Mann Danny sei. Als Marsha Danny auf der Party kennen lernte und sich mit ihm unterhielt, musste sie dem zustimmen. Marsha wusste, sie war an einer Liebesbeziehung mit Danny interessiert, aber sie merkte, dass er wahrscheinlich die Trennung noch nicht überwunden hatte. Sie ging die Sache langsam an und konzentrierte sich darauf, zunächst eine Freundin für ihn zu sein. Sie schlug vor, Inline-Skating im Central Park zu gehen, eine Leidenschaft, die sie teilten, wie sie aus ihrem Gespräch entnommen hatte. Danny nahm Marshas Einladung an und sie amüsierten sich prächtig am folgenden Nachmittag.

Obwohl Marsha Danny sehr süß fand – sie liebte seine roten Haare und sein jungenhaftes Lächeln –, beschränkte sie ihre Flirtversuche in den ersten Monaten des Kennenlernens auf ein absolutes Minimum. Sie gab vor, die sexuellen Anspielungen, die Danny sehr früh in ihre Unterhaltungen einfließen ließ, nicht zu hören. Sie und Danny gingen zusammen Wandern und Joggen. Eines Samstags überraschte Marsha Danny mit einem Ausflug in einen Vergnügungspark. Sie trafen sich in Sports Bars, um sich die Spiele der Yankees anzusehen, und ihre Abende endeten mit einem freundlichen Winken oder einer freundschaftlichen Umarmung. Manchmal trafen sie an solchen Abenden Freunde, wodurch sie gegenseitig ihre Bekannten kennen lernten. Sie unternahmen Dinge sowohl mit anderen zusammen als auch allein, aber nichts von all dem hatte den Charakter eines Rendezvous. Manchmal erzählte Danny Marsha von seinen Flirts, von denen sich offenbar keiner zu einer ernsthaften Beziehung entwickelte. Natürlich war es nicht leicht für Marsha, von den anderen Frauen in Dannys Leben zu hören, aber sie war klug genug zu wissen, dass dies ausschließlich „Mädchen für den Augenblick" waren. Marsha hatte genügend Zuversicht, um sich Zeit mit Danny zu lassen. Sie wollte eine dauerhafte Beziehung mit ihm und war clever genug, zunächst Dannys gute Freundin zu werden.

Als sie sich sechs Monate lang kannten, fragte Marsha Danny, ob er sich in ihrer Wohnung ein Footballspiel ansehen wolle. Sie bot an, Abendessen zu kochen. Er war begeistert von der Idee und sie aßen Burger und tranken das von ihm mitgebrachte Bier. Das Spiel wurde verlängert, und als schließlich die Nachrichten kamen, merkten Danny und Marsha, dass sie sehr eng beieinander auf der Couch saßen und Händchen hielten. Danny wandte sich zu Marsha und küsste sie und sie erwiderte seinen Kuss. Marsha nützte die Gelegenheit, Danny zu gestehen, dass er für sie mehr als nur ein Freund sei und sie hoffe, dass er für sie vielleicht dasselbe empfinde. Danny erklärte ihr, ihm habe die Art gefallen, wie Marsha es geschafft hatte, ihn in der Zeit nach seiner Trennung von Tammy aufzumuntern. Marsha begleitete Danny zur Tür, gab ihm einen langen Gutenachtkuss und sagte, sie hoffe, sie könnten einander bald wiedersehen.

Als Danny an diesem Abend nach Hause ging, dachte er viel über Marsha nach. Er rief sie am nächsten Tag an und lud sie zu einem Rendezvous für den Samstagabend der darauf folgenden Woche ein. Er führte sie zum Abendessen in ein Restaurant aus. Danach gingen sie tanzen. Das war das erste von vielen Rendezvous, die Marsha und Danny in den folgenden Monaten hatten. Allmählich kamen sie sich näher, ihre Beziehung wurde langsam intimer und Danny erzählte Marsha, er habe bemerkt, dass seine vorhergehende Beziehung ihn nicht in der Art und Weise erfüllt hätte wie diese es täte. Er fühle sich bei ihr in so gut wie jeder Situation wohl, während er sich mit Tammy nie vollkommen in Harmonie mit sich selbst gefühlt habe, selbst wenn es ihnen gut ging. Marsha war begeistert, das zu hören, weil sie genau dasselbe Gefühl in Bezug auf Danny hatte. Sie wusste, ihre Geduld und ihr langsames Vorgehen bei ihm hatten sich ausgezahlt. Acht Monate nach jenem großartigen ersten Rendezvous mit Danny zog sie mit ihm zusammen.

Eines Sonntags stand Tammy vor ihrer Tür, und ohne einen Moment zu zögern, lud Danny sie ein, hereinzukommen und stellte sie seiner neuen Freundin Marsha vor. Tammy sagte, sie wollte nur sehen, wie es Danny gehe, bemerkte, dass er sehr glücklich aussehe, und ging bald wieder. Marsha hegte den Verdacht, Tammy sei in Wirklichkeit gekommen, um zu sehen, ob sie wieder zu Danny zurückkehren könne, aber sicher war, dass es keine Chance dafür gab. Marsha war sehr beeindruckt von der selbstsicheren Art, mit der Danny mit Tammys Besuch umgegangen war. Sie vertraute Danny und hatte das Gefühl, ihre Beziehung sei stark genug, um ein Leben lang anzudauern. Danny begann, dieses Gefühl zu erwidern. Zwei Jahre später, auf einer Reise nach Irland, machte er Marsha einen Heiratsantrag.

Positive Anzeichen, auf die Sie bei einem Mann, der gerade eine gescheiterte Beziehung hinter sich hat, achten müssen:

- Er ist mit der Trennung fertig geworden. Er macht einen selbstbewussteren und gelasseneren Eindruck.
- Er beginnt sich Ihnen mehr zu öffnen und behandelt Sie wie seine beste Freundin. Er vertraut Ihnen Dinge an und Sie unterhalten sich lange mit ihm und verbringen Zeit miteinander.
- Ein langsames Tempo auf dem Weg zum Sex. Männer, die sich über eine gescheiterte Partnerschaft hinwegtrösten wollen, brauchen Sex. Wenn er Sie in dieser Hinsicht nicht unter Druck setzt, ist das ein positives Zeichen dafür, dass er nicht allein in der Hoffnung mit Ihnen zusammen ist, dass Sie mit ihm schlafen.

Einige negative Signale:

- Er erzählt Ihnen dauernd, dass er sich auf keine ernsthafte Beziehung einlassen will. Er will viele Frauen treffen und vernaschen.
- Er zeigt Mangel an Selbstachtung, indem er darüber spricht, er fühle sich noch immer verantwortlich für die Trennung. Er sagt, er fühle sich als Versager, weil die Beziehung nicht funktioniert habe. Er ist niedergeschlagen und unmotiviert. Ein solcher Mann ist weit davon entfernt, eine neue feste Beziehung mit Ihnen aufbauen zu können.
- Er wiederholt ständig, wie groß seine Angst ist, sich wieder „die Finger zu verbrennen", oder benimmt sich entsprechend. Selbst wenn er sich gut fühlt und die Trennung überwunden hat, hat er unter Umständen Angst davor, sich zu öffnen und eine enge Bindung mit Ihnen einzugehen, aus Furcht, erneut verletzt zu werden. Er vertraut sich Ihnen nicht an und Sie haben auch dann noch

das Gefühl, er sei ein Fremder, wenn Sie schon monatelang mit ihm befreundet sind.

Geschiedene Frauen

Geschiedene Frauen sind die bei weitem größte Gruppe von Leserinnen, die uns seit dem Erscheinen von *Was Mann wirklich will* kontaktiert haben. Uns ist vorher nie bewusst geworden, wie schwer es für eine Frau, die verheiratet war, sein muss, wieder ganz von vorn beginnen zu müssen und einen Partner zu suchen. Die häufigste Frage lautet: „Wie denken Männer über Beziehungen mit geschiedenen Frauen?“ Geschiedene Frauen möchten wissen, zu welchem Zeitpunkt sie einem Mann mitteilen sollten, dass sie verheiratet waren, beziehungsweise ob sie es überhaupt sagen sollen. Sie wollen auch wissen, wie und wo sie allein stehende, beruflich hoch qualifizierte Männer kennen lernen können, weil die Zeit der Rendezvous schon so lange hinter ihnen liegt. Glücklicherweise haben wir Erfahrungen mit Rendezvous mit geschiedenen Frauen.

Was denkt der Mann?

Meist ist ein Mann, der selbst nie verheiratet war, vorsichtig, wenn es um eine Beziehung zu einer geschiedenen Frau geht. Der erste Gedanke, der uns Männern dabei gewöhnlich in den Sinn kommt, ist, dass die Frau, wenn sie sich ein Mal hat scheiden lassen, wieder scheiden lassen könnte. Die irrationale Angst, ein zukünftiges Scheidungsopfer zu werden, überfällt einen Mann, bevor er überhaupt dazu kommt, über die betreffende Frau nachzudenken.

Es ist klar, dass niemand eine Scheidung vorausplant, aber jeder Mann fürchtet sich davor. So verrückt oder ungerecht es sein mag, wenn ein Mann weiß, eine Frau hat diesen fürchterlichen Bruch in ihrem Eheleben erlebt – eine Bindung, von der er sich wünscht, dass sie für ihn und die Auserwählte für immer andauere –, zieht ein Mann automatisch die Möglichkeit in Betracht, diese Frau könne für Scheidungen prädisponiert sein. Sie werden vielleicht denken, dieser Gedankengang klinge ein wenig hysterisch. Aber bedenken Sie, eine Scheidung bedeutet für einen allein stehenden Mann, der in einem anspruchsvollen, gehobenen Beruf tätig ist, die größtmögliche Zurückweisung.

Männer haben Angst, sie würden als Freund oder zweiter Ehemann möglicherweise die zweite Geige im Vergleich zum ersten Ehemann einer Frau spielen. Sie fürchten sich davor, eine geschiedene Frau könnte sie ständig mit ihrem Exmann vergleichen, und dass ihre Familie und ihr Freundeskreis die Partnerschaft beziehungsweise eine zukünftige Heirat mit einer geschiedenen Frau nicht ernst nehmen würden.

Zudem denkt ein Mann, der mit einer bereits geschiedenen Frau ausgeht, ständig darüber nach, ob sie tatsächlich imstande sei, sich auf Dauer in ihn zu verlieben. Offensichtlich hatte sie dieses Gefühl schon einmal und es hat nicht geklappt. Zum Zeitpunkt ihrer Heirat war sie verliebt in ihren Exmann; mit Sicherheit dachte sie, es wäre eine Bindung, die das ganze Leben dauern würde. Aber schließlich wurden sie geschieden. Sofort überlegt sich ein lediger Mann, wie es einer geschiedenen Frau möglich sei, sich in ihn zu verlieben – und für immer in ihn verliebt zu bleiben. Sein Selbstwertgefühl wird immer empfindlich reagieren, wenn er sich Sorgen macht, ob er vielleicht dasselbe Schicksal erleiden könnte wie der erste Mann.

Ein Mann, der noch nie verheiratet war, fühlt sich unwohl bei dem Gedanken, dass eine geschiedene Frau früher in einen anderen Mann verliebt war und eine enge Beziehung mit ihm hatte. Er stellt sich vor, dass immer irgendeine Art der Erinnerung an ihre frühere Bindung zu diesem Mann existiert, ganz egal wie lange die Trennung zurückliegt. Der neue Partner weiß, er wird vielleicht auf alte Bankauszüge, Telefonrechnungen, Adressänderungen, einen Führerschein, Krankenversicherungspapiere oder andere Zeichen ihrer Vergangenheit stoßen, die ihn daran erinnern, dass sie Frau Soundso war, bevor sie ihn kennen lernte. Er wird sich wieder an sein anfängliches Unbehagen erinnern bei der Vorstellung, eine Beziehung mit einer geschiedenen Frau einzugehen – oder er befürchtet das zumindest. Ein Mann wird frustriert sein und darüber nachgrübeln, weshalb er keine andere Frau getroffen hat, die in derselben Situation ist wie er – eine ledige Frau. Wäre es so, dann müsste er sich nie mit diesen Problemen auseinander setzen, die ihn an ihren früheren Ehemann (oder ihre früheren Ehemänner) erinnern und ihm so großes Unbehagen bereiten.

All diese Probleme ergeben sich daraus, weil der neue Partner weiß, dass zuvor ein anderer Mann im Mittelpunkt des Lebens dieser Frau stand – im Leben der Frau, die er liebt. Er möchte der Mittelpunkt ihres Lebens sein, und zwar jetzt und für alle Zeit. Der Gedanke, dass er in eine Rolle schlüpft, die ein anderer Mann bereits innehatte, löst in ihm das Gefühl aus, er würde mit jemandem konkurrieren oder verglichen werden, und als würde diese Empfindung die ganze Beziehung lang andauern. In dieser Situation ist ein Mann gezwungen, seine Freundin als die Frau eines anderen Mannes zu sehen. Das ist schwer zu ertragen.

Es kann sehr unangenehm für ihn sein, wenn die Frau, mit der er eine Beziehung hat, Angelegenheiten gemeinsam mit ihrem Exmann zu regeln hat. Ein allein stehender Mann wird mit jeder Situation, die ihn an den anderen Mann erinnert, frustrierter. Es dauert häufig sehr lange, bis die Vergangenheit tatsächlich restlos abgeschlossen ist und bis eine Frau mit ihrem Exmann (oder ihren Exmännern) nichts mehr zu tun haben muss. Diese Zeitspanne kann für einige Männer eine zu lange Wartezeit sein.

Diese Probleme werden noch verschärft, wenn eine Frau regelmäßigen Kontakt zu ihrem Exmann unterhält, was unserer Beobachtung nach sehr häufig der Fall ist. Der neue Freund oder Ehemann wird eifersüchtig und unsicher sein und sich Sorgen machen, dass der Exmann Ärger ins Leben seiner Freundin beziehungsweise Frau bringen könnte oder sie zurückhaben möchte. Das sind nur wenige Dinge, die einem Mann durch den Kopf gehen können, wenn er an den Kontakt zwischen seiner Freundin/Frau zu ihrem Exmann denkt. Glauben Sie uns: Keiner dieser Gedanken ist sonderlich angenehm. Ein Mann fühlt sich unglaublich hilflos in derartigen Situationen. Er kann einfach nichts tun, um zu intervenieren, ohne dadurch das Problem noch zu vergrößern. Was die ohnehin schon komplizierte Situation noch weiter verschärft, ist der Umstand, dass die meisten Scheidungen nicht gütlich verlaufen. Unter Umständen kommt es immer wieder zum Aufflackern beidseitigen Grolls, was einen Mann noch zusätzlich von einer Beziehung mit einer geschiedenen Frau abschrecken kann.

Manchmal möchte ein Exehemann seine Exfrau zurückhaben oder umgekehrt. Wenn ein Mann die Frau zurückhaben will und sie eine Beziehung zu einem anderen Mann hat, kann das das Leben des neuen Partners in einen Albtraum verwandeln.

Richs Freund John, ein lediger, dreißigjähriger Börsenmakler, ging eine Beziehung mit Nancy ein, einer 29-jährigen, kürzlich geschiedenen EDV-Beraterin. Anfänglich zögerte John, sich auf Nancy einzulassen, aber er verstand sich vom ersten Treffen an ausgezeichnet mit ihr und bald hatte er den Umstand, dass sie geschieden war, aus seinen Gedanken verbannt. Eines Abends – sie waren zu diesem Zeitpunkt etwa ein Jahr zusammen – gingen sie zum Essen aus und John merkte, dass Nancy distanziert und nervös wirkte. Als John fragte, was los sei, erklärte Nancy, dass Luke, ihr Exmann, sie angerufen habe und auf einen Sprung vorbeigekommen sei. Er wolle, dass sie wieder zusammenkämen. Sie versicherte John, sie verspüre nicht den Wunsch, ihre Beziehung mit Luke wieder aufzunehmen.

John glaubte Nancy, fühlte sich aber sehr unsicher. Hier stand er – mit einer Beziehung zu einer Frau, die dauernd von einem anderen Mann angerufen wurde. Nicht von irgendeinem Fremden, sondern dem Mann, den sie zuvor geliebt und mit dem sie ihr Leben geteilt hatte. John versuchte, zuversichtlich zu sein, aber er wusste, dass Luke und Nancy eine gemeinsame Geschichte hatten und dass sich Luke dadurch ihm gegenüber in der stärkeren Position befand. So sehr Nancy die Stabilität ihrer Beziehung zu John auch betonte – John hatte das Gefühl, nicht mit dem ehemaligen festen Partner konkurrieren zu können. John spürte, dass Nancy ohne Vorankündigung sagen könnte: „Ich werde es noch einmal mit Luke versuchen. Ich meine, wir hatten ein gemeinsames Leben und vielleicht verdienen wir eine zweite Chance.“ Er malte sich aus, sie würde etwas sagen wie beispielsweise: „Ich komme mit unserer Beziehung nicht zurecht. Ich bin durcheinander wegen meiner Scheidung. Ich muss wirklich über alles gründlich nachdenken, und diese Beziehung ist zu diesem Zeitpunkt in meinem Leben wirklich zu viel für mich.“

John machte Höllenqualen durch. Kein Mann könnte es ertragen, in einer Beziehung zu leben, in der er denkt, dieses Gespräch würde auf ihn zukommen. Obwohl John sehr viel an Nancy lag, beendete er die Beziehung zwei Monate nachdem Luke wieder auf der Bildfläche erschienen war. Er konnte den Gedanken einfach nicht ertragen, sich noch mehr in Nancy zu verlieben und sie zum Schluss an Luke zu verlieren.

Letztendlich möchte jeder Mann sich als der einzige Partner seiner Freundin, Verlobten oder Frau sehen. Alle Bemerkungen oder Vorfälle, die dieser Vorstellung im Weg stehen, können einen Mann vorsichtig werden lassen und ihn davon abhalten, sich auf eine feste Beziehung einzulassen.

Wird er eine feste Beziehung eingehen?

Wir haben gerade ein ziemlich trostloses Bild von den Vorstellungen gezeichnet, die ledige, beruflich hoch qualifizierte Männer heraufbeschwören, wenn sie sich überlegen, ob sie eine Beziehung zu einer bereits geschiedenen Frau eingehen sollen – aber es gibt auch positive Aspekte. Obwohl alles dagegen zu sprechen scheint, sind wir der Ansicht, junge, ungebundene, ledige Männer können sich in geschiedene Frauen verlieben und sie heiraten. Also besteht Hoffnung für Sie, wenn Sie geschieden sind, aber Sie müssen sich der möglichen, oben erwähnten Schwierigkeiten bewusst sein.

Unser Freund Allan, ein erfolgreicher 33-jähriger Investmentbanker, hatte sich nie vorgestellt, eine geschiedene Frau zu heiraten, aber das hielt ihn nicht davon ab, es zu tun, als er sich in eine solche Frau verliebte. Er wollte immer die perfekte Liebesgeschichte: Ein lediger, junger Mann lernt ein lediges Mädchen kennen; sie verlieben sich, heiraten und leben glücklich und zufrieden bis an ihr Lebensende. Die meiste Zeit war Allan so mit seiner Arbeit beschäftigt, dass er sich über Frauen – seien sie geschieden oder nicht – überhaupt keine Gedanken zu machen brauchte. Dann traf ihn Amors Pfeil, als er es am wenigsten erwartete. Allan befand sich auf einer geschäftlichen Flugreise nach Nebraska und eine Frau setzte sich neben ihn. Allan war so ins Studium seiner geschäftlichen Notizen vertieft, dass er seiner Sitznachbarin überhaupt keine Aufmerksamkeit schenkte, bis eine Stewardess versehentlich ein Getränk auf sie verschüttete. Allan bot seine Hilfe an und entspannte die peinliche Situation. Die Frau, Leslie, und er begannen sich zu unterhalten. Allan fand heraus, dass Leslie im Versicherungsgeschäft tätig war und ebenfalls beruflich von New York nach Nebraska unterwegs. Leslie und Allan unterhielten sich den ganzen Flug lang und planten, nach ihrer Ankunft gemeinsam zu Abend zu essen. Während des Abendessens erzählte Leslie Allan, dass sie seit zwei Jahren geschieden und ihr Exmann nach Los Angeles gezogen sei. Allan fand diese Frau so interessant und aufregend, dass er seine Regel brach, sich auf keine ernsthafte Beziehung mit geschiedenen Frauen einzulassen. Er wollte Leslie besser kennen lernen. Nach ihrer Rückkehr nach New York trafen sie sich weiterhin, anderthalb Jahre später machte Allan Leslie einen Heiratsantrag und sie sagte Ja.

Eine Vielzahl von Ängsten kann einen Mann zögern und in manchen Fällen sogar vor einer Beziehung zurückscheuen lassen, wenn Sie geschieden sind, aber er kann auch eine feste Beziehung mit Ihnen eingehen und sich in Sie verlieben, wenn Sie seine Befürchtungen kennen und die richtigen Schritte unternehmen, um sie zu zerstreuen. Sie sollten Bemerkungen über Ihren ersten Ehemann unterlassen, die Ihrem

Partner Unbehagen bereiten und ihn unsicher machen. Sie müssen alles daransetzen, dass sich der neue Auserwählte wohl fühlt. Nicht nur in Hinsicht auf Ihre Beziehung zu ihm, sondern auch im Hinblick auf Ihr Verhältnis zu Ihrem Exmann. Es muss ihm ganz klar sein, dass Ihre frühere Ehe gänzlich vorüber ist ... Vergangenheit. Sie müssen Ihren Kontakt zu Ihrem Exmann einschränken; wenn möglich, brechen Sie den Kontakt ganz ab. Wenn Sie und Ihr Exmann Eltern sind, werden Sie sich natürlich weiterhin wegen der Kinder treffen. Wir werden später in diesem Kapitel noch darauf zu sprechen kommen, wie Sie am besten mit dieser Situation umgehen.

Auch das Alter kann in so einem Fall eine Rolle spielen. Trifft beispielsweise ein jüngerer lediger Mann eine geschiedene Frau, die älter ist als er, fühlt er sich unter Umständen unbehaglich in der Beziehung. Ist der Mann älter als die geschiedene Frau, fällt es ihm möglicherweise leichter, sich darauf einzustellen, dass sie geschieden ist. Vielleicht hatten ältere Männer ausreichend Erfahrungen mit Beziehungen, um zu wissen, dass eine Ehe vorüber ist, wenn eine Frau sagt: „Meine Ehe ist gescheitert.“ Eventuell sind ältere Männer auch eher bereit, das Risiko einer Beziehung zu einer jüngeren Frau einzugehen, unabhängig von deren Familienstand. Unter Umständen ist ein älterer Mann auch allein stehend, nachdem er selbst ein oder zwei Mal verheiratet war, und versteht, dass man eine neue und sogar bessere Liebesbeziehung haben kann, wenn eine Frau verheiratet war und alle Aspekte der Ehe kennen gelernt hat – die positiven ebenso wie die negativen.

Ebnen Sie den Weg zu einer festen Beziehung

Es gibt vieles, was Sie als geschiedene Frau tun können, wenn Sie eine feste Partnerschaft mit einem beruflich hoch qualifizierten Mann anstreben. Vor allem sorgen Sie dafür, dass die Beziehung lebendig bleibt. Alles, was Sie in Ihrer Partnerschaft mit einem ledigen Mann tun, muss neu und faszinierend sein. Sie müssen Dinge machen, die Sie in der Vergangenheit nicht getan haben, damit Ihr gemeinsames Leben für Sie beide voller neuer Erfahrungen ist. Wenn Sie beispielsweise mit Ihrem Exmann zelten gegangen sind, nehmen Sie nicht dieselbe Ausrüstung mit und besuchen Sie mit Ihrem neuen Freund nicht dieselben Campingplätze. Reisen Sie zu anderen Orten, suchen Sie sich gemeinsam eine neue Wohnung und probieren Sie neue Restaurants aus. Suchen Sie neue Freizeitaktivitäten für sich und Ihren Freund. Wollten Sie beide schon immer schnorcheln oder Inline-Skaten, malen oder reiten, Golf spielen oder wandern, hatten aber bislang nie die Gelegenheit dazu? Jetzt ist der richtige Zeitpunkt gekommen, all diese Dinge mit Ihrem neuen Partner zu unternehmen. Völlig neue Erfahrungen zu teilen und gemeinsam neue Fertigkeiten zu erlernen, wird Ihre Beziehung lebendig erhalten, für Sie beide gut sein und den Erfolg Ihrer Beziehung sichern.

Zweitens sollten Sie einen sehr guten Entschuldigungsgrund für die Scheidung haben. Zimmern Sie kein Märchen zusammen, sondern stellen Sie ganz klar die Probleme dar, die zum Scheitern Ihrer vergangenen Ehe geführt haben. Sagen Sie beispielsweise nicht, Ihre Ehe habe nicht funktioniert, weil Sie zum Zeitpunkt Ihrer Hochzeit zu jung gewesen seien, und belassen es bei dieser Erklärung. Das ist einfach zu wenig. Ein Mann würde annehmen, dass Sie es jetzt nicht besser wissen als damals, als Sie zum Traualtar schritten. Wenn Sie Ihren Exmann verlassen haben, weil er Sie seelisch oder körperlich missbraucht oder Sie betrogen hat, ist es verständlich, dass die Scheidung aus einem triftigen und vollkommen verständlichen Grund vollzogen wurde.

Seien Sie darauf vorbereitet, dass Ihr neuer Partner Sie fragen wird, was in Ihrer vergangenen Ehe vorgefallen ist – denn das wird er bestimmt tun. Nutzen Sie diese Gelegenheit, die besonderen Probleme zwischen Ihnen und Ihrem Exmann, die zum Scheitern Ihrer Ehe geführt haben, zur Sprache zu bringen. Reden Sie ganz klar und unumwunden über die Schritte, die Sie seitdem unternommen haben – sei es eine Psychotherapie oder ein langer Rückzug von Beziehungen zu

Männern –, damit Ihre nächste Partnerschaft hält. Dies wird dazu beitragen, die Befürchtungen Ihres neuen Freundes zu zerstreuen.

Der wichtigste Schritt, den Sie in Ihrer neuen Partnerschaft unternehmen können, besteht darin, sämtliche formellen Aspekte Ihrer Scheidung hinter sich zu lassen. Sorgen Sie dafür, dass Ihr neuer Freund keinen Scheck von Ihrem Exmann zur Rückerstattung der Hälfte der alten Telefonrechnung findet. Vermeiden Sie, dass Ihr neuer Partner eine Nachricht Ihres Exmannes auf dem Anrufbeantworter hört, in der er Ihnen mitteilt, Sie müssten sich zur Unterzeichnung irgendwelcher amtlichen Dokumente treffen. Schaffen Sie diese Dinge komplett aus Ihrem Leben, bevor Sie eine neue Beziehung eingehen. Ist das aus irgendwelchen Gründen nicht möglich, teilen Sie Ihrem neuen Freund nicht mit, dass Sie abschließende Angelegenheiten mit Ihrem Exmann klären. Sie können nie wissen, ob diese Kleinigkeiten nicht vielleicht entscheidend dafür sind, ob ein Mann für immer bei Ihnen bleibt oder rechtzeitig die Flucht vom eventuell „sinkenden Schiff" ergreift.

Wir hoffen, unsere Aufrichtigkeit über die Gefühle lediger, beruflich hoch qualifizierter Männer im Zusammenhang mit Beziehungen zu geschiedenen Frauen entmutigt Sie nicht. Zu wissen, welche Gedanken und Befürchtungen einem Mann bei einer derartigen Beziehung mit Ihnen durch den Sinn gehen, wird Ihnen mehr Zuversicht geben. Nun wissen Sie, wo sich die Gefahren auf Ihrem Weg zu einer erfolgreichen, langfristigen Partnerschaft mit dem allein stehenden Auserwählten verbergen und wie Sie sie vermeiden können. Lassen Sie uns diese wichtigen Punkte noch einmal durchgehen.

Unsere Tipps für geschiedene Frauen, die eine erfolgreiche Beziehung mit einem ledigen Mann aufbauen möchten

- Lernen Sie aus den negativen Erfahrungen Ihrer alten Beziehung und machen Sie nicht dieselben Fehler. Wenn möglich, benutzen Sie Ihre Erfahrungen zu Ihrem Vorteil. Ein Mann empfindet Hochachtung vor einer Frau, die sich selbst kennt und es schafft, die dummen „Beziehungsspielchen“ zu beenden. Zeigen Sie Ihre Offenheit und Reife.
- Leben Sie diese Beziehung, als wäre es Ihre erste. Zeigen Sie Ihre Begeisterung über die feste Partnerschaft, die Verlobung und die Hochzeitsvorbereitungen, als hätten Sie diese Erfahrungen nie zuvor gemacht. Das verhindert, dass Ihr neuer Partner das Gefühl hat, den Reiz der Hochzeit zu versäumen, wenn er sich entscheidet, eine geschiedene Frau zu heiraten.
- Geben Sie Ihrem neuen Partner das Gefühl, jetzt der einzige Mann in Ihrem Leben zu sein. Helfen Sie ihm dabei, sich vorzustellen, er wäre immer die Nummer eins gewesen – tun Sie das, indem Sie Bemerkungen über eine frühere Ehe (beziehungsweise mehrere Ehen) vermeiden oder nur ganz selten fallen lassen. Tun Sie jetzt und in Zukunft alles, um den Kontakt zu Ihrem Exmann – telefonisch oder persönlich – auf ein absolutes Minimum zu beschränken, und ihn, wenn möglich, vollständig abzubrechen.
- Versichern Sie Ihrem Partner, dass Ihr Leben mit Ihrem Exmann restlos vorbei ist. Tun Sie alles, was Sie können, um zu zeigen, dass Sie Ihren *neuen* Partner lieben. Schreiben Sie ihm Liebesbriefe, rufen Sie ihn an, um ihm zu sagen, dass Sie an ihn denken, und verbringen Sie besondere Abendessen und Wochenenden ganz mit ihm allein. Wenn Sie das tun, halten Sie seine Gedanken daran, dass Sie Ihr Leben vor Ihrer Beziehung mit ihm mit einem anderen Mann geteilt haben, in Schach. Es wird ihm

leichter fallen, Ihnen näher zu kommen und sich Ihnen zu öffnen, und er wird den nächsten Schritt hin zu einer festen Bindung tun.

Wenn Sie nicht allein sind: Frauen mit Kindern

Die Gruppe der Frauen mit Kindern, von denen wir viele Briefe und E-Mails erhalten, ist ebenfalls sehr groß. Diese Frauen möchten wissen, wie Männer wie wir über Beziehungen mit allein stehenden Müttern denken. Um ganz ehrlich zu sein, überlegen wir zweimal, ob wir eine Frau, die ein oder mehrere Kinder hat, um ein Rendezvous bitten. Es gibt einfach so viele schwierige Fragen, die ein Mann, der eine Beziehung mit einer Frau mit Kind eingeht, in Betracht ziehen muss. Es können große Hürden auf dem Weg zu einer erfolgreichen, langfristigen Beziehung sein.

Vergessen Sie nicht, dass wir alle drei keine Kinder haben und wir hier unsere persönliche Sicht der Dinge wiedergeben. Wir könnten uns vorstellen, dass geschiedene Männer, die selbst Kinder haben, sich wesentlich wohler in einer Beziehung mit einer allein stehenden Mutter fühlen. Auch ältere Männer, die keine Kinder haben, mögen eine bereits komplette Familie durchaus begrüßen. Unter Umständen sind das sehr wichtige Punkte, die Sie bei Ihrer Suche nach dem Richtigen bedenken sollten.

Wir haben allein stehende Männer in den Vierzigern und Fünfzigern, mit denen wir arbeiten, über Ihre Meinung zu Beziehungen mit Frauen mit Kindern befragt. Die Antworten, die wir von ihnen erhalten haben, unterscheiden sich stark von unseren Reaktionen. Es machte ihnen überhaupt nichts aus, Beziehungen mit allein stehenden Müttern zu haben. Viele von ihnen begrüßten eine solche Partnerschaft. Sie schätzten die Erfahrung und Reife von Müttern. Einige dieser Männer sind geschiedene Väter, deren Exfrauen das Sorgerecht für die Kinder haben, und sie erzählten uns, dass sie es vermissen würden, Kinder um sich zu haben, und eine Beziehung zu einer Frau mit Kindern begrüßen würden. Unabhängig davon, ob sie selbst Väter waren oder nicht, sagten uns die meisten Männer, mit denen wir sprachen, dass sie glücklich wären, die Kinder großziehen zu helfen, wenn die Richtige eine Mutter mit kleinen Kindern wäre, beziehungsweise die Kinder kennen zu lernen, wenn sie schon älter wären. Diesen Männern war klar, dass Kinder die Situation unter Umständen komplizierter machen könnten, konzentrierten sich jedoch auf die positiven Aspekte der Elternschaft.

Aus unserer Perspektive gesehen, ist die Suche und der Aufbau einer Beziehung sowie die Pflege einer langfristigen Partnerschaft mit einer Frau schwierig genug, ohne dass ein Kind mit im Spiel ist. Wie wir bereits gesagt haben, sind Männer im Allgemeinen unsicher, was Beziehungen betrifft. Es fällt uns schwer, mit der Vorstellung klarzukommen, dass wir zu jedem Zeitpunkt der Partnerschaft eine Zurückweisung erleben könnten. Wir möchten die Gefahr, uns dem Schmerz auszusetzen, den eine solche Situation mit sich bringt, möglichst gering halten. Wir haben den Eindruck, dass Kinder dem Risiko, dass eine Beziehung mit einer Frau vielleicht nicht funktionieren könnte, nur noch einen weiteren beträchtlichen Grund hinzufügen. Wir wollen damit nicht sagen, eine Frau mit einem Kind wäre für uns niemals eine potenzielle Ehefrau. Die Auserwählte kann durchaus ein oder zwei Kinder haben. Die Richtige kann uns jederzeit begegnen und uns überraschen. Trotzdem ist eine Beziehung mit einer allein stehenden Mutter nichts, worauf wir uns unbedingt stürzen würden.

Erstens muss ein Mann in diesem Fall nicht nur daran denken, von einer Frau, sondern auch von ihren Kindern akzeptiert zu werden. Die Möglichkeit und die Befürchtung einer Zurückweisung kann aus der Perspektive eines Mannes sehr groß sein. Eine Frau mag ein Geheimnis für uns sein – aber Kinder sind in der Regel unbekanntes Terrain für junge ledige Männer. Der Gedanke daran, ein kleines Kind könnte der Grund für eine Zurückweisung sein, bringt einen Mann in eine sehr unsichere und eventuell sehr defensive Position.

Viele Männer wollen sich nicht in eine solch heikle Situation bringen.

Wenn ein Mann eine Beziehung mit einer allein stehenden Mutter hat, hat er sofort das Gefühl, dass er nicht nur die Frau, sondern auch das Kind erobern muss. Es ist schwierig genug für einen Mann und eine Frau, sich ineinander zu verlieben und all die Probleme zu überwinden, die mit dem Aufbau einer engen Beziehung zusammenhängen. Ist ein Kind mit im Spiel, stellt das eine weitere Hürde dar. Er fragt sich: „Was ist, wenn das Kind mich nicht mag? Was, wenn ich das Kind nicht mag?" Diese Fragen können eine Beziehung ernsthaft belasten. Die von Anfang an vorhandene Angst vor diesen ganzen Problemen könnte ausreichen, um einen Mann davon abzuhalten, eine Beziehung mit einer allein stehenden Mutter einzugehen, einfach nur, um die Auseinandersetzung mit diesen Gefahren zu vermeiden.

Außerdem ergibt sich die Frage nach der Zeit, die ein Kind von seinen Eltern beansprucht, und nach der Verantwortung, die die Eltern tragen. Wie wir in diesen Seiten immer wieder hervorheben, ist beruflich hoch qualifizierten Männern ihre Karriere sehr wichtig. Wenn ein solcher Mann eine Beziehung mit einer Frau eingeht, die ein Kind hat, denkt er sofort an die zusätzlichen elterlichen Verpflichtungen. Er denkt darüber nach, an welchem Punkt seiner beruflichen Karriere er sich befindet und was er erreichen will. Es scheint ihm, als hätte der Tag zu wenig Stunden, um seine Ziele zu erreichen. Eine gute Partnerschaft aufzubauen und dann sofort Vater zu werden, wenn die Beziehung funktioniert, kann für den Anfang zu viel sein. „Ich habe einfach nicht die Zeit oder die Energie dafür", sagt er sich, bevor er eine Frau überhaupt um ein erstes Rendezvous bittet.

Er hat auch Angst davor, dass der Exmann oder Freund – der Vater des Kindes – immer präsent ist. Wie wir im Abschnitt über Beziehungen mit geschiedenen Frauen bereits sagten, ist es schrecklich, wenn der ehemalige Liebhaber einer Frau ständig mit im Spiel ist. Wenn der Vater irgendeine Art von Beziehung zu dem Kind unterhält, ist dieses Szenario unvermeidlich. Sehen wir den Tatsachen ins Auge.

Ganz egal wie weit entfernt der frühere Partner der Freundin sein mag – der neue Freund wird immer daran erinnert werden, dass sie einen anderen Mann geliebt und mit ihm geschlafen hat. Wie wir weiter oben bereits ausgeführt haben, malt sich ein Mann in lebhaften Farben aus, wie seine Freundin, Verlobte oder Frau Sex mit einem anderen Mann hatte, unabhängig davon, wie weit dies zurückliegt. Von vornherein mit einen ständig präsenten Exmann zu rechnen, ist für keinen Mann eine attraktive Aussicht.

Noch schlimmer ist es, täglich ein Kind um sich herum zu haben, das einen an den Expartner der Freundin erinnert. Stellen Sie sich vor, welche Gedanken einem Mann durch den Kopf gehen. Das Sperma eines anderen Mannes befruchtete ihr Ei und erzeugte dieses Kind. Das bereitet einem Mann Qualen. In seinem Kopf werden die lebhaftesten Bilder von seiner Frau, ihrem Exmann und ihrem Kind entstehen. Er überlegt sich, dass es andere Frauen ohne die Bürde eines Expartners und eines Kindes gibt. Er wird oft darüber nachdenken, aus einer Beziehung mit einer allein stehenden Mutter auszubrechen, um eine Frau ohne diese Last zu suchen.

Hinzu kommt, dass ein Mann das Gefühl haben wird, niemals vom Vater des Kindes gemocht oder respektiert zu werden. Sie denken vielleicht: „Na und?“ Aber das ist eine ernste Männerangelegenheit. Kein Mann ist imstande, einen anderen Mann zu mögen, der mit seiner Expartnerin schläft. Kein Mann kann Sympathie für einen anderen Mann empfinden, der früher mit seiner Frau geschlafen hat. Es kann einem Mann unmöglich gefallen, wenn ein anderer Mann sein Kind großzieht. Es ist schlicht und einfach eine Frage männlicher Rivalität. Da jeder Mann in dieser Hinsicht starke elementare Empfindungen hat, weiß der Freund einer allein stehenden Mutter, er wird nie eine harmonische Beziehung zum Vater des Kindes haben. Also fügt dies der Liste der wachsenden Belastungen eine weitere Belastung hinzu, mit der er zu leben hat, wenn er eine Partnerschaft mit einer Frau eingeht, die ein Kind hat.

Eine Beziehung mit einer allein stehenden Mutter in Betracht zu ziehen kann in einem Mann unter Umständen auch das Gefühl auslösen, keine Kontrolle über sein eigenes Leben mehr zu haben. Ein beruflich hoch qualifizierter Mann braucht Zeit, um seine Zukunft zu planen, und ein sehr wichtiger Punkt in dieser Lebensplanung ist der Zeitpunkt für Kinder. Eine Beziehung mit einer Frau zu haben, die ein Kind hat, nimmt ihm diese Entscheidung automatisch aus der Hand, lässt ihm keinen Spielraum und zwingt ihn in eine Situation, die zu überdenken ihm keine ausreichende Zeit bleibt. Das ist das genaue Gegenteil der Art, wie beruflich hoch qualifizierte Männer ihr Leben führen und wesentliche Lebensentscheidungen treffen möchten. Wenn ein solcher Mann eine Frau mit Kindern vor sich hat, fallen für ihn zwei der wichtigsten Entscheidungen, die er in seinem Leben zu treffen hat – zu heiraten und Kinder zu bekommen –, zu einer einzigen Entscheidung zusammen. Zu heiraten und sofort Stiefvater zu werden, ist eine ziemlich überwältigende Neuigkeit an Lebensumständen für jeden Mann. Er hat nicht nur seine Entscheidung darüber vergeben, wann Kinder eine gute Ergänzung seines Lebens wären, sondern muss sofort mit der Verantwortung für ein Kind, das nicht sein eigenes ist, zurechtkommen.

Der erste Gedanke eines Mannes wird sein, dass er den sexuellen Aspekt der Elternschaft erleben kann. Doch so wie eine geschiedene Frau unübersehbar schon eine Hochzeit erlebt hat, hat eine Frau mit einem Kind die Spannung, die mit dem ersten Kind verbunden ist, bereits erlebt – ohne ihren jetzigen Partner. Ein Kind zu bekommen und die gemeinsame neue Erfahrung zu machen, es großzuziehen, ist etwas, worauf sich ein Mann freut. Hat eine Frau bereits ein Kind, ist die Chance vorbei, ein Kind zu ersten Mal gemeinsam großzuziehen.

Außerdem treten noch finanzielle Überlegungen hinzu. Wenn ein Mann eine ernste Partnerschaft mit einer Frau eingehen möchte, die ein Kind hat, stellt er sich automatisch vor, finanziell für dieses Kind zu sorgen. Es gibt keine Möglichkeit, diesem Gefühl aus dem Weg zu gehen. Man kann nicht einfach nur die Frau haben, aber nicht das Kind, und man muss in diesem Fall das Kind wie sein eigenes behandeln.

Das lädt einem Mann eine große finanzielle Bürde auf, die zu tragen er unter Umständen in dem momentanen Lebensabschnitt nicht bereit ist.

Wird ein beruflich engagierter Mann eine Beziehung mit einer Frau eingehen, die ein Kind hat?

Obwohl eine Beziehung zu einer Frau mit einem Kind nicht das ist, was wir als optimale Möglichkeit für einen beruflich hoch qualifizierten Mann betrachten, der ledig und kinderlos ist, kommt es vor. Eine solche Beziehung kann sich zu einer langfristigen Partnerschaft entwickeln, die möglicherweise schließlich zur Ehe führt. Also können wir allen allein stehenden Müttern, die uns Briefe und E-Mails geschickt haben, sagen, es gibt für sie durchaus Hoffnung, einen großartigen Mann zu finden.

Wir haben das Gefühl, die Chancen für diese Gruppe von Frauen für eine Ehe sind sehr viel besser, wenn sie eine Beziehung mit einem Mann eingehen, der bereits Kinder hat, da dieser wahrscheinlich wesentlich mehr mit einer solchen Frau gemeinsam hat, oder wenn sie eine Partnerschaft mit einem älteren Mann aufbauen, der es vielleicht sehr angenehm findet, sofort eine Familie zu haben. Viele der oben geschilderten Ängste und Sorgen werden kein so großes Problem für einen Mann darstellen, der selbst Vater ist oder die Reife besitzt, sofort die Vaterrolle zu übernehmen.

Wie Sie den Richtigen erkennen und halten

Wenn Sie Ihr Auge auf einen jungen, allein stehenden, kinderlosen, beruflich hoch qualifizierten Mann geworfen haben, von dem Sie denken, er könnte der Richtige für Sie sein – nehmen Sie die Sache in Angriff. Befolgen Sie unsere Ratschläge, wenn Sie eine solche Beziehung eingehen, und zerstreuen Sie seine eventuellen Ängste. Wenn Sie keinen speziellen Mann im Sinn haben und nur versuchen möchten, Ihre Chancen auf eine zukünftige langfristige Partnerschaft zu verbessern, denken Sie daran, was wir über ältere Männer und Männer, die selbst Kinder haben – allein stehende Männer natürlich –, gesagt haben. Unserer Meinung nach ist es auch empfehlenswert, geschiedene Männer in Betracht zu ziehen, auch Männer aus geschiedenen Ehen mit Kindern. Sie haben bereits die Erfahrung der Ehe hinter sich und haben sehr wahrscheinlich nicht dieselben Bedenken wie andere allein stehende Männer unter Umständen – so wie die Vorstellung, sofort Vater zu werden oder für ein Kind sorgen zu müssen, das nicht ihr eigenes ist.

Für Murray, einen allein stehenden Arzt Mitte fünfzig, einen Bekannten von Rich, stellte sich heraus, dass er der Richtige für eine geschiedene Frau mit Kindern war. Murray war mit drei Brüdern und zwei Schwestern aufgewachsen. Er sehnte sich nach einem Heim, das erfüllt war von der Lebhaftigkeit und der Liebe, die nur eine Frau und Kinder bringen können, aber die Jahren vergingen wie im Flug und Murray konzentrierte sich darauf, seine Kinderarztpraxis aufzubauen. Dann lernte er im Sommer auf dem Grillfest eines Freundes Grace kennen, eine allein stehende Mutter in den Vierzigern mit zwei Kindern, der achtjährigen Sally und dem zehnjährigen Brendon. Murray lachte über Graces Witze und lustige Bemerkungen. Grace gefiel es, dass Murray den halben Nachmittag mit den Kindern Fangen spielte. Die beiden begannen eine Beziehung und nach sechs Monaten waren sie verlobt. Drei Jahre später waren Grace und Murray stolze Eltern eines gemeinsamen kleinen Mädchens, Isabel. Murray sagt, dies seien die glücklichsten Jahre seines Lebens.

Männer wie Murray sind die Ausnahme. Es gibt sie zwar, aber im Allgemeinen müssen allein stehende Mütter sehr vorsichtig in Bezug auf allein stehende Männer sein. Sehen Sie sich vor – diese Männer können unter Umständen Süßholz raspeln und Sie nett behandeln, nur um mit Ihnen zu schlafen. Die meisten allein stehenden Männer klassifizieren Frauen mit Kindern automatisch als „Mädchen für den Augenblick“. Da diese Männer lediglich an einer kurzfristigen Gefährtin interessiert sind, ist die Gefahr groß, dass jüngere, ledige Männer Ihnen das Herz brechen und Sie verletzen.

Ein aufschlussreiches Zeichen für das Interesse eines Mannes ist sein Umgang mit Ihrem Kind. Schiebt er es immer wieder auf, Ihren Sohn oder Ihre Tochter kennen zu lernen, dann besteht die Gefahr, dass er kein langfristiges Interesse an Ihnen hat. Sobald Sie sich entschließen, einen Mann Ihrem Kind vorzustellen – was Sie erst tun sollten, nachdem Sie schon einige Monate mit ihm gehen –, werden Sie in der Lage sein, sein Interesse an Ihnen an der Art zu erkennen, wie er mit Ihrem Kind umgeht. Wenn er besondere Anstrengungen unternimmt, um Ihr Kind kennen zu lernen, statt nur die Form zu wahren, kann er Sie durchaus als potenzielle Ehefrau eingeordnet haben. Das ist die Art von Mann, den Sie halten sollten.

Rekapitulation: Schritte zum Erfolg

- Ziehen Sie ruhig Beziehungen mit älteren Männern, geschiedenen Männern oder Männern, die Kinder haben, in Betracht.
- Zerstreuen Sie die Bedenken Ihres Freundes im Hinblick darauf, dass er früher als geplant Vater wird – versichern Sie ihm, dass Sie nicht nach einem Mann suchen, der sofort die Vaterrolle für Ihr Kind übernimmt.
- Versichern Sie Ihrem Freund, der Vater des Kindes werde aus keinem anderen Grund auftauchen als das Kind zu sehen.
- Machen Sie ihm klar, dass Sie selbst für das Kind sorgen können und dass Sie nicht von ihm erwarten, dass er alleine die finanzielle Verantwortung übernimmt. Damit nehmen Sie ihm schon einmal die größte Sorge und geben ihm Zeit, langsam in die Beziehung hinein zu wachsen.
- Teilen Sie die schönen Seiten der Elternschaft mit Ihrem neuen Partner, indem Sie ihm rührende oder lustige Geschichten über Ihr Kind erzählen. Planen Sie gemeinsame Unternehmungen für Sie, Ihren neuen Freund und Ihr Kind – in den Park oder ins Kino gehen oder zusammen mittagessen. Fügen Sie diese Aktivitäten den Zeiten hinzu, die er und Sie allein zusammen verbringen;

lassen Sie sie nicht den Platz Ihrer Rendezvous einnehmen.

- Dies ist ganz wichtig: Der Mann soll nicht das Gefühl haben müssen, ständig mit dem Kind um Ihre Aufmerksamkeit konkurrieren zu müssen. Seien Sie auch manchmal als seine Freundin ganz für ihn da.

6

Sex und die feste Beziehung

Wir hoffen, das, was wir Ihnen in den vorausgehenden Kapiteln vermittelt haben, wird Ihnen helfen, den Grundstein für eine langfristige, feste Beziehung mit einem attraktiven Mann zu legen. Wenn Ihre Verbindung mit dem Auserwählten von Dauer sein soll, muss sie von einer wachsenden Intimität und einer im Laufe Ihrer Partnerschaft zunehmend intensiver werdenden körperlichen Beziehung begleitet sein. Ja, wir sprechen von Sex. Vielleicht werden Sie unsere Enthüllungen über die Haltung der Männer im Hinblick auf die Monogamie erstaunen. Deshalb hielten wir es für wichtig, die sexuellen Aspekte zu behandeln, mit denen Sie sich auseinander setzen müssen, wenn Sie von einer potenziellen zu einer angetrauten Ehefrau werden. Möglicherweise haben Sie nicht so viel zu befürchten, wie Sie denken, wenn Sie ihm in diesem Punkt die Wahrheit sagen müssen. Aber das Thema „Sex“ könnte sich am Anfang einer Beziehung unter Umständen für ein Mädchen, das ein Mann als potenzielle Ehefrau erkoren hat, als ein Minenfeld erweisen. In manchen Fällen kann ein falsches Wort oder eine falsche Verhaltensweise Sie in seinen Augen für immer zu einem „Mädchen für den Augenblick“ werden lassen. Um dieser Klassifizierung zu entgehen, legen wir Ihnen dringend ans Herz, dieses Kapitel sehr, sehr sorgfältig zu lesen.

Sprechen wir über das „Monogamie-Syndrom“

Die Nebeneinanderstellung dieser beiden Vorstellungen – Sex und feste Partnerschaft – spricht die größte Angst eines Mannes an. Wir haben es zuvor bereits gesagt und wiederholen es noch einmal: Männer leben mit der beständigen Befürchtung, nie mehr Sex mit einer anderen Frau zu haben. Wir Männer mögen eine Vielfalt von Sexualpartnerinnen. Dadurch bleibt der Sex für uns aufregend. Dennoch wissen wir, dass eine Zeit im Leben kommt, in der Sex mit einer einzigen Frau ausreichen muss, wenn wir diese eine besondere Frau, die Auserkorene, an unserer Seite haben wollen. Und weshalb sollte es auch nicht genügen? Wir lieben diese Frau, sie ist unsere beste Freundin, sie liebt uns und wir genießen unser Zusammensein. Wenn wir die positive Seite einer festen Partnerschaft auf diese Weise betrachten, sieht es großartig aus. Aber wir würden Sie anlügen, wenn wir behaupten würden, es sei einfach für uns gewesen, die Vorstellung einer einzigen lebenslangen Sexualpartnerin zu akzeptieren und diese Vorstellung in unserer Beziehung zu ihr in die Realität umzusetzen.

Wir wissen, viele Frauen haben davor Angst, dass ihr Partner mit der Vorstellung einer langfristigen monogamen Beziehung zu kämpfen hat. Wir wollen Ihnen helfen zu verstehen, dass Ihnen Ihr Partner nicht unbedingt untreu sein muss, nur weil er vielleicht so über Sex und feste Beziehungen denkt. Es ist ihm bewusst, welchen Schaden Untreue einer langfristigen Partnerschaft zufügen kann, und – ganz offen gesagt – ein ehrgeiziger Mann, der hochgesteckte berufliche Ziele verfolgt, kann sich die Auswirkungen eines derartigen Verhaltens nicht leisten. Ein Mann wünscht sich, sein Leben solle sich so entwickeln, wie er es plant – und eine glückliche, feste Beziehung, die eventuell eine Ehe und Kinder einschließt, ist in der Regel Teil seiner Lebensplanung. Er unternimmt bestimmte Vorsichtsmaßnahmen, um die dauernde Versuchung, mit anderen Frauen zu schlafen, zu verringern. Welche Schritte dies sind, werden Sie gleich erfahren. Wir werden Ihnen auch mitteilen, was Sie tun können, um den sexuellen Reiz lebendig zu halten. Sie werden etwas über die verbreiteten Fantasien von Männern erfahren, welche Unsicherheiten (Ihrerseits oder seinerseits) eine feste Beziehung scheitern lassen können, und was Sie Ihrem Partner niemals über Ihr Intimleben erzählen sollten, wenn Sie wollen, dass Ihre feste Beziehung erhalten bleibt.

Wie Sie den Sex für ihn auf Dauer aufregend, interessant und befriedigend gestalten können

Kein Paar kann die Leidenschaft, die es bei seiner ersten sexuellen Begegnung hatte, ein ganzes Leben lang aufrechterhalten. Wir wissen alle, dass wir in einer festen Beziehung in der Regel nicht jede Nacht heißen Sex haben. Auch dann, wenn wir regelmäßig miteinander schlafen, gibt es Höhen und Tiefen in der Gestaltung unseres Liebesspiels und unserer sexuellen Befriedigung. Der Sex mit Ihrem festen Partner kann unter Umständen weniger leidenschaftlich werden als zu Beginn, sollte jedoch nie zur Routine erstarren.

Wir erheben nicht den Anspruch, Experten in sexuellen Fragen zu sein. Wir sind auch keine Psychologen. Aber wir sind Männer, die Beziehungen erlebt haben, in denen die sexuelle Glut völlig erloschen ist. Kein Mann wird einer Frau einen Heiratsantrag machen, wenn er fühlt, dass kein Funke sexueller Leidenschaft zwischen ihm und der Frau, mit der er lebt beziehungsweise eine feste Beziehung hat, mehr vorhanden ist. Wir möchten Ihnen einige Erfahrungen und Methoden vermitteln, von denen wir glauben, dass sie geeignet sind, die Leidenschaft in Ihrer festen Partnerschaft lebendig zu halten.

Sprechen Sie

Das ist wahrscheinlich nichts Neues für Sie – aber die einzige Möglichkeit, Ihre Beziehung im Schlafzimmer zu retten, ist

Kommunikation. Der Unterschied zwischen guten und schlechten sexuellen Beziehungen liegt in der Verständigung zwischen den beiden Partnern. Es wird umso wichtiger, dass Sie Ihrem Partner zuhören und ihm sagen, was Sie wollen, wenn die erste Welle der Leidenschaft, die Sie beide zusammengebracht hat, abgeebbt ist. Sie müssen Ihrem Partner mitteilen, was Sie im Bett tun wollen – und er Ihnen. Sie müssen auch bereit sein, Ihr Liebesleben zu „würzen", indem Sie verbal auf das reagieren, was Ihr Freund tut, oder ihn fragen, was er mag, genauso wie er die Möglichkeit haben muss, verbal zum Ausdruck zu bringen, was er will.

Sie müssen wissen, dass Ihr Partner nicht allein durch Ihre Küsse auf seinen Lippen erregt wird, durch Ihre Zunge, die seine Brustwarzen umkreist, und die Geschicklichkeit, mit der Sie seine Genitalien „bearbeiten". Diese Dinge mögen sich wunderbar anfühlen, aber zu einem erfüllten Sexualleben gehört weit mehr als die entsprechenden Techniken. Unserer Erfahrung nach ist die Qualität des Liebeslebens eine Frage der Psychologie. Sie müssen wissen, was Ihren Partner anregt – ist es eine neckende, eine unterwürfige oder eine dominante Haltung oder eine andere Art des sexuellen Umgangs miteinander? Dann reagieren Sie mit den entsprechenden verbalen Ergänzungen Ihrer Handlungen, wie zum Beispiel:

Neckend: Willst du es so, wie ich es jetzt mache? Ich könnte einfach aufhören, oder ich könnte dich ganz leicht berühren, so wie ich es jetzt tue. Was ist, wenn ich nicht will? Ich könnte einfach weggehen. Was würdest du dann tun?

Unterwürfig: Ich gehöre dir. Tu, was du willst, alles was du willst. Nimm mich.

Dominant: Gibs mir. Härter. Oh ja, Baby. Füll mich ganz aus. Wie tief kannst du eindringen?

Viele Männer bevorzugen eine Vielzahl unterschiedlicher Haltungen in verschiedenen Nächten. Es ist Ihre Aufgabe herauszufinden, was Ihr Partner wirklich will. Die Befriedigung Ihres Partners hat eine Menge damit zu tun, was Sie sagen, wie Sie agieren, mit dem Tempo, in dem Sie auf seine Bitten reagieren, mit der Art, wie Sie Ihren Körper bewegen – mit allem. Jeder Mensch ist anders und jeder hat unterschiedliche Vorstellungen darüber, welche sexuellen Praktiken er für abartig oder verboten hält. Es ist selbstverständlich nicht unsere Aufgabe oder Absicht, sämtliche möglichen Varianten zu untersuchen; vielmehr wollen wir Ihnen einfach einige Vorschläge machen, wie Sie Ihrem Partner gegenüber aufgeschlossen bleiben können.

Natürlich hört jeder Mann gern ein schönes Kompliment (oder eine ganze Reihe Komplimente) während des Liebesaktes. Wir kennen keinen Mann, der es nicht gern hören würde, wenn Sie ihm sagen: „Du bist der Beste." Denken Sie im Bett an das Selbstbewusstsein Ihres Partners. Er wird Sie dafür schätzen.

Hören Sie ihm zu – das ist besser, als in sämtlichen sexuellen Techniken bewandert zu sein

Wie oft waren wir schon mit Frauen im Bett, die dachten, alle sexuellen Praktiken zu kennen! Wenn wir versuchten, einer solchen Frau zu sagen, etwas in einer ein wenig anderen Art zu versuchen, griff sie auf eine andere Methode ihres Repertoires zurück. Sie agierte, als wüssten wir nicht, was uns am besten gefällt. Anscheinend dachte sie, sie hätte eine bessere Vorstellung davon, wie sie die anstehende Angelegenheit lösen könnte. Wie lächerlich das ist! Diese Art von Frauen – diejenigen, die viele Fertigkeiten auf Lager haben – können einen Mann im Bett frustrieren. Wenn wir Männer eine solche Frau treffen oder von solchen Frauen hören, überlegen wir uns, weshalb sie überhaupt einen Partner brauchen oder wollen.

Sie sollten nicht als sexuelle Alleskönnerin gelten wollen, wenn Sie eine feste Beziehung beginnen. Durch diese Haltung könnten Sie den Richtigen verlieren. Zuallererst würde er sich überlegen, mit wie vielen Männern Sie zusammen waren, um Ihr Können zu erwerben. Zweitens hätte er das

Gefühl, dass das, was er sagt oder will, hinter Ihrem Bedürfnis, im Bett zu dominieren, zurücksteht. Wir wollen damit absolut nicht sagen, dass Männer von der Richtigen erwarten, naiv oder unterwürfig zu sein. Was langfristige Beziehungen betrifft, wollen Männer einfach nur, dass beide Partner aufeinander eingehen, dass ihr Wunsch nach Abwechslung gehört und als wichtig anerkannt wird und dass ihre Partnerin sensibel darauf reagiert.

Aus genau diesem Grund betonen wir die Wichtigkeit der Kommunikation. Wenn Sie Pornofilme ansehen oder das *Kama Sutra* lesen, können Sie feststellen, dass es eine begrenzte Anzahl sexueller Positionen gibt. So gut wie jede Frau ist in der Lage, auf diese unterschiedlichen Arten sexuell mit einem Mann zu verkehren. Also werden Sie nicht „besser" sein als die anderen Geliebten, die Ihr Partner hatte, nur weil Sie all diese Positionen kennen. Machen Sie sich keine Gedanken darüber, wenn Sie unerfahren sind oder sich bisher auf die herkömmlichen sexuellen Praktiken beschränkt haben. Das Beste, was Sie haben können, wenn Sie mit Ihrer langfristigen Liebe im Bett sind, ist ein offenes Ohr. Hören Sie auf das, was er sagt, und scheuen Sie sich nicht, Fragen zu stellen. Ihr Partner wird es Ihnen hoch anrechnen, wenn er Ihnen etwas beibringen kann, und geschmeichelt sein, wenn Sie ihm wirklich zuhören und offen dafür sind, das auszuprobieren, was er sich im Bett wünscht. Er wird sich sicher sein, dass Sie auch in Zukunft keine Angst haben werden, etwas Neues auszuprobieren, und sich die Vielfalt sexueller Erlebnisse ausmalen, die er im Bett mit einer einzigen Frau, der richtigen Frau, haben kann – mit Ihnen!

Details, Details

Wir sind uns alle drei darüber einig, dass es die Details beim Sex sind, die uns wirklich erregen. Gut, wir wollen nicht bestreiten, dass sich für einen Mann der einfache Akt, seinen Penis in die Vagina einer Frau zu stecken, gut anfühlt. Wenn all unsere anderen Sinne weniger ausgeprägt wären, würden wir sicherlich allein diese eine Empfindung angenehm finden. Aber obwohl diese Praktik uns vielleicht einmal sehr oder viele Male ein wenig erregen kann, ist dies nicht genug, um unser Interesse im Rahmen einer festen Partnerschaft auf die Dauer lebendig zu erhalten.

Wir wollen sexuelle Erfahrungen, die mit unvergesslichen Details erfüllt sind – Worten, Geräuschen, Gerüchen und Geschmackserfahrungen. Wir möchten, dass unser Liebesleben mit einer festen Partnerin zu einer von vielen sinnlichen Erfahrungen wird. Wenn wir keine Vielfalt von Frauen haben können, wollen wir eine Vielfalt sinnlicher Erfahrungen. Wir wünschen uns Überraschungen und Spontaneität. Wir wollen, dass Sie Ihren Teil dazu beitragen. Wir möchten Spaß. Wir wollen spielen.

Nehmen wir ein Beispiel. Sie sind mit Ihrem Freund im Bett und er stöhnt: „Lass mich deinen Po sehen." Sie sollten ihm nun nicht einfach einen besseren Blick auf Ihr Hinterteil verschaffen. Vielmehr sollten Sie sagen: „Du magst meinen Po, hm?" Was auch immer er mag – betonen Sie es. Geben Sie ihm die Möglichkeit, seine sämtlichen Sinne zu benützen, alle Reize zu genießen und seine Fantasie spielen zu lassen.

Das Wesentliche ist Folgendes: Wenn ein Mann im Bett etwas sagt oder vorschlägt, hofft er, dass Sie dieses Vergnügen mit ihm teilen. Er wird Ihnen nicht alles in sämtlichen Einzelheiten schildern – das würde Ihr Zusammensein wesentlich weniger interessant und aufregend machen. Wenn er Ihnen alles bis ins kleinste Detail beschreibt, erscheint ihm der Sex eingeübt. Er will die Möglichkeit haben, einfach einen kleinen Hinweis darauf zu geben, was er möchte, und Sie nehmen den Wink auf und gehen darauf ein. Natürlich kann das am Anfang ziemlich schwierig sein, da Sie keine Gedanken lesen können. Wir hoffen, Sie finden Gefallen an der Herausforderung, ein wenig von dem Unbekannten in eine langfristige sexuelle Beziehung einzubringen. Schließlich und endlich möchten wir, dass Sie uns ins Reich unserer Fantasien folgen und eine Rolle darin übernehmen – dass Sie Details hinzufügen, die wir als erregende Stimuli empfinden.

Folgen Sie Ihrem Partner ins Reich seiner Fantasie

Ein Mann hat lebhafte Fantasien, denen er sich hingeben möchte. Natürlich sind die Fantasien einer Frau ebenso wichtig. So kontrollierend und stark Ihr Freund sein und wie gerne er auch reden mag – vielleicht gewährt er Ihnen trotzdem keinen Zutritt in die Welt seiner Fantasien. Sie müssen den Versuch unternehmen, sich Zugang zu seinen Gedanken zu verschaffen. Bringen Sie das Thema sexuelle Fantasien zur Sprache. Wenn Sie das tun, signalisieren Sie Ihrem Partner, dass er sich Ihnen öffnen kann. Versichern Sie ihm, dass Sie sich über seine Gedanken oder Vorlieben nicht lustig machen werden. Greifen Sie während des sexuellen Vorspiels mit Ihrem Freund auf dieses Gespräch zurück. Schneiden Sie ein Thema an, das er erwähnt hat, als Sie über sexuelle Fantasien gesprochen haben, oder – wenn er geschwiegen hat –, sehen Sie, ob er auf irgendetwas eingeht, während Sie beide sich erregen. Ihr Partner mag vielleicht am Anfang nicht offen sein, aber wir versichern Ihnen, dass er Fantasien hat und dass es Ihnen schließlich gelingen wird, sie ihm zu entlocken. Sobald er sie Ihnen mitgeteilt hat, sorgen Sie dafür, dass er froh ist, sie Ihnen erzählt zu haben, indem Sie sie im Schlafzimmer in die Realität umsetzen.

Einem Mann die Möglichkeit zu geben, sich seinen Fantasien hinzugeben oder sie einfach auszuleben, wenn er mit Ihnen zusammen ist, ist eine absolut sichere Methode, ihn ein Leben lang an sich zu binden. Er wird Ihnen vielleicht nicht gleich alle seine Fantasien auf einmal erzählen. Stattdessen wird er sie vielleicht sehr häufig erwähnen. Ignorieren Sie nicht, was er sagt, sonst schaden Sie Ihrer sexuellen Beziehung mit ihm. Er wird dann annehmen, dass es Ihnen gleichgültig ist, was er braucht oder will, oder dass Ihnen seine Vorlieben peinlich sind. Achten Sie darauf, dass Sie die Informationen, die er Ihnen gibt, auch verwenden. Lassen Sie diese wesentlichen Informationen nicht an sich vorübergehen, ohne Gebrauch von ihnen zu machen.

Möglicherweise ist Ihr Partner zu Anfang vorsichtig, seine innere Welt sexueller Fantasien mit Ihnen zu teilen, weil er

Angst vor der eigenen Verletzlichkeit hat, wenn er sie preisgibt. Womöglich hat er nie einer Frau in dieser Weise erzählt, was in seinem Kopf vorgeht. Er befürchtet vielleicht, dass Sie ihn auslachen. Sobald er sieht, dass Sie eine Freundin sind, die bereit ist, seine Fantasien mit ihm zu erkunden, wird sich Ihr Partner Ihnen immer mehr öffnen. Dieser Kreislauf von wachsendem Vertrauen und weiteren Enthüllungen stellt sicher, dass Sie ein Liebesleben haben, das immer neu und interessant ist. Genau das ist wichtig für eine langfristige Partnerschaft mit einem Mann. Wenn ein Mann seine sexuellen Fantasien mit Ihnen teilt, gibt er Ihnen die Chance, sein „Traum“ im Bett zu sein. Wenn Sie zuhören, was er sagt, und diese Vorstellungen in die Tat umsetzen, wird er Sie nie von seiner Seite lassen.

Seien Sie aber gewarnt, andere Leute in die sexuellen Fantasien einzuweihen, die Sie und Ihr Partner teilen. Ganz egal was er sagt – gewähren Sie keiner dritten Person Zutritt in dieses besondere Vertrauensverhältnis, das Sie zueinander aufgebaut haben. Möglicherweise schlägt Ihr Partner vor, andere Leute in Ihr Schlafzimmer einzuladen, aber darauf sollten Sie absolut nie eingehen. Eine feste Beziehung bedeutet, dass nur Sie und Ihr Partner Sex miteinander haben.

Jeder von uns kennt die machtvolle Rolle, die Sex in unseren Beziehungen spielt. Wir haben alle schon miterlebt, wie Beziehungen an einem langweiligen Liebesleben zerbrochen sind. Auch wenn alles andere wunderbar ist – wenn der Sex langweilig ist oder überhaupt nicht stattfindet, kann die Partnerschaft nicht halten. Auf den ersten Blick scheint Sex eine einfache Sache zu sein, aber es ist wahrscheinlich der komplexeste Bereich einer Beziehung. Dies trifft insbesondere auf Männer zu, die in einer festen Partnerschaft leben, weil sie stets den Gedanken im Hinterkopf haben, dass sie mit keiner anderen Frau mehr schlafen können, wenn sie ihre Partnerin heiraten. Wenn Ihr Partner merkt, Sie sind für Abwechslung offen und Sie ihm das Gefühl geben, er könne seine Fantasien mit Ihnen teilen, so helfen Sie sicherzustellen, dass er Sie sein Leben lang als seine Frau an seiner Seite haben will.

Was hat es mit der Zwei-Frauen-Fantasie auf sich?

Werfen wir einen Blick auf die „lesbische Liebe“ und warum sie einen solchen Reiz auf Männer ausübt. Weshalb bringen wir das Thema an dieser Stelle zur Sprache? Weil so viele Frauen uns die Frage gestellt haben: „Woran liegt es, dass zwei Frauen, die miteinander schlafen, einen solchen Reiz auf Männer ausüben?“ Wir haben das Gefühl, die Wahrheiten und Märchen aufdecken zu müssen, die hinter dieser Männerfantasie stecken.

Lassen Sie uns ganz offen sein – Männer *lieben* die „lesbische Liebe“. Wir können nicht genug davon bekommen. Natürlich meinen wir nicht wirklich die lesbische Liebe zwischen Lesbierinnen. Wir meinen zwei schöne Frauen, die sich in einem sexuellen Akt vereinigen, und zwar in Form einer Darstellung in einem Pornofilm, einem Pornomagazin oder einer Vorstellung in einer Stripbar. Den Begriff „lesbische Liebe“ verwenden Männer, um diese Fantasievorstellung von zwei Frauen, die zur Unterhaltung eines Publikums sexuell miteinander verkehren, zu beschreiben. Es ist uns klar, dass diese Vorstellung völlig von der Realität des Lebens der meisten lesbischen Frauen abweicht. Wir wissen, dass echte Lesbierinnen kein Interesse an uns hätten.

Frauen fragen uns also, was an der „lesbischen Liebe“ die Männer so erregt. Frauen haben uns erzählt, sie fänden männliche Homosexualität selten erotisch. Weshalb übt also die „lesbische Liebe“ einen so großen erotischen Reiz auf uns Männer aus – Männer mit guten Jobs, die über eine langfristige Partnerschaft nachdenken?

Für einen heterosexuellen Mann ist die „lesbische Liebe“ ein ungewöhnliches Verhalten. Der durchschnittliche Mann hat nicht viel Gelegenheiten, diese Art sexuellen Verkehrs zu sehen, außer in Pornofilmen. Es ist ein Knüller weiblicher Erotik im Doppelpack mit einer unanständigen, erregenden Note.

Wir sind außerdem fasziniert zu sehen, wie Frauen miteinander das tun, was wir Männer in der Regel mit Frauen machen. Der Anblick der Zärtlichkeit, der Sinnlichkeit und der Konzentration auf die Details, mit denen Frauen den Liebesakt ausführen, erregt uns. Der Umstand, dass kein Mann mit im Spiel ist, mit dem wir konkurrieren müssen, trägt wohl ebenfalls zu der Anziehungskraft bei, die dieser Akt auf uns ausübt. Soweit wir es beurteilen können, projizieren wir uns selbst in diesen langsamen und sinnlichen Akt hinein, der zwischen zwei Frauen abläuft, und genießen in vollen Zügen die Vorstellung der Empfindungen, die wir hätten, wenn wir uns zu ihnen gesellen könnten. Für uns ist es so, dass eine Frau gut ist, zwei Frauen aber noch besser sind. Wir mögen es, die einzigen Männer zu sein – es steht uns frei, in unserer Fantasie in jede beliebige Rolle zu schlüpfen – Teilnehmer oder fantasievoller Beobachter!

Der „flotte Dreier"

Tun wir nun den nächsten logischen Schritt (zumindest vom Standpunkt eines Mannes aus gesehen) und sprechen wir über die Vorstellung, an einem „flotten Dreier" teilzunehmen. Wir meinen natürlich zwei Frauen und ein Mann, was sonst? Schon der Gedanke daran macht uns verrückt! Die Vorstellung zweier Frauen, die mit ihm im Bett sind, wird ein Lächeln auf das Gesicht jedes Mannes zaubern. Ja, auch auf das Gesicht Ihres Partners, wenn er ehrlich ist.

Wenn es uns schon erregt, einfach nur zuzusehen, wie zwei Frauen es miteinander „tun", stellen Sie sich vor, wie sehr es uns erregen würde, wenn wir daran teilnehmen könnten. Während die „lesbische Liebe" uns eine Fantasievorstellung bietet, würde ein „flotter Dreier" uns die Möglichkeit geben, real an einem solchen Akt teilzunehmen. Wenn wir die „lesbische Liebe" in einem Pornofilm betrachten, denken wir – das ist es. Wenn aber zwei Frauen den Akt persönlich ausführen, ist es noch erotischer. Je intimer sie werden, desto besser gefällt es uns. Zwei Frauen, die sich und uns sexuelle Lust bereiten – das ist der absolute Renner.

Diese Gedanken gehen einem Mann durch den Sinn, wenn Sie den „flotten Dreier" erwähnen. Ein Mann würde sich sofort vorstellen, wie sich zwei Frauen zugleich mit ihm beschäftigen. Zwei Münder, vier Hände, zwanzig Finger – damit lässt sich eine Menge machen. Sie könnten sagen: „Tja, aber es gibt nur einen Penis." Ein Mann würde sagen: „Kein Problem, ich habe genügend für zwei – teilt es euch!" Die verschiedenen Möglichkeiten, die diese Kombination bietet, sind eine äußerst erotische Vorstellung für einen Mann. Er kann davon träumen, dass er einen besonders hohen Gipfel der Ekstase erreicht – vielleicht den höchstmöglichen. Es erübrigt sich zu sagen, dass diese Gedanken an einen „flotten Dreier" außerordentlich angenehm für das männliche Selbstwertgefühl sind.

Was hat das mit Ihnen zu tun? Zunächst einmal können Sie Ihrem Mann keine „lesbische Liebe" bieten. Ein Mann betrachtet weibliche Homosexualität nicht als die wünschenswerte Eigenschaft einer Frau, die er erwägt zu heiraten. Wir wissen, dass diese Betrachtungsweise sowohl unfair als auch scheinheilig ist, nach alledem, was wir Ihnen gesagt haben – aber sie entspricht nichtsdestoweniger den Tatsachen. Ein Mann, der eine anspruchsvolle Karriere verfolgt, sieht Lesbierinnen ebenso wie er Stripperinnen betrachtet. Sie sind außerordentlich aufregend – aber nicht auf Dauer.

So sehr wir die „lesbische Liebe" mögen – nicht mit unserer Partnerin. Es erregt einen Mann ungemein, das „lesbische" Liebesspiel zu beobachten und die Gelegenheit zu haben, mit zwei Frauen an einem „flotten Dreier" teilzunehmen, aber letztlich will ein Mann keine Frau heiraten, die diese Aktivitäten zu einem Teil ihres Lebens macht. Wenn Sie eine langfristige Partnerschaft anstreben, dann lassen Sie sich nicht darauf ein. Und sprechen Sie mit Ihrem Partner auch nicht über die lesbische Liebe. Wenn Sie auch nur eine Spur von Interesse daran zeigen, wird er nur ein kurzfristiges Interesse an Ihnen haben.

Ob es Ihnen gefällt oder nicht, ein Mann sucht nach einem „braven Mädchen", mit dem er häuslich werden und das er heiraten kann. Er will keinerlei Risiken eingehen, wenn es um seine Zukunft geht. Er hat während seiner Schulzeit und in seinem Beruf so hart gearbeitet, dass er nicht bereit ist, seinen Ruf durch die Heirat mit einer „zügellosen Frau“ aufs Spiel zu setzen. „Zügellose Frauen“ bergen zu viele Risiken, als dass ein Mann, der in einem anspruchsvollen, gehobenen Beruf tätig ist, sich um eine feste, langfristige Beziehung mit ihnen bemühen würde. Und aus irgendeinem seltsamen psychologischen Grund betrachten Männer Lesbierinnen und bisexuelle Frauen als „zügellose Frauen“.

Vielleicht lesen Sie dies und sagen: „Moment mal, das ist eine Falle!“ Sie haben Recht, es ist eine Falle. Wir scherzen keineswegs. Männer werden sehr erregt von Frauen, die mit Frauen sexuell verkehren, sowie von zwei Frauen, die mit einem Mann verkehren. Aber zeigen Sie niemals Interesse daran, einen „lesbischen“ Pornofilm anzusehen oder diese Art von Liebesspiel mit Ihrem Partner und einer anderen Frau auszuführen. Erwähnen Sie noch nicht einmal den Umstand, dass Sie es interessant finden. Selbst wenn Sie erzählen, Sie hätten Ihrer besten Freundin betrunken in einem Nachtklub einmal einen intensiven Kuss gegeben, um einen verrückten Mann loszuwerden, wird Ihr Partner Sie in einem anderen Licht sehen. Und dieses Licht ist nicht schmeichelhaft. Wenn Sie jemals eine Anspielung auf ein sexuelles Interesse an einer Frau machen – selbst wenn es witzig gemeint ist –, wird sich Ihr Partner bedroht fühlen. In die Gedanken Ihres Freundes wird sich die Befürchtung einschleichen, Sie würden sich vielleicht nicht auf ihn und seine sexuelle Attraktivität konzentrieren oder ihn eventuell sogar wegen einer Frau verlassen, und er wird sich von diesen Gedanken nicht mehr befreien können.

Kann sein, Sie werden in Versuchung kommen, dem Wunsch Ihres Freundes nach einem „flotten Dreier“ nachzugeben. Eventuell versucht er Sie zu überzeugen, er würde Sie mehr lieben, wenn Sie an einem solch intimen Akt teilnehmen. *Lassen Sie sich nicht hereinlegen.* Geben Sie nicht nach. Wenn er Sie liebt, wird die Enttäuschung, nie Sex mit zwei Frauen gleichzeitig haben zu können, Ihre Beziehung nicht zerstören. Liebt er Sie nicht, dann wird ein „flotter

Dreier" mit Ihnen und einer anderen Frau ihn auch nicht dazu bringen, Sie zu lieben. Im Wesentlichen läuft es auf ein Grundprinzip hinaus: Wenn ein Mann eine Frau liebt, will er sie für sich. Ja, es gibt viele Vorstellungen, die uns erregen, aber diese bleiben am besten auf Pornos oder die Fantasie beschränkt oder sollten von einem Mann bestenfalls in seiner Junggesellenzeit ausgelebt werden.

Die große Versuchung

Die Mühe, die Qual, der Kampf. Eine neue Frau. Das Mädchen auf der Straße. Die Frau auf der anderen Seite des Raumes. Die große Frau im Büro. Die Angestellte im Videoladen, die enge Blusen trägt. Die Versuchung. Wir benehmen uns, als könnten wir diese Frauen mit einem Fingerschnippen herumkriegen. Vielleicht können wir es, vielleicht auch nicht – wie dem auch sei, jedenfalls wollen wir sie.

Wir halten es für sinnvoll, Ihnen zu verraten, wie wir uns selbst vor der Versuchung anderer Frauen schützen, wenn wir in einer festen Beziehung leben. Zunächst einmal versuchen wir, eine feste Partnerschaft mit einer Frau aufzubauen, die wir sexuell attraktiv finden, die im Bett genügend Aufgeschlossenheit und Selbstvertrauen besitzt und uns dadurch viele Jahre genussreichen Sex in Aussicht stellt.

Weiterhin versuchen wir, nicht zu viel über den offensichtlichen „Ein-Partner-Effekt" nachzudenken, den eine feste, langfristige Beziehung mit sich bringt. Wir versuchen, einen bestimmten Blickwinkel einzunehmen, was die eine Frau fürs Leben – die einzige Sexualpartnerin – betrifft, der uns hilft, die mit einer solchen Partnerschaft verbundenen Vorteile zu sehen.

Brad beispielsweise sieht die Ehe nicht als ein Leben ohne andere Frauen. Das wäre eine schreckliche Das-Glas-ist-halbleer-Perspektive. Stattdessen konzentriert sich Brad auf die zusätzliche Freude, die seine Ehe mit Cheryl jeden Tag in sein Leben bringt. Er richtet seinen Blick auf das Hier und Heute. Wenn er es so betrachtet, sieht sein Weg mit einer einzigen Sexualpartnerin weniger erdrückend aus. Es ist eine geistige Einstellung, die sich nicht so sehr von der eines Alkoholikers unterscheidet, der versucht, mit dem Trinken aufzuhören, indem er täglich einen Schritt macht. So wie Alkoholiker dem Alkohol verfallen sind, sind die meisten Männer davon abhängig, viele Frauen zu erobern. Einen kurzen Zeitraum ins Auge zu fassen macht das Ende dieser Zeit der sexuellen Eroberungen wesentlich erträglicher. Diese Formulierungen hören sich wenig erfreulich an, aber genau das spielt sich tatsächlich im Kopf Ihres Partners ab. Sie haben es noch nie gehört, aber wir wetten, dies sind genau seine Gedanken.

Eine andere Methode, wie Männer innerhalb Ihrer festen Beziehungen treu bleiben ist, die „gefährlichen Situationen", in die sie sich selbst früher begeben haben, zu vermeiden oder zumindest zu reduzieren, wenn sie die eine, ganz besondere Frau finden, mit der sie gern den Rest ihres Lebens verbringen wollen. Seit Rich sich mit Marla verlobt hat, vermeidet er beispielsweise, sich die Nächte in der Stadt um die Ohren zu schlagen – mit seinen Kumpels, Alkohol und Frauen. Sein Junggesellenleben war eine lange Aneinanderreihung solcher Nächte. Dieses Nächte haben ihren Zweck erfüllt. Sie haben ihn zu Marla geführt. Nun hat sein Leben einen anderen Mittelpunkt als lärmende Feiern mit seinen Kumpels. Sein Mittelpunkt ist Marla. So wie Rich gewöhnt sich ein cleverer Mann sein zügelloses Junggesellenleben ab, wenn er die Beziehung zu seiner künftigen Ehefrau pflegt, um treu bleiben zu können. Das ist natürlich ein einschneidender Wandel seiner Lebensweise, aber eine von ihm bewusst gewollte Veränderung.

Ein Freund von uns, der als Junggeselle nicht viele Freundinnen hatte, hat gerade geheiratet. Bis vor kurzem spielten Partys und Besuche von Klubs keine große Rolle in seinem Leben. Während der vergangenen zwei Jahre hat er begonnen, Gewichtheben zu trainieren, um seine Chancen auf eine Rolle als Schauspieler zu erhöhen. Er genoss die neue Aufmerksamkeit, die ihm die Frauen im Fitnessstudio schenkten, nachdem er sein Ziel erreicht und entsprechend viele Muskelpakete entwickelt hatte. Um öfter die Energie umschmeichelnder Frauen zu „tanken“, begann er, nachts mit Freunden und Geschäftskollegen auszugehen. Es erübrigt sich zu sagen, dass er gut aussieht und seine berufliche Karriere blüht und gedeiht – seine Ehe jedoch leidet. Er vertraute sich einem von uns an und erzählte, die Versuchung sei dort unglaublich groß. Selbstverständlich ist sie das. Aus diesem Grund sind wir uns einig darüber, dass eine ausgezeichnete Methode, mit dieser Versuchung fertig zu werden, in ihrer Vermeidung besteht.

Sie werden vielleicht festgestellt haben, dass Ihr Freund, Verlobter oder Ehemann ebenfalls keine Lust mehr hat, Klubs oder Bars zu besuchen, sobald Ihre Beziehung ernst geworden ist. Weshalb?, fragen Sie. Weil er nicht sehen will, was dort noch auf ihn wartet. Er möchte sein Verlangen nach diesem Lebensstil zügeln.

Männer, die sich ständig in „gefährliche“ Situationen begeben, wie zum Beispiel häufig mit vielen allein stehenden Freunden auf Partys zu gehen, fordern Schwierigkeiten absichtlich heraus. Wir haben zu oft erlebt, wie ein Mann, der in einer festen Beziehung lebte, der Versuchung nach einer anderen Frau erlag. Wir wollen damit nicht sagen, dass Sie Ihren Partner nicht mit seinen allein stehenden Freunden ausgehen lassen sollten. Mit vielen von ihnen wird er den Kontakt weiterhin pflegen. Wenn Sie bemerken, Ihr Partner beginnt allmählich, sich von seinem Junggesellenlebensstil zu verabschieden, wissen Sie, er bereitet sich auf eine endgültige feste Bindung mit Ihnen vor.

Ein Mann, der seine Beziehung mit einer Frau ernsthaft pflegt, weist seinen Freunden allmählich den ihnen entsprechenden Stellenwert zu – sie sind einfach nur Freunde und nicht sein Lebensinhalt. *Sie* werden sein Lebensinhalt. Es ist ein langsamer, schrittweiser Prozess, in dem Ihr Partner seine Weichen anders stellt. Bestätigen Sie dieses Verhalten positiv. Machen Sie sich nicht über ihn lustig, indem Sie Bemerkungen fallen lassen wie beispielsweise „Du wirst ein alter Mann!“. Sie haben die Wahl zwischen einem ruhigeren, der Versuchung weniger ausgesetzten Mann, der sich fest an Sie bindet, oder einem Junggesellen, der es nicht lassen kann, den Frauen nachzujagen, und der nie häuslich werden wird.

Das erinnert uns an unsere Jugendzeit, als unsere Eltern darauf achteten, dass wir uns mit den richtigen Freunden einließen, weil sie befürchteten, die falschen Freunde würden einen schlechten Einfluss auf uns ausüben. Und negative Einflüsse sind genau das, was Männer, die eine gute Partnerschaft aufrechterhalten wollen, vermeiden. Und glauben Sie uns, es gibt viele schlechte Einflüsse.

Ein in einer festen Beziehung lebender Mann wird von Zeit zu Zeit mit seinen Freunden ausgehen. Wenn Ihr Mann eine feste Bindung mit Ihnen eingeht und in der Beziehung glücklich ist, wird er Versuchungen aus dem Weg gehen. Machen Sie sich keine Sorgen – er verwandelt sich nicht in einen „alten Knacker", sondern ist verliebt. Ermuntern Sie ihn dazu, seine Freundschaften zu pflegen, und freuen Sie sich zu beobachten, wie sein Bedürfnis danach auszugehen und keine Party auszulassen verschwindet. Dieser Schritt vom Partyleben hin zu Ihnen ist der letzte und endgültige Beweis dafür, dass Ihr Partner bereit ist, häuslich zu werden. Es ist die logische Reihenfolge der Dinge. So war es bei Rich und Brad, und es wird auch bei dem Mann, der für Sie der Richtige ist, so sein.

Die kurze Geschichte von der Größe des Penis

Alle Frauen müssen über dieses Thema Bescheid wissen – die Größe des Penis. Sie haben darüber nachgedacht. Sie haben darüber mit Ihren Freundinnen gesprochen. Wir wissen, dass Sie Berichte über das Thema in Ihren Lieblingszeitschriften gelesen haben. Aber jetzt werden Sie aus der Sicht von Männern hören, was die Größe des Penis für einen Mann bedeutet (natürlich von Männern, die von der Natur in dieser Hinsicht reich ausgestattet worden sind – welcher Mann würde das von sich nicht behaupten?).

Zunächst einmal empfinden alle Männer ein gewisses Maß an Unsicherheit in Bezug auf die Größe ihres eigenen Geschlechtsteils. Ein Mann mag eine Erektion von dreißig Zentimetern haben, aber nicht glücklich darüber sein, wie sein Penis in nicht erigiertem Zustand aussieht. Ein anderer Mann hat vielleicht ein dickes, aber kurzes Genital. Und so weiter. In gewisser Hinsicht ist der Penis für einen Mann ein Körperteil wie jeder andere. Es gibt gute und schlechte Aspekte. Wenn Sie jeden Teil Ihres Körpers so intensiv studieren würden, wie Männer dies mit ihrem Geschlechtsteil tun, würden Sie auch einen Mangel entdecken.

Der Penis eines Mannes ist ein ganz spezieller Körperteil. Die meisten Frauen denken, dass er für einen Mann ein solch große Bedeutung habe, weil er damit Lust *empfängt*, aber das stimmt nicht. Er ist für die meisten Männer ein besonderer Körperteil, weil sie damit Lust *geben*. Jeder Mann kann mit seinem Penis Lust geben – sei er kurz, lang, dünn oder dick. Kein Problem. Der Grund dafür, dass Männer Unsicherheit wegen der Größe ihres Genitals empfinden, liegt darin, dass sie denken, sie würden ihr Vermögen, eine Frau zu befriedigen, beeinflussen.

Was wir Ihnen nun sagen, ist zweifellos der wichtigste Rat in diesem Buch. *Lassen Sie nie in irgendeiner Art und Weise die Bemerkung fallen, der Penis Ihres Partners sei klein.* Machen Sie keine Witze darüber, deuten Sie es nicht an, schleudern Sie es ihm nicht ins Gesicht, wenn Sie wütend sind, und geben Sie ihm niemals Anlass zu glauben, Sie hätten das jemals gedacht. Absolut nie. Wenn Sie das tun, ist die Beziehung vorbei. Lassen Sie irgendeine Bemerkung über die geringe Größe des Geschlechtsteils Ihres Partners fallen, denkt er, er könne Sie nicht befriedigen, und die Beziehung ist zu Ende. Er wird stets denken, dass er in Ihren Augen einen kleinen Penis habe und sexuell nicht genüge. Er wird es Ihnen ewig übel nehmen. Die Beziehung kann nicht halten.

Auch wenn Ihr Partner ein kleines Genital hat, möchte er nicht unter Vergleichen mit der Größe der Penisse anderer Männer leiden. Ihr Partner hat ein zerbrechliches Selbstwertgefühl. Solange er annimmt, sein kleines Geschlechtsteil sei kein Problem für Sie – und es sollte kein Problem sein, wenn Sie ihn wirklich lieben –, sollte alles in bester Ordnung sein. Konzentrieren Sie nur nicht Ihre Aufmerksamkeit darauf. Vermeiden Sie selbst die entfernteste oder noch so vage Anspielung darauf.

Wir werden noch einen Schritt weiter gehen. Hüten Sie sich gleichfalls davor zu sagen, Ihr Partner hätte einen großen Penis. Wenn Sie sagen, er sei groß, denkt er, Sie lügen (es sei denn, er sei in erigiertem Zustand ungefähr dreißig Zentimeter lang oder länger). Das ist ein Beispiel für unsere Besessenheit von unserem eigenen Genital. Wenn Sie sagen, es sei klein, hassen wir Sie. Wenn Sie sagen, es sei groß, glauben wir Ihnen nicht. Sehen Sie, dass Sie einfach keine Chance haben? Es wird noch schlimmer.

Machen Sie niemals Bemerkungen über den Penis Ihres verflossenen Freundes. Falls Ihr Partner das Thema aus irgendeinem abartigen Grund anschneidet, sagen Sie ihm, Sie hätten vergessen, dass Ihr Exfreund überhaupt einen Penis hatte oder dass Sie sich nur verschwommen daran erinnern würden. Lassen Sie sich nicht in eine Diskussion über Einzelheiten verwickeln. Sie würden keinen Erfolg bei einem solchen Gespräch haben, selbst wenn der Penis Ihres neuen Partners doppelt so groß wäre wie der Ihres Verflossenen. Wenn Sie sich die Chance auf eine langfristige Liebesbeziehung mit Ihrem neuen Partner nicht verderben wollen, lassen Sie sich nicht „ködern". Ihr Freund, Verlobter oder Ehemann wird zu sehr Macho sein, um dies alles restlos zuzugeben, aber er wird froh sein, wenn Sie unsere Ratschläge befolgen. Glauben Sie uns.

Jeder Mann möchte einen langen, großen, dicken Penis. Einige Männer haben ein Genital, von dem andere Männer nur träumen würden, glauben es aber nicht. Das Witzige daran ist: Alle Männer wollen zwei Zentimeter mehr in der Hose haben. Wir sind nicht größenwahnsinnig. Unsere Ansprüche bewegen sich in einem vernünftigen Rahmen. Nur zwei Zentimeter. Wir wissen, wie der Sex mit unserem Penis ist. Er ist gut. Die Frau bewegt sich, stöhnt und sagt uns, wie gut wir sind. Stellen Sie sich vor, wie gut es mit zwei zusätzlichen Zentimetern für sie wäre. Sie würde in Ekstase geraten!

Verstehen Sie uns richtig: Zwei Zentimeter erhöhen nicht unsere Lust, sondern die unserer Freundin. Wir wüssten gern, wie es wäre, sie stärker zu erregen. Wie ein Mann im Bett agiert, hat mehr mit Leistungsdenken zu tun als mit dem Verlangen nach sexueller Befriedigung. Im Bett gut zu sein und das Gefühl zu haben, wir seien großartig, verleiht uns ein Gefühl zusätzlicher Stärke. Wir Männer brauchen Macht, um in einer glücklichen, langfristigen Beziehung zu leben. Machen Sie sich klar, dass diese Art von Stärke, die einer guten sexuellen Leistungsfähigkeit entspringt, nicht im Widerspruch zu Ihren weiblichen sexuellen Bedürfnissen steht. Je mehr wir glauben, Sie zu befriedigen, desto besser fühlen wir uns. Sie sehen, wir sind wirklich schrecklich unsicher!

Sie müssen nicht alle gängigen Frauenzeitschriften lesen, um Ihren Partner und seinen Penis zu verstehen. Ganz egal wie groß das Geschlechtsteil eines Mannes ist, es bereitet ihm immer Kopfzerbrechen. Eventuell macht es nicht jedem Mann Sorgen, aber er macht sich Gedanken darüber. Übrigens handelt es sich in diesem Fall um ein Gebiet, das keineswegs auf beruflich hoch qualifizierte Männer beschränkt ist. Das Thema bewegt beruflich hoch qualifizierte Männer ebenso wie Arbeiter und alle anderen Männer.

Brüste: Ist ihre Größe wichtig für Männer?

Viele Frauen haben uns geschrieben, um uns Fragen und Sorgen über den Umfang ihrer Oberweite vorzulegen und zu erfahren, wie Männer auf die jeweilige Größe ihres Busens reagieren würden. Wollen Männer Frauen mit großen Brüsten? Finden Frauen mit üppiger Oberweite mit größerer Wahrscheinlichkeit den Richtigen als Frauen mit einem kleinen Busen? Weshalb mögen Männer große Busen? Es gibt viele Fragen zum Thema Brüste und wir werden Ihnen darauf antworten.

Was gefällt uns Männern nun – große Brüste oder kleine? Beides! Manche Männer bevorzugen eine bestimmte Busengröße, andere nicht; es kommt auf den jeweiligen Mann an. Wir drei stimmen dahingehend überein, dass die Proportionen sehr wichtig sind – eine Frau sollte Brüste haben, die mit den Proportionen Ihres restlichen Körpers harmonieren.

Und nun die beste Nachricht: Der Busen ist wirklich nicht ausschlaggebend dafür, ob ein Mann eine Frau heiraten möchte. Selbst wenn er ein „Busenfetischist" ist, kann er selbstverständlich eine Frau mit einer kleinen Oberweite heiraten, wenn sie die Richtige ist. Ja, das stimmt wirklich. Wir wissen, Sie denken, einige Männer würden niemals eine Frau mit kleinen Brüsten heiraten, aber das ist nicht der Fall. Wir kennen eine ganze Reihe von „Busenfetischisten", die feste Beziehungen mit Frauen eingingen, deren Brüste unterdurchschnittlich klein waren, und sie heirateten.

Wir sind der Meinung, Frauen machen sich weitaus mehr Gedanken über ihre Brüste als Männer. Wir reden nur über das Thema „Busen", wenn uns ein besonders gut aussehendes oder ungewöhnliches Exemplar begegnet. Wenn eine Frau mit einer großen Oberweite an uns vorübergeht, starren wir sie an oder geben Kommentare über sie ab. Aber damit hat es sich auch schon. Wenn sie um die Ecke biegt, ist sie aus unseren Gedanken verschwunden. Männer betrachten und schätzen weibliche Körper auch dann, wenn sie eine feste Beziehung mit einer Frau haben. Der Busen ist ein sehr auffälliger weiblicher Körperteil. Selbst wenn eine Frau vollständig bekleidet ist, kann jeder die Umrisse ihrer Brüste erkennen. Das veranlasst Männer, sie zu betrachten, und lässt Frauen mit einem kleinen Busen unsicher werden.

Wir Männer sind in einer glücklicheren Lage. Wir nehmen an, Sie sind wahrscheinlich ebenso unsicher wegen ihrer Brüste wie wir wegen unseres Penis sind, aber unser ganz privater Körperteil ist dauernd verdeckt. Ihre Oberweite ist den Blicken ausgesetzt, wodurch sie ein auffälligeres Thema werden, um es einmal so auszudrücken. Wie schrecklich wäre es, wenn wir mit unseren Genitalien für jeden sichtbar herumlaufen müssten und die Frauen uns nach der Größe unserer Genitalien beurteilen würden! Die Männer wären am Boden zerstört. Wir haben in dieser Beziehung großes Mitgefühl mit den Frauen.

Eine Frau mit außergewöhnlich großen Brüsten wird natürlich im Allgemeinen mehr männliche Aufmerksamkeit auf sich ziehen, aber letztendlich unter Umständen nie einen Mann bekommen, der eine anspruchsvolle, gehobene berufliche Laufbahn verfolgt. Beruflich hoch qualifizierte Männer gehören einer besonderen Gattung an. Wir wollen nicht in peinliche Situationen geraten. Ob bei Geschäftsessen, Firmenausflügen oder Partys – wir wollen keinen Pornostar an unserer Seite haben. Das wäre sehr peinlich, und das ist nicht das, wonach wir auf die Dauer gesehen suchen. Und langfristige Beziehungen sind das Thema dieses Buches. Verstehen Sie uns nicht falsch – Frauen mit einem großem Busen sind attraktiv. Wir lieben es, ihn anzusehen. Wir lieben es, ihn zu berühren. Aber manchmal betonen Frauen ihre Brüste und es wirkt ein wenig seltsam. Größer ist nicht notwendigerweise besser. Ein Mann will nicht unbedingt eine Frau heiraten, die einen besonders großen Busen hat. Möglicherweise denkt er sogar, dass ein von der Natur so gut bedachtes Mädchen besser für eine Affäre für eine Nacht geeignet ist als für eine langfristige, feste Beziehung.

Männer beurteilen alle Teile des weiblichen Körpers gleich. Es gibt wirklich keine zusätzlichen speziellen Pluspunkte für eine große Oberweite. Aus vielen Gesprächen mit Frauen haben wir herausgehört, dass Frauen offenbar denken, ihr Partner könne mit einer Frau davonlaufen, die größere Brüste als sie selbst hat. Wir versichern Ihnen, Sie liegen mit dieser Annahme völlig falsch. Ja, der Busen ist ein verführerischer weiblicher Körperteil, aber ein hübsches Gesicht, schönes Haar und ein schönes Hinterteil sind Merkmale, die auf einen Mann ebenfalls sehr anziehend wirken.

Brad beispielsweise war schon immer ein „Pofetischist". Frauen mit großen Brüsten haben ihn nie sonderlich beeindruckt. Sein Motto war stets: „Eine Frau mit einem hübschen Po hat sowohl einen hübschen Bauch als auch hübsche Beine." Sie sehen also – nicht alle Männer sind auf den Busen fixiert. Verstehen Sie uns nicht falsch: Wir wissen, dass viele Männer Frauen mit üppigerer Oberweite mögen, aber diese Männer würden nie eine Frau mit einer gewinnenden Persönlichkeit und einem umwerfenden Gesicht gegen eine weniger interessante und minder attraktive Frau mit größeren Brüsten eintauschen.

Bevor wir das Kapitel Busen abschließen, müssen wir den Punkt der künstlichen Implantate ansprechen. Wir sind alle drei der Meinung, dass gute Implantate einen ebenso guten Eindruck erwecken wie natürliche Brüste. Maßvolle Brustvergrößerungen sind eine feine Sache. Wenn eine Frau das dringende Bedürfnis hat, eine solche Operation durchführen zu lassen, und sich in die Hände eines guten Arztes begibt – warum nicht? Aber wir finden die gigantischen Brüste lachhaft, die sich manche Frauen implantieren lassen. Diese Frauen sind so lange ein spektakulärer Anblick, wie sie ihre Brüste behalten. Frauen, die sich für eine derartige Oberweite entscheiden, sind für einen Mann in gehobener Position ungeeignet. Wie bereits gesagt – wir wollen nicht mit einer Frau, die eine groteske, in ihren Proportionen unausgewogene Peinlichkeit darstellt, gesehen oder in Verbindung gebracht werden.

Denken Sie daran: Brustimplantate werden einen Mann nicht dazu bewegen, eine feste Bindung mit Ihnen einzugehen. Die Größe Ihres Busens hat keine Auswirkungen auf eine langfristige Beziehung. Möglicherweise übt Ihr Brustumfang anfänglich eine anziehende Wirkung auf einen Mann aus, aber Sie können sich sicher sein, dass die Maße Ihrer Oberweite keinen Einfluss darauf ausüben, ob ein Mann eine langfristige Beziehung mit Ihnen eingeht.

Ihre sexuelle Vorgeschichte

Die sexuelle Vorgeschichte einer Frau ist eine vertrackte Angelegenheit. Wir Männer wollen gar nicht wissen, mit wie vielen Männern und mit wem Sie geschlafen haben – zugleich *müssen* wir darüber im Bilde sein. Wir wollen es nicht wissen, weil wir eine ansonsten perfekte Frau, die wir heiraten möchten, unter Umständen von unserer Kandidatinnenliste streichen, weil sie mit zu vielen Männern oder einem einzigen falschen Mann geschlafen hat. Aber wie sollen wir die Person, die wir heiraten, wirklichen kennen, wenn wir nicht wissen, wie und mit wem sie ihr Sexualleben geführt hat?

Unabhängig davon, wie Ihre tatsächlichen Erfahrungen auf diesem Gebiet aussehen – wenn die Anzahl Ihrer Sexualpartner hoch ist, sollten Sie lügen. Wenn Sie mit einem oder mehreren Männern geschlafen haben, von denen Sie denken, Ihr Freund wäre entsetzt, wenn er es erführe, erzählen Sie es ihm nicht.

Sie mögen sich fragen, weshalb dies so wichtig ist. Nun, wir wollen nicht mit einem Flittchen in der Öffentlichkeit auftreten, eine solche Frau unserer Familie vorstellen oder sie heiraten. Harte Worte? Unserer Meinung nach nicht. Männer sichern sich ab, was die Frau betrifft, die sie langfristig zu einem Teil ihres Lebens machen. Die größte Befürchtung unseres Lebens besteht darin, mit unserer neuen Frau zum Abendessen auszugehen und zu erleben, wie drei Männer im Restaurant kichern, weil sie irgendwann in der Vergangenheit mit ihr geschlafen haben. Es kommt nicht darauf an, dass die Frau jetzt mit uns zusammen ist. Das steht nicht zur Debatte. Wir sind sehr empfindlich, was unsere festen Freundinnen und Ehefrauen angeht. Wir zeigen ihnen unsere verletzliche Seite. Wir wollen nicht, dass andere Männer über die Frau, mit der wir eine feste Beziehung haben, Bescheid wissen. Wir möchten unsere ganz intimen Beziehungen abschirmen und darauf vertrauen können, dass das, was sich in diesen Beziehungen abspielt, privat ist und bleibt. Eine enge, intime Beziehung ist die Achillesferse unserer Männlichkeit und wir wollen sie nicht zur Schau stellen.

Formel für die akzeptable Anzahl von Sexualpartnern

Wenn wir Frauen dies sagen, wollen sie gewöhnlich wissen, wie viele Sexualpartner zu viel sind. Als Antwort auf diese Frage haben wir eine Formel entwickelt, die sich für alle Frauen jeder Altersstufe eignet. Sie sieht folgendermaßen aus:

Nehmen Sie die Anzahl ihrer Lebensjahre über sechzehn und multiplizieren Sie diese mit zwölf. Und nun teilen Sie diese Zahl durch 21. Runden Sie auf oder ab – und Sie haben das Ergebnis. Dies ist die für Ihr Alter akzeptable Zahl von Sexualpartnern. Aber die Sache hat einen Haken. Überschreitet Ihr Ergebnis zehn, dann reduzieren Sie die Zahl der Männer, mit denen Sie geschlafen haben, auf zehn. Sie haben uns richtig verstanden: *Lügen Sie*. Sie müssen lügen. Kein Mann schätzt den Gedanken, dass seine Frau mit einem anderen Mann schläft, geschweige denn, mit zehn anderen Männern. Diese Formel bedeutet also nicht, dass Sie das Anrecht haben, mit zehn Männern zu schlafen, und sich aufmachen sollen, um von diesem Anspruch Gebrauch zu machen, als hätten Sie eine Quote zu erfüllen.

Die „Prostituierten-Formel“

Wir haben noch eine andere Formel, die so genannte „Prostituierten-Formel“. Wenn die Zahl Ihrer Lebensjahre mit der Anzahl Ihrer Sexualpartner übereinstimmt oder sogar niedriger ist, dann sind Sie in den Augen eines Mannes schon ein ziemlich „leichtes Mädchen“. In diesen Formeln sind auch sexuelle Beziehungen in den Ferien oder während der Schulzeit eingeschlossen; Orgien zählen *nicht* als ein einziger sexueller Kontakt (Sie müssen jeden anwesenden Mann mitzählen). Fangen Sie an zu rechnen!

Wir sind der Meinung, dass manche Dinge besser unausgesprochen bleiben, aber es lässt sich nicht umgehen, dass wir Männer über Ihre Vergangenheit Bescheid wissen möchten. Wenn wir eine feste Beziehung zu Ihnen aufbauen, werden wir Sie danach fragen. Seien Sie darauf gefasst. Wenn Sie nur mit einigen wenigen Männern geschlafen haben, prüfen Sie die für Ihr Alter akzeptable Anzahl von Sexualpartnern, um zu sehen, ob sie der Zahl Ihrer Lebensjahre entspricht oder darunter liegt. Ist dies der Fall, erzählen Sie Ihrem Freund die Wahrheit, wenn er danach fragt. Ist die Zahl Ihrer Sexualpartner hoch – egal ob sie knapp über der akzeptablen Anzahl liegt oder sich der Prostituierten-Definition annähert –, sollten Sie unserer Meinung nach unbedingt lügen. Wir kommen mit der Wahrheit nicht zurecht. Eine zu große Zahl zwingt uns dazu, die Beziehung mit Ihnen zu beenden. Unser Selbstwertgefühl erlaubt uns nicht, den Rest unseres Lebens daran zu denken, dass wir denselben Weg wie alle Männer vorher gegangen sind. Wir wissen, dass wir gesagt haben, Ehrlichkeit sei die beste Taktik, aber meine Damen – hier müssen Sie eine Grenze ziehen.

Es gibt noch ein letztes Hindernis, wenn es um Aufrichtigkeit geht. *Sie dürfen auf keinen Fall über irgendwelche Einzelheiten Ihrer intimen Beziehungen mit früheren Partnern sprechen.* Sie denken vielleicht, dass sich dieser Rat von selbst versteht, aber das ist nicht der Fall. Sie wären überrascht, was Frauen sagen und wie empfindlich wir Männer sind. Stellen Sie sich beispielsweise vor, Sie wären die Freundin von Chris und würden sich streiten, weil Sie vor dem Beginn Ihrer Beziehung mit Chris mit einem Mann geschlafen haben, den Chris kennt. Im Laufe der Auseinandersetzung erwähnen Sie, Sie hätten „nur ein paar Mal mit ihm geschlafen“. *Oh, Himmel,* wie verletzend ist das! Sie treiben damit den Streit auf die Spitze. Frauen mögen vielleicht sagen, das sei nur ein „kleines Detail“. Wir haben nicht nach Einzelheiten gefragt. Wir wollen keine derartigen Details hören – nie. Die männliche Psyche reagiert unglaublich empfindlich auf solche sexuellen Einzelheiten – derartige sexuelle Details bleiben uns wie Kletten im Gedächtnis haften. Ein kleiner Kommentar über einen intimen Akt mit einem anderen Mann formt und festigt das Bild, das wir nicht in unserem Gedächtnis haben wollen – die Vorstellung, wie Sie mit einem anderen Mann beziehungsweise mehreren anderen Männern zusammen sind. Je deutlicher dieses Bild wird, desto geringer wird die Chance, dass ein Mann Sie heiraten wird.

Rich ging einmal mit einer Frau aus, die es für passend hielt, von einem Bootsausflug zu erzählen, den sie und eine Gruppe Männer zusammen unternahmen. Man geriet in eine bacchantische Stimmung auf dem Boot und die Frau befand sich im Mittelpunkt der Aufmerksamkeit, um es so zu formulieren. Das war, wie sie es ausdrückte, ihre stürmischste sexuelle Erfahrung. Sie ging nicht weiter ins Detail, aber diese Skizze genügte Rich, um die Frau in seine Liste für „Mädchen für den Augenblick" einzuordnen und sie niemals auf seine Liste für potenzielle Ehefrauen zu setzen. Wenn diese Frau jemals heiraten möchte, täte sie gut daran, diese Geschichte künftig für sich zu behalten.

Frauen bringen sich ab und an offenbar von Anfang an in Schwierigkeiten. Unserer Erfahrung nach werden Frauen während ihres dritten oder vierten Rendezvous etwas offener in ihren Gesprächen mit einem Mann, und bisweilen sind sie der Ansicht, sie könnten ruhig über vergangene sexuelle Erfahrungen sprechen. Sie beide kennen sich. Sie fühlen sich wohl miteinander. Sie denken sich: „Was solls?" Unter Umständen erzählen Sie einem potenziellen Heiratskandidaten, Sie hätten einmal eine Beziehung mit einem Mann gehabt, dessen Penis so groß gewesen sei, dass es schmerzte, sexuell mit ihm zu verkehren. Dieser Mann kann Sie nicht heiraten, weil Sie ihm diese Geschichte erzählt haben. Wir fangen erst gar nicht damit an zu beschreiben, was sich im Kopf dieses Mannes abspielt. Es ist wirklich leicht für Sie, sich Ihre Chancen auf eine Heirat mit Ihrem beruflich hoch qualifizierten Traummann zu zerstören. Seien Sie vorsichtig. Behalten Sie Ihre gewagten Geschichten für sich.

Denken Sie daran, Sie wollen heiraten. Sie müssen vorausdenken. Was Sie heute tun und sagen, kann und wird sich später auf Sie auswirken. Sie können nie wissen, welcher Mann der Richtige sein wird. Also sagen Sie nichts, was ein Mann nie aus seinem Gedächtnis streichen können wird. Stellen Sie sich bei Ihren Rendezvous die Zukunft vor. Es mag sich im Augenblick dumm anhören, aber eine falsche

Anekdote kann Ihre Chancen auf eine langfristige Beziehung und die Ehe herabsetzen oder sie völlig zunichte machen. Seien Sie umsichtig – Sie wissen nicht, welcher Mann der Richtige für Sie sein wird.

7

Der erste große Schritt: Vom gelegentlichen Ausgehen zur Monogamie

Es ist nun an der Zeit, die besonderen Gedanken zu enthüllen, die einem Mann durch den Kopf gehen, wenn er eine feste Beziehung zu Ihnen eingehen möchte. Für einen Mann gibt es zwei Ebenen der festen Beziehung zu einer Frau: das Eingehen einer monogamen Beziehung und die Verlobung. In diesem Kapitel beschäftigen wir uns mit der Beziehung eines Mannes zu Ihnen als seiner festen Freundin. Im zehnten Kapitel werden wir auf den Schritt zur nächsten Ebene – die Verlobung – eingehen. Einen Mann dazu zu bringen, sich zur Monogamie zu verpflichten, ist eine beachtliche Leistung. Sobald Sie wissen, auf welche Art und Weise Ihr Partner diesen ersten Schritt in Richtung auf eine wirklich feste Beziehung angeht, haben Sie eine wesentlich bessere Chance, ihn dazu zu bringen, diesen Schritt mit Ihnen zu unternehmen.

Was versteht man unter einer festen Beziehung, und weshalb fürchten sich Männer so sehr davor?

Dieser Begriff kann viele unterschiedliche Bedeutungen haben, wenn es um die dauerhafte Beziehung mit einer Frau geht. Es kann sich um eine gemeinsame, angestrengte Bemühung handeln, mit einer Frau „sesshaft“ zu werden ... im Bett.

Dieser Zustand tritt für gewöhnlich während der Zeit der Rendezvous ein. Wenn Beziehungen sich weiterentwickeln und reifen, betrachten wir eine feste Beziehung gern als eine Evolution oder einen Entwicklungsprozess. Eine feste Bindung ist nichts, woran Männer erinnert werden wollen, noch möchten sie zugeben, wenn sie tatsächlich in einer festen Beziehung leben. Für einen Mann ist das Eingehen einer festen Bindung wie der Gang durch ein Labyrinth mit verbundenen Augen. Er fühlt instinktiv, dass das, was er tut, richtig ist, weil es sich so angenehm anfühlt. Er fürchtet sich nicht davor, auf die andere Seite zu gelangen, und in seinem tiefsten Inneren will er dorthin gehen. Er genießt das neuartige Gefühl, sich in einem Zustand zu befinden, in dem er sich noch nie zuvor befunden hat, und er gewinnt intensive Befriedigung aus seinen richtigen Schritten, und zwar im Wesentlichen durch seinen Instinkt und dadurch, dass er sich dem Fluss der Dinge überlässt. Der Wandel vom ungebundenen Junggesellen, der eine Beziehung nach der nächsten hat, zu einem Mann, der eine lebenslange Bindung ins Auge fasst, erfolgt in einem allmählichen, kalkulierten Prozess. Ein Mann, der den Schritt hin zu einer festen Bindung ins Auge fasst, trifft seine Entscheidungen sorgfältig und vorsichtig über einen langen Zeitraum hinweg. Wenn ein Mann für jeden Schritt, den er in Richtung auf eine monogame Beziehung hin unternimmt, von seiner Freundin positive Unterstützung oder Befriedigung empfängt, wird er sich im Hinblick auf die Entscheidung, den Schritt zur nächsten Ebene der Beziehung zu tun, zunehmend wohler fühlen.

Männer wollen nicht das Gefühl haben, einen anstrengenden Prozess zu durchlaufen, der harte Arbeit erfordert. Sie wollen nicht an die Stolpersteine erinnert werden auf dem Weg zur anderen Seite des „Labyrinths“. Der Gedanke an die Möglichkeit, von der Frau, die sie lieben, zurückgewiesen zu werden, erweckt in ihnen ein Gefühl großer Verletzbarkeit. Sie ziehen es vor, lieber nicht daran zu denken; sie wollen lieber die „Augenbinde“ aufbehalten.

Aus ihrer Erfahrung wissen Männer, dass Frauen in der Regel gern über den Fortschritt der Beziehung sprechen und sie in Richtung auf die Ehe vorantreiben möchten. Sie wollen ihren Partnern die „Augenbinde“ von den Augen reißen, indem sie mit ihnen über „uns“, „die Beziehung“ oder – was noch schlimmer ist – „den zeitlichen Rahmen“ reden. Anstatt die Beziehung fortschreiten zu lassen, können derartige Gespräche zu einem Rückschlag oder einer Beendigung der Partnerschaft führen. Tatsache ist, je mehr Männer daran erinnert werden, dass sie in einer festen Beziehung leben, umso leichter fällt es ihnen, aus dieser auszusteigen. Wenn Männer „das Gespräch“ führen, zu dem ihre Freundinnen sie zwingen, kommen die Befürchtungen der Männer – nie wieder die Möglichkeit zu haben, den mit einer neuen Bekanntschaft verbundenen Genuss zu empfinden oder nie wieder zum ersten Mal mit einer anderen Frau zusammen zu sein – an die Oberfläche.

Dies mag sich womöglich unreif anhören. Wir wissen, dies ist vielleicht nicht das, was Sie hören wollen. Aber es ist wahr. Mit vielen Frauen zusammen zu sein, gibt einem Mann ein positives Selbstwertgefühl. Es verleiht seinem Ego gewaltigen Auftrieb. Das Gefühl, dass diese spezielle Form von Auftrieb für das Ego für immer verschwinden könnte, löst in einem Mann wirkliche Angst aus. Er verfällt in Panik und vergisst, wie sehr er die Frau vor sich oder am anderen Ende der Telefonleitung liebt. Er hat das Gefühl, sich selbst nicht mehr unter Kontrolle zu haben. In dem Versuch, zu diesem angenehmen Zustand zurückzukehren, in dem er sich selbst unter Kontrolle hatte und sich außer Gefahr befand, bricht er das Gespräch oder sogar die Beziehung vorzeitig ab. Sein stärkster Impuls ist der, zum nächsten Ausgang zu stürzen und so schnell wie möglich aus dem „Labyrinth“ herauszukommen.

Seine Verpflichtung zur festen Beziehung

Wenn eine Beziehung im Laufe des ersten Jahres Fortschritte macht und ein Mann das Gefühl hat, dass die Frau, mit der er zusammen ist, in die Kategorie der potenziellen Ehefrauen gehört, wird er den Schritt hin zur festen Beziehung unternehmen. Dies ist keine bewusste Entscheidung – er wacht nicht einfach eines Tages auf und sagt sich: „Okay. Schluss jetzt, keine fremden Frauen mehr. Wirf das Notizbuch mit den Frauenbekanntschaften und die CDs von Barry White weg und nimm den Spiegel von der Wand. Keine Rendezvous mit anderen Frauen mehr.“ Für einen Mann ist die Entscheidung zur Monogamie eher ein bestimmter Bewusstseinszustand. Er denkt sich: „Diese Frau macht mich unglaublich glücklich und ich merke, wie ich mich in sie verliebe. Ich brauche mich nicht anderswo nach anderen Frauen umzusehen. Ich habe es nicht nötig, mein zerbrechliches Ego zu befriedigen und mit vielen Frauen zu schlafen, um mich selbst gut zu fühlen. Meine Freundin gibt mir alles, was ich brauche, und deshalb werde ich mich nicht anderweitig umschauen oder mit anderen Frauen zusammen sein.“

Vielleicht fragen Sie sich, wie lange es in der Regel dauern sollte, bis sich Ihr Partner zur Monogamie entschließt. Wir denken, Sie sollten sich nach einer maximal dreijährigen Beziehung verloben. Das bedeutet etwa zwei Jahre gelegentliche Treffen und ein Jahr des Zusammenlebens. Unserer Ansicht nach sollte ein Mann nach einer Frist von etwa einem Jahr eine monogame Beziehung ernsthaft in Betracht ziehen. Das ist ein allgemeiner zeitlicher Rahmen. Wir wollen Ihnen nicht dazu raten, irgendetwas zu überstürzen – wir wollen aber auch nicht, dass Sie hingehalten werden und ewig warten. Bei jedem Paar entwickelt sich die Beziehung in ihrem eigenen Tempo; einige Partner werden schneller miteinander vertraut, bei anderen dauert es etwas länger.

Lassen Sie es zu, dass sich Ihre Beziehung ganz von selbst entwickelt und entfaltet. Egal was Sie tun – zwingen Sie Ihren Partner nicht, schneller voranzugehen, als er bereit ist, indem Sie ihn fragen, in welche Richtung die Beziehung sich entwickelte, wann Sie sich verloben oder heiraten würden. Wie wir Ihnen bereits gesagt haben, kann dies verheerend für eine Beziehung sein, die auf ihrem Weg zur Verlobung und zur Ehe eigentlich gute Fortschritte macht. Das ist eine entscheidende Phase der Beziehung. Sie müssen wissen, wie Sie den Richtigen „hegen und pflegen“.

Wenn Sie eine Zeit lang mit einem Mann gegangen sind und das Gefühl haben, angeschmiert zu werden, obgleich Sie die Ratschläge in diesem Buch befolgt haben, könnten Sie wirklich angeschmiert sein. Ist das der Fall, vergeuden Sie Ihre Zeit nicht damit, den Mann, mit dem Sie zusammen sind, dazu zu zwingen, eine ernsthafte Beziehung oder feste Bindung mit Ihnen einzugehen. Diese Taktik wird nur Ihre und seine Qual verlängern. Beenden Sie die Beziehung.

Wir wollen Ihnen hier kein Gefühl falscher Sicherheit vermitteln. An diesem Punkt der Beziehung ist Ihnen der Ring noch nicht garantiert. Wahrscheinlich sagt Ihr Partner Ihnen, er liebe Sie und ist eine monogame Beziehung mit Ihnen eingegangen, aber es ist eine sehr heikle Phase, in der zahlreiche viel versprechende Beziehungen zerbrechen. Es gibt viele Gründe für eine Trennung zu diesem Zeitpunkt; einige liegen beim Mann, andere bei der Frau, wieder andere sind niemandes Schuld, sondern ganz einfach eine Frage der Umstände. Wir können Ihnen garantieren, dass ein Mann diesen stufenweisen Prozess durchlaufen und zunächst eine monogame Beziehung eingehen muss, bevor ihm wohl beim Schritt zur nächsten Ebene der Beziehung ist.

Woran merken Sie, ob ein Mann die Stufe der „Verpflichtung zur festen Beziehung" erreicht hat? Können Sie ihn fragen? Wird er es Ihnen sagen? Gibt es irgendwelche Anzeichen dafür, die Ihnen verraten, dass er Ihnen – und nur Ihnen allein – gehört? Wie Sie wissen, befürworten wir die offene und aufrichtige Kommunikation. Sie ist sogar ganz wesentlich. Doch wir sind der Ansicht, dass es einen feinen Unterschied zwischen offener Kommunikation (einschließlich Ihres Rechts zu wissen, welchen Platz Sie in der Beziehung einnehmen und in welche Richtung sich die Partnerschaft entwickelt) und dem Anschneiden von Themen gibt, über die Männer nicht gern sprechen. Die Signale, die Männer in einer Beziehung aussenden, sind die Schlüsselindikatoren für die Gefühle, die sie ihrer Partnerin entgegenbringen, und für die Richtung, in welche die Beziehung sich entwickelt. Wollen Sie beurteilen, inwieweit sich Ihr Partner an Sie gebunden und der Beziehung verpflichtet fühlt, müssen Sie

Ihr Augenmerk auf seine Handlungsweise richten. Sie haben das wahrscheinlich bereits gehört – von Ihrem Freund. Aber werden Sie jetzt noch nicht ärgerlich. Wir werden Sie nicht einfach so mit diesem Kommentar sitzen lassen, wie Ihr Partner das wahrscheinlich tut.

Rich ist ein gutes Beispiel für einen Mann, der Marla während der drei ersten Jahre ihrer Beziehung Anzeichen dafür lieferte, dass er sich an sie gebunden fühlte. Rich hatte sich zum Ziel gesetzt, Arzt zu werden, und war dadurch sehr eingespannt. Aber er war auf der Suche nach der Traumfrau, und als er Marla kennen lernte, wusste er, dass sie die besondere Frau mit dem Potenzial zur Ehefrau in seinem Leben war, die er zu finden gehofft hatte. Er betete darum, sie würde die Geduld besitzen, so lange mit ihm zusammenzubleiben, bis er sein Praktikum als Assistenzarzt abgeschlossen und seine erste Stelle angetreten hätte. Er führte sie schon zu einem frühen Zeitpunkt ihrer Beziehung zu teuren Abendessen aus und plante besondere Wochenendausflüge, wann immer er in seinem Terminplan dafür Platz fand. Das erste Jahr ihrer Beziehung ging zu Ende und Rich wusste, Marla wäre sehr gern bei ihm eingezogen, aber er hatte nicht das Gefühl, dass sie das tun sollte, bevor er sich nicht mehr an sein Tätigkeitsfeld im Krankenhaus gewöhnt hatte. Aber Rich tat etwas, was nur ein Mann tun würde, der sich an eine Frau gebunden fühlt – er half ihr bei ihren Bemühungen, ihre beruflichen Ziele zu erreichen. Er holte sie im Zentrum von Philadelphia ab und fuhr sie zu ihren Abendkursen in Villanova, wo sie sich auf ihren Abschluss in Betriebswirtschaftslehre vorbereitete, damit sie nicht auf den Bus warten musste. Wenn Marla lernen musste, brachte Rich Abendessen aus ihrem chinesischen Lieblingsrestaurant oder kochte selbst für sie. Wollte sie samstags einkaufen gehen, kam Rich direkt von seiner Schicht nach Hause und fuhr sie zum Einkaufszentrum. An Tagen, an denen ihnen ihre Terminkalender keine Zeit ließen, sich zu treffen, rief Rich Marla häufig an, um ihr zu sagen, dass er sie liebte, und schickte ihr Pralinen und Blumen, um ihr zu zeigen, dass er an sie dachte.

Kurz gesagt, Rich nahm sich inmitten seines geschäftigen Lebens immer Zeit, um für Marla da zu sein, wenn sie ihn brauchte. Er führte sie nicht nur aus und kaufte ihr Geschenke, sondern verbrachte einen großen Teil seiner kostbaren Freizeit damit, ihr im Haushalt, beim Kochen oder beim Studium zu helfen. Kein viel beschäftigter Mann würde solche Dinge für eine Frau tun, wenn er kein ernsthaftes Interesse an seiner Partnerin hätte. Ein Mann führt ein „Mädchen für den Augenblick" vielleicht zu einem preiswerten Abendessen aus und bringt ihr Blumen mit, aber Sie werden nie erleben, dass er ihre Wäsche zur Reinigung mitnimmt, mit ihr einkaufen geht, ihren undichten Wasserhahn repariert oder sie nach einer Geschäftsreise vom Flughafen abholt.

Unsere weiblichen Bekannten erzählen uns häufig, sie seien nicht imstande, die Signale der Männer zu interpretieren, und fühlten sich frustriert, wenn sie versuchten, deren Absichten zu deuten. Weil sie im Dunkeln tappen, wenn es darum geht, was wirklich in ihren Beziehungen vor sich geht, bitten sie uns zu interpretieren, was ihre Partner denken und fühlen und beschreiben uns deren Verhalten. Im Folgenden finden Sie einige Hinweise, die Ihnen helfen werden, das Verhaltens Ihres Partners zu deuten – und die hinter diesen Verhaltensweisen steckenden Gründe zu erkennen. Das Untenstehende mag sich so anhören, als müsse das alles jedem Menschen mit gesundem Menschenverstand klar sein, aber wir sind überzeugt, dass diese Art gesunden Menschenverstands nicht oft eingesetzt wird. Sie können sich Ihr eigenes Urteil darüber bilden.

Alles ist so lange wunderbar, bis ...

Denken Sie an den Beginn Ihrer Beziehung. Wahrscheinlich haben Sie sich ein oder zwei Mal wöchentlich mit Ihrem Traummann getroffen. Nach mehreren Monaten lud er Sie zur besten Sendezeit zu einem Rendezvous ein – an einem Freitag- oder Samstagabend. Als sie anfingen, sich an Wochenenden zu treffen, wussten Sie ebenso wie er, dass Ihre Beziehung ernster wurde. Bis zu diesem Zeitpunkt hatte er sich alle Möglichkeiten offen gehalten und sich an den Wochenenden mit anderen Frauen getroffen. Dies ist das Verhaltensmuster, dem ein Mann folgt, der sich langsam auf eine Beziehung mit einer Frau festlegt, die für ihn das Potenzial zur Ehefrau besitzt. Selbst wenn er vom ersten Tag an weiß, Sie könnten die Auserwählte für ihn sein, lässt sich ein Mann in der Regel nicht überstürzt auf eine Partnerschaft, speziell nicht eine monogame Beziehung, ein.

Männer verabreden sich zu Beginn gelegentlich zu Rendezvous und gestalten die Beziehung allmählich ernsthafter. Bei der Entwicklung Ihrer eigenen Partnerschaft haben Sie wahrscheinlich festgestellt, dass Sie und Ihr Freund zunehmend mehr Zeit miteinander verbrachten. Sie wissen schon – jene romantischen Samstagabende bei einem schönen Abendessen bei Kerzenschein und gedämpfter Beleuchtung in einem gemütlichen Restaurant. Er bestellte eine gute Flasche Ihres Lieblingsweins. Sie verbrachten den ganzen Abend damit, sich in die Augen zu sehen und darüber zu sprechen, wie glücklich Sie miteinander seien und wie sehr Sie sich auf Ihren kommenden gemeinsamen Urlaub freuten. Der Abend schritt fort und Sie gingen zurück in seine Wohnung, wo Sie regelmäßig die Nacht zusammen verbrachten. Was passierte dann? Großartiger, leidenschaftlicher Sex natürlich. Sie schliefen ein, aneinander geschmiegt in der „Löffelposition“. Eventuell hatten Sie am Morgen wieder wunderbaren Sex, trotz des schlechten Atems. Schließlich gingen Sie beide auf einen Happen aus und verbrachten dann den ganzen Sonntag miteinander, in trauter Zweisamkeit. In dieser Phase Ihrer Partnerschaft haben Sie sehr wahrscheinlich die Familie des anderen kennen gelernt und unter Umständen sogar über Ihre gemeinsame Zukunft gesprochen.

Welches Bild haben wir hier gezeichnet? Das Bild einer festen, monogamen, funktionierenden Beziehung, nicht wahr? Trotzdem sind Frauen häufig total verblüfft, was folgt. Der Berufsalltag beginnt und der Mann geht völlig in seiner Arbeit auf. Er ist nicht mehr in der Lage, Ihnen seine ganze Aufmerksamkeit zu widmen, wie er das am Wochenende konnte. Am Montag und Dienstag ist er im Büro voll eingespannt und kommt nicht vor elf Uhr abends von der Arbeit nach Hause. Er hat kaum Zeit zum Denken und hat Sie, seine Freundin, nicht angerufen. Er nimmt den Telefonhörer nicht vor Donnerstag in die Hand, um Sie anzurufen, aber als er es tut, freut er sich, mit Ihnen zu sprechen und Sie bald wiederzusehen. In diesen zweieinhalb Tagen sind Sie sehr unsicher geworden. Sie *müssen* ihn einfach fragen: „In welche Richtung entwickelt sich diese Beziehung?" Denken Sie zurück – wir wissen, dass Sie das wahrscheinlich bereits getan haben; Sie können es ruhig zugeben.

Aus den Tausenden von E-Mails und Briefen zu urteilen, die wir von Frauen bekommen haben, die sich in genau dieser Situation befanden, ist dieser Ablauf der Ereignisse nur allzu weit verbreitet. Was Frauen nicht sehen, ist, dass es überhaupt kein Problem gibt – soweit es den Mann betrifft. Der Mann fühlt sich gut in der ernsthaften, festen, monogamen Beziehung, in der er lebt, und bringt seine Gefühle durch sein Verhalten und die Zeit, die er mit seiner Freundin am Wochenende verbringt, zum Ausdruck. Am Montag möchte er vielleicht mit seiner Partnerin zusammen sein oder mit ihr reden, aber die Arbeit nimmt seine gesamte Zeit und Aufmerksamkeit in Anspruch. Er ruft seine Freundin an, sobald er kann, und das ist am Donnerstag.

Weil sie sich nicht im Klaren über die Gefühle Ihres Freundes ist, hat sie kein Vertrauen in die Partnerschaft. Sie ist beunruhigt und macht sich Sorgen. Wenn er anruft, ist sie in der Regel gereizt und verunsichert. Sie verspürt den unwiderstehlichen Drang, ihm die drei Fragen zu stellen, die er am meisten fürchtet: „Was stimmt nicht?", „Können wir über die Beziehung sprechen?" und „In welche Richtung entwickelt sich unsere Partnerschaft?"

Dies ist außerordentlich frustrierend für einen Mann. Für seine Begriffe funktioniert alles bestens. Seiner Ansicht nach fühlen er und seine Freundin sich im Wesentlichen so wohl, dass sich ihre Beziehung ganz von allein entwickelt. Natürlich weiß er, er lebt in einer festen, monogamen Partnerschaft, aber er hat sich nie mit dieser Tatsache auseinander setzen oder sie laut aussprechen müssen – es hat sich ganz einfach so entwickelt. Er hat sich entspannt und genießt die Beziehung. In unserem Szenario hat die Frau den Mann aus seinem behaglichen Zustand herausgezerrt, indem sie ihre Partnerschaft zum Thema einer besorgten, ernsten Diskussion machte.

Wir können verstehen, dass eine Frau unsicher werden kann, weil sie von ihrem Partner nicht das bekommt, was sie will – die permanente Versicherung, er fühle sich fest an sie gebunden. Aus unserer Perspektive sieht es so aus, als würde sie ihn ganz einfach nicht verstehen. Sie ist nicht in der Lage, die Signale zu entschlüsseln, die er sendet. Könnte sie es, würde sie sehen, dass nicht nur alles wunderbar läuft, sondern dass sich ihr Freund sogar auf dem Weg zur nächsten Stufe der Beziehung – der Verlobung – befindet.

Aber das kann sich sehr schnell ändern. Durch eine einzige Frage vonseiten seiner Freundin wird der Mann daran erinnert, dass er ja tatsächlich in einer festen, monogamen Beziehung lebt. Das wirkt, als würde eine Bombe direkt vor seinen Augen explodieren. Dann wird ihm bewusst, er müsste eigentlich über den Status der Partnerschaft reden. Er gerät in Panik und geht in die Defensive. Sofort bekommt er das Gefühl er mache etwas falsch oder tue nicht genügend, um seine Freundin glücklich zu machen. Es stellt sich bei ihm die Empfindung ein, er werde seine Partnerin nicht glücklich machen. Dann gelangt er zu der Frage, von der Sie nie wollen, dass er sie sich stellt: „Weshalb binde ich mich an diese unzufriedene Frau, die mir ein schlechtes Gefühl gibt, und wie konnte ich eine Ehe mit ihr nur in Betracht ziehen?“.

Diese ungeheure Lawine negativer Gedanken entsteht innerhalb von Sekunden. Es ist erschreckend, aber wahr. Es könnte die Erklärung für die Änderung des Tones Ihres Partners sein, wenn Sie Fragen in Bezug auf die Beziehung anschneiden. Es ist nicht unsere Absicht, Ihnen damit Angst einzujagen; wir sagen Ihnen nur die Wahrheit darüber, was sich im Kopf eines Mannes abspielt, wenn man ihn zu einer Diskussion über eine feste Beziehung zwingt.

Eine wirkungsvolle Strategie

„Was funktioniert denn dann?“, mögen Sie vielleicht fragen. Lassen Sie uns Brad als Beispiel nehmen. Die Beziehung zu seiner Frau begann mit gelegentlichen Treffen, so wie die meisten Beziehungen. Mit ihrem guten Aussehen, ihrer Intelligenz, ihrem Charme und ihrem Verständnis fand Cheryl gleich von Anfang an einen Platz in Brads Liste für potenzielle Ehefrauen. Im Laufe der Beziehung merkten Brad und Cheryl, dass sie zunehmend mehr Zeit miteinander verbrachten. Bald waren sie die meisten Wochenenden tagsüber und nachts zusammen. Die Beziehung wurde im Laufe des Sommers immer ernster – in der Regel eine Zeit, in der Brad viele Frauen kennen lernte und mit ihnen Beziehungen anknüpfte. Cheryl begann eine zentrale Rolle in Brads Leben zu spielen. Brad fand in Cheryl das gewisse Etwas, was ihm so schwer gefallen war zu definieren, und sie wusste zudem, wie sie den Auserwählten „hegen und pflegen“ musste.

Die Sommermonate vergingen und Brad setzte seine Beziehung mit Cheryl fort. Sie gelangten ganz allmählich zu einer weiter fortgeschrittenen Stufe, der „Stufe der festen Beziehung“, ohne dass Brad auffiel, was geschah. Der Umstand, dass sich Brad nicht von der Bikinisaison verführen ließ, ist Beweis dafür, dass es so etwas wie einen „richtigen Zeitpunkt“ für das Funktionieren einer Partnerschaft wirklich nicht gibt. Wenn die richtige Frau ins Leben eines Mannes tritt, ist er bereit. Jede Frau kann die Chancen maximieren, indem sie lernt zu verstehen, wie man die Entfaltung einer Partnerschaft fördert.

Glücklicherweise wusste Cheryl dies. Sie setzte Brad nicht mit Fragen nach der Richtung, in der sich die Partnerschaft entwickelte, unter Druck. Sie erwähnte das Wort „feste Beziehung“ nicht. Sie genoss einfach nur Brads Gesellschaft und das zunehmende Quantum an Zeit, die sie und Brad miteinander verbrachten. Eines Tages wurde Brad bewusst, dass er in einer festen, monogamen Beziehung lebte, die sich im Laufe der Zeit entwickelt hatte. Er hatte nie eine bewusste Entscheidung für eine feste Partnerschaft gefällt oder das

Thema „Monogamie“ mit Cheryl diskutiert. Er wurde ganz einfach zu einem „Mann in festen Händen“. Cheryl konnte Brads Verhaltensweisen deuten und begreifen, dass er monogam war.

Genauso wünschen Männer es sich. Ein Mann will keine Beziehungsgespräche, keine Erinnerungen daran, dass er mit keiner anderen Frau zusammen sein kann, keinen Druck. Eines Tages wird ihm bewusst, er verbringt seine gesamte Zeit mit einer schönen Frau, die ihm ein gutes Gefühl gibt, und es ist eine Weile her, dass er sich mit anderen Frauen getroffen hat. Er denkt, er könnte sehr glücklich sein, wenn er den Rest seiner Tage genauso verbringen würde – mit ihr. Wenn Sie ihn später fragen, was geschehen ist, wird er wahrscheinlich sagen, er hätte einfach gemerkt, dass er in einer festen Beziehung mit Ihnen lebte. Er hat es nicht so geplant – es ist ganz einfach so geschehen.

Wenn Sie möchten, dass Ihr Partner dauerhaft glücklich ist und Sie ihn in Richtung auf eine feste Bindung lenken wollen, nehmen Sie sich Cheryl zum Vorbild. Maximieren Sie Ihre Chancen bei einem Mann, der in einem anspruchsvollen Beruf tätig ist, folgendermaßen:

- Drängen Sie ihn nicht. Entspannen Sie sich und genießen Sie die Beziehung. Lassen Sie sich während des ersten Jahres der Partnerschaft Zeit, sich gegenseitig kennen zu lernen.
- Reden Sie nicht bei jeder Gelegenheit über die Beziehung. Versuchen Sie, stattdessen ein Gespür für seine Verhaltensweisen zu entwickeln, und vertrauen Sie darauf, dass er Ihnen seine Gefühle dadurch zeigt, indem er mehr Zeit mit Ihnen verbringt.
- Erwähnen Sie während des ersten Jahres der Beziehung nie das Wort „Heirat“.

8

Wie Sie den Richtigen dazu bringen, Ihnen einen Heiratsantrag zu machen

Männer und feste Beziehungen. Diese zwei Worte haben Millionen von Frauen über Tausende von Jahren hinweg frustriert. Unsere weiblichen Bekannten haben uns erzählt, die Ansichten der Männer über feste Beziehungen würden sie permanent verwirren. „Weshalb fürchten sich alle Männer vor einer festen Bindung?“, fragen sich viele Frauen, die noch auf der Suche nach der richtigen Partnerschaft sind. Sobald Frauen in einer Beziehung leben, fragen sie häufig: „Weshalb geht mein Partner keine feste Bindung mit mir ein?“ Oder: „Wird mein Partner jemals eine feste Bindung zu mir eingehen?“ Haben sich die Männer immer noch nicht für eine feste Beziehung entschieden, nehmen die Frauen eine aktivere Haltung ein und fragen: „Wie kann ich ihn dazu bringen, eine feste Bindung einzugehen?“ Bedauerlicherweise scheitert die Beziehung, wenn eine Frau versucht, einen Mann dazu zu bringen, das Verhältnis zu festigen, und sie steht wiederum vor der Frage: „Weshalb fürchten sich alle Männer vor einer festen Bindung?“ In vielen Fällen entsteht daraus ein nicht endender Teufelskreis des „Sich-nicht-Festlegens“.

Wir fühlen mit den Frauen, wenn wir die wohlbekannte Geschichte hören, wie wunderbar die Beziehung funktioniert ... außer, dass es keinen Verlobungsring oder auch nur ein Gespräch über Verlobung gibt. In diesem Kapitel werden wir die Fragen beantworten, die im Rahmen dieses Teufelskreises des „Sich-nicht-Festlegens“ auftauchen. Wir werden darauf zu sprechen kommen, weshalb es länger dauert, bis Männer eine feste Bindung eingehen, als das Frauen lieb ist. Wir werden Ihnen auch verraten, was sich im Kopf eines Mannes abspielt, wenn er der Meinung ist, die Richtige gefunden zu haben. Wir werden darüber sprechen, was einen Mann dazu bringt zu sagen: „Ich kann ohne diese Frau nicht leben“ und: „Ich bin bereit, eine feste Bindung mit ihr einzugehen.“ Schließlich werden wir Ihnen unsere Strategie verraten, wie Ihr Partner Ihnen den Verlobungsring überreichen und Sie fragen wird: „Willst du mich heiraten?“

Die langsame, vorsichtige Suche nach der Richtigen

Was alle Frauen wissen sollten: Alle Männer möchten auf lange Sicht sesshaft werden und in einer festen Bindung leben. Den Frauen fällt aber die schwierige Aufgabe zu, ihren Partner dazu zu bringen, sich dessen bewusst zu werden.

Männer unterteilen das weibliche Geschlecht in zwei Kategorien – in „Mädchen für den Augenblick“ und potenzielle Ehefrauen. Ein Mann nimmt diese Einteilung gleich zu Anfang einer Beziehung vor, unter Umständen sogar während der ersten Begegnung. Damit ein Mann eine Verlobung mit einer Frau erwägt, muss sie einen Platz in der Kategorie für potenzielle Ehefrauen bekommen. Für eine Frau, die er in die Sparte der „Mädchen für den Augenblick“ einordnet, gibt es bedauerlicherweise keine Chance, dass ein Mann sie jemals heiraten möchte.

Eine potenzielle Ehefrau ist eine Frau, mit der sich ein Mann irgendwann in der Zukunft eine feste Bindung vorstellen kann. Er ist stolz, mit einer solchen Frau zusammen zu sein. Er öffnet sich ihr. Er stellt sie seiner Familie vor, spricht an seinem Arbeitsplatz über sie und betraut sie mit wichtigen geschäftlichen und gesellschaftlichen Funktionen. Er interessiert sich für ihr Leben. Er erkundigt sich danach, wie ihr Arbeitstag war, fragt nach ihrer Familie und den wichtigen

Ereignissen in ihrem Leben. Einen Platz in der Kategorie für potenzielle Ehefrauen bekommen zu haben *ist allerdings keine Garantie dafür*, dass er Sie heiraten wird. Es bedeutet einfach nur, dass Sie das Potenzial dazu besitzen.

Vielleicht fragen Sie sich: „Weshalb dauert es so lange, bis einem Mann bewusst wird, dass ich seine Traumfrau bin?“ Sobald ein Mann merkt, dass er eine potenzielle Ehefrau gefunden hat, beginnt sich ein allmählicher Wandlungsprozess zu vollziehen. Während dieses Prozesses nimmt ein Mann eine Menge Informationen über seine potenzielle Zukünftige auf. Jeden Tag, jede Stunde, jede Minute lernt er mehr über sie. Er schätzt sie und ihr Verhalten fortwährend neu ein, um herauszufinden, ob sie die Frau ist, die er schließlich heiraten wird.

Was spielt sich während dieser Phase im Kopf eines Mannes ab? Mit der Zeit gestattet er sich flüchtige Gedanken an eine Heirat. Er denkt an seine Freundin und überlegt sich, wie es wäre, mit ihr verheiratet zu sein. Zuerst ist es nur ein Gedanke, der nach zehn Sekunden wieder verschwindet. Es ist eine seltsame, beunruhigende Idee, die ein Mann rasch wieder aus seinen Gedanken vertreibt. Das nächste Mal, wenn ihm diese Idee in den Sinn kommt, denkt er ein bisschen länger darüber nach – vielleicht zwanzig Sekunden. Dann dreißig, vierzig, fünfzig Sekunden. Er stellt bald fest, dass diese Gedanken gar nicht so negativ sind – es sind sogar positive Gedanken, Vorstellungen, die ihn wirklich glücklich machen. Allmählich erwärmt sich er für die Idee zu heiraten. Es wird ihm bewusst, dass er tatsächlich fähig zu einer langfristigen Bindung ist.

Es ist von entscheidender Bedeutung, dass eine Frau versteht, dass die ersten Gedanken an eine Heirat für einen Mann eher unnatürlich sind. Ein Mann ist bei Frauen auf eine vielfältige Auswahl „gepolt“. Darwin würde dies bestätigen – viele Nachkommen von vielen Partnerinnen bedeutet das Überleben der Stärksten. Heutzutage bestärken sich Männer untereinander in der Vorstellung, jene frühen Gedanken an Heirat seien gefährlich. Verlobt sich ein Mann beispielsweise, necken ihn seine Freunde. „Bist du verrückt?“, fragen sie ihn. Diese Art der Bestärkung ist sehr wirkungsvoll und erzeugt Spannungen in Männern. Gedanken an die Ehe lösen einen inneren Konflikt im Kopf eines Mannes aus. Zur Lösung dieses Konfliktes ist die richtige Frau nötig.

Der Übergang von einer strikt „ungebundenen" inneren Einstellung zur Offenheit für die Idee einer festen Bindung vollzieht sich langsam, weil ein Mann sich absolut sicher darüber werden will, dass die Frau, auf die er sein Auge geworfen hat, die Passende ist. Der Entschluss, eine Frau zu heiraten, ist für einen Mann die wichtigste Entscheidung seines Lebens. Während die richtige Entscheidung sein Leben ungeheuer bereichern kann, kann ihm der falsche Entschluss das Leben zur Hölle machen. Ob Sie es glauben oder nicht – Männer betrachten den Bund fürs Leben als eine wichtige, heilige und Segen bringende Erfahrung, und sie wissen auch, sie wird jeden Bereich ihres Lebens beeinflussen. Sie beeinflusst ihre Arbeit, die Beziehungen zu ihren Freunden und das Verhältnis zu ihrer Familie. Deshalb denkt ein Mann lange und angestrengt nach, bevor er sich auf eine Ehe einlässt. Eine Fehlentscheidung in dieser Hinsicht kann das gesamte Leben eines Mannes auf den Kopf stellen, und das weiß er. Es ist ihm klar, die Heirat mit der falschen Frau könnte seine berufliche Karriere ruinieren, die er sich in jahrelanger harter Arbeit erfolgreich aufgebaut hat. Wie wir weiter oben bereits erwähnten, wollen alle Männer sesshaft werden und heiraten, aber sie sind sehr vorsichtig bei der Wahl ihrer Frau und lassen sich in der Regel lange Zeit dafür, um eine Beziehung mit ihr zu einer festen Bindung zu entwickeln.

Das „Beziehungskoma" – wie es sich verhindern lässt

Es besteht die Gefahr, dass ein Mann die Entwicklung in Richtung feste Bindung zu langsam vorantreibt. Lebt ein Mann zu lange in einer Partnerschaft mit einer Frau, ohne ihr den Verlobungsring zu überreichen, fällt er ins so genannte

„Beziehungskoma“. Ein Mann in diesem Zustand hat sich behaglich im unverbindlichen Status quo eingerichtet und ist dort stecken geblieben.

Er sollte nicht länger als drei Jahre brauchen, um herauszufinden, ob er Sie heiraten will. Das sind zwei Jahre Beziehung und ein Jahr Zusammenleben. Wir sind entschieden der Ansicht, dass drei Jahre die äußerste Grenze sind, die Sie als zeitlichen Rahmen für einen Heiratsantrag akzeptieren sollten. Hat sich ein Mann bis zu diesem Zeitpunkt nicht zur Verlobung entschieden, wird er es nie tun. Doch brauchen selbst Männer, die sich sehr langsam zu einer festen Bindung entschließen, vom ersten Rendezvous an gerechnet nicht länger als fünf Jahre, um mit der Richtigen vor den Traualtar zu treten (Ehe = zwei Jahre Beziehung + ein Jahr Zusammenleben + zwei Jahre Verlobung). Die entscheidende Maßnahme zur Verhinderung des „Beziehungskomas“ besteht darin, das Thema „Ehe“ zur Sprache zu bringen, *aber nur zum richtigen Zeitpunkt und auf die richtige Art.*

Viele Frauen haben großartige Partner und potenzielle Ehemänner abgeschreckt, da sie den Punkt Ehe zu früh anschnitten. Wenn ein Mann dieses Thema zu frühzeitig in der Beziehung zu hören bekommt, denkt er, seine Freundin würde zu sehr drängen und nur an die Ehe denken. Er denkt bei sich: „Ich bin noch dabei, sie kennen zu lernen. Wie kann sie zu einem so frühen Zeitpunkt der Beziehung heiraten wollen? Es muss ihr ausschließlich um den Ring gehen.“

Wann ist der passende *Zeitpunkt*, das Thema „Ehe“ zur Sprache zu bringen?

Wenn Ihr Partner bis zum ersten Jahrestag Ihrer Beziehung von sich aus noch nicht über die Ehe gesprochen hat (was sehr wahrscheinlich ist), sollten Sie es tun. Die meisten Männer denken darüber nach, die Frau zu heiraten, mit der sie seit einem Jahr eine Beziehung haben. Sie sind vielleicht noch nicht bereit für den Schritt vor den Traualtar, aber in der Regel ist ihnen der Gedanke bereits durch den Kopf gegangen.

Der nächste wesentliche Punkt, wenn Sie das Thema „Ehe" anschneiden, ist die Art, wie Sie diese Unterhaltung führen. Ihre Freundinnen, vielleicht sogar Ihre Mutter, mag Ihnen gesagt haben: „Weshalb sollte er die Kuh kaufen, wenn er die Milch umsonst bekommt?" Wie können Frauen, selbst liebe, reizende Großmütter, über Ihre Beziehung wie über einen Bauernhof reden? Wir sind der Ansicht, Sie sollten jede Anspielung auf Kommentare dieser Art vermeiden, wenn Sie den Gedanken an die Ehe Ihrem Partner gegenüber zum ersten Mal zur Sprache bringen, ganz egal wie oft Sie sie gehört haben. Schneiden Sie das Thema „Ehe" auch nicht an, wenn Ihr Freund getrunken hat; er wird sich später über die Unterhaltung ärgern. Sie sollten die volle – und nüchterne – Aufmerksamkeit Ihres Partners haben.

Wenn Sie wollen, dass Ihr Freund zum nächsten „Hintertürchen" aus der Beziehung flüchtet, dann stellen Sie ihm ein Ultimatum. Das Schlimmste, was Sie tun können, ist, Ihren Partner in die Ecke zu treiben und ihn aufzufordern, Sie entweder zu heiraten oder ...! Sie werden ihn niemals dazu zwingen können, Sie zu heiraten. Falls er darüber nachgedacht hat, mit Ihnen den Bund fürs Leben einzugehen, wird er die Idee nun sofort fallen lassen. Männer reagieren sehr empfindlich auf Auseinandersetzungen, besonders in Beziehungen. Wenn Sie Ihrem Partner ein Ultimatum stellen, denkt er, Sie würden versuchen, ihn zu kontrollieren. Kein Mann will, dass seine zukünftige Ehefrau ihm droht – das macht nur böses Blut.

Was ist die angemessene *Art*, das Thema „Ehe" anzuschneiden?

Es ist eine Kunst, ein Gespräch über das Thema „Heirat" zu führen. Wenn Sie diese Kunst beherrschen, bringen Sie Ihren Partner dazu, Sie früher zum Traualtar zu führen. Zunächst einmal sollten Sie niemals gleich zu Beginn das Wort „Heirat" verwenden, wenn Sie das Gespräch auf die Ehe bringen. Wenn ein Mann dieses Wort zum ersten Mal in Zusammenhang mit der Beziehung, in der er lebt, hört, verfällt er sofort in Panik. Er ist während der gesamten Unterhaltung sprachlos und kann nicht klar denken. Wenn Sie das Wort „Heirat" unvermittelt auf den Tisch bringen, geht Ihr Partner in die Defensive und versucht, das Gespräch zu beenden.

Die Strategie, die immer funktioniert, ist, ihm zu sagen, wie viel Ihnen an ihm liege, wie er Ihr Leben bereichert habe, und wie sehr Sie die Zeit genießen würden, die Sie gemeinsam mit ihm verbringen. Wenn Sie das Gespräch in dieser Form einleiten, fühlt sich Ihr Freund wohler, weil er weiß, er ist Ihnen wirklich wichtig, und das gibt ihm ein gutes Gefühl. In gewisser Weise weiß Ihr Partner auch, dass das Thema „Bund fürs Leben" jetzt zum ersten Mal zur Sprache kommt. Wenn Sie es langsam angehen, erhöht das Ihre Chancen, dass er in der richtigen inneren Verfassung ist, es mit Ihnen zu diskutieren.

Ihr Freund wird nun entweder sagen, was er für Sie fühlt, oder einfach lächeln und nicken. Wenn er zu diesem Zeitpunkt nicht verbal auf Ihre Bemerkungen reagiert, sollten Sie sich keine Sorgen machen. Bekanntermaßen besitzen Männer keine große Begabung dafür, sich emotional mitzuteilen, und sind nicht in der Lage, ihre Gefühle so gut auszudrücken, wie Sie es können.

Nachdem Ihr Freund Ihnen seine Gefühle für Sie mitgeteilt hat – aber auch dann, wenn er augenscheinlich nur stumm dasitzt –, sollten Sie das Gespräch fortsetzen und ihm sagen, wie gut Sie beide Ihrer Meinung nach zusammenpassen und dass Sie denken, Sie könnten eine wunderbare Zukunft zusammen haben. An diesem Punkt sollte er reagieren, aber möglicherweise hat er einen Ausdruck von Panik im Gesicht, wie ein Reh, das vom Scheinwerferlicht eines Autos erfasst wird. Wenn er immer noch keine Reaktion zeigt, besteht Ihre Geheimwaffe, ihn zum Reden zu bringen, in der einfachen, aus drei Wörtern bestehenden Frage: „Was denkst du?", und nicht: „Was fühlst du?"

Reagiert er immer noch nicht beziehungsweise sagt er Ihnen nicht, er sehe eine Zukunft mit Ihnen, ist er auch nicht daran interessiert, Sie zu heiraten, und Sie sollten ihn verlassen. Hat Ihr Partner positiv reagiert und Ihnen gesagt, dass er eine Zukunft mit Ihnen sieht, dann – und nur dann – können Sie hinzufügen: „Wenn du sagst ‚eine Zukunft', meinst du damit eine Heirat irgendwann in der Zukunft?" Wenn er Ja sagt beziehungsweise positiv reagiert, hat er Ihnen im Grunde mitgeteilt, dass er Sie heiraten will. Nun sollten Sie das Gespräch *beenden*. Drängen Sie ihn nicht, weiter als bis hierher zu gehen.

Viele Frauen verspüren das Bedürfnis, nach dieser Unterhaltung ein Zeitlimit für die reale Hochzeit aufzustellen. Dies wirkt abschreckend auf einen Mann. Wenn er Ihnen gesagt hat, dass er Sie liebt, mit Ihnen zusammen sein will und sich vorstellen kann, Sie zu heiraten, sind das großartige Mitteilungen. Sie befinden sich in einer wunderbaren Liebesbeziehung. Sie sollten sie nicht dadurch gefährden, dass Sie ihn unter Druck setzen und ihm mit dem Heiraten ständig in den Ohren liegen. Wie wir bereits sagten, ist der Schritt in den Ehebund eine der wichtigsten Entscheidungen, die ein Mann fällt. Wird er dazu gezwungen, diese Entscheidung zu treffen, bevor er dazu bereit ist, wird er bald aus der Beziehung flüchten. *Er wird Sie mehr lieben und Sie schneller heiraten wollen, wenn Sie ihm kein Ultimatum stellen und ihn nicht zur Heirat drängen.*

Ihr erstes Gespräch mit dem Auserwählten über die Ehe verläuft dann in der richtigen Bahn, wenn es etwa in dieser Art stattfindet:

Sie: Liebling, ich habe neulich darüber nachgedacht, wie viel mir die Zeit bedeutet, die wir gemeinsam verbringen. Ich kann mich nicht erinnern, wann ich es so genossen hätte, jemanden kennen zu lernen. Seit wir uns vor einem Jahr getroffen haben, ist mein Leben wundervoll und meine Liebe zu dir ist jeden Tag stärker geworden.
Er: (nickt und lächelt, hält Ihre Hand, sagt aber nichts)
Sie: Du bist der einzige Mann, mit dem ich jemals gemeinsam kochen konnte, und es gefällt mir so gut, dass wir beide es lieben zu reisen, zu lesen und in der Wohnung zusammen zu arbeiten. Am liebsten beende ich mei-

ne Arbeitswoche, indem ich am Freitag einfach mit dir auf der Couch abschalte. Ich kann mir meine Zukunft wirklich nicht ohne dich vorstellen.
Er: (verwirrt) Mmmmmmm-hmmmmm.
Sie: Was denkst du?
Er: Nun ja, sicherlich habe ich mir meine Zukunft mit dir vorgestellt.
Sie: Schließt diese Zukunft eines Tages eine Heirat ein?
Er: Ja.

Denken Sie daran, *genau an diesem Punkt aufzuhören.* Sie haben die Absicht, die Sie mit diesem ersten Gespräch verfolgten, erfüllt – Ihren Partner dazu zu bringen, laut auszusprechen, dass er sich eine Zukunft mit Ihnen vorgestellt hat, einschließlich Heirat.

Findet ein Mann die Richtige, verändert ihn das für immer

Was geht im Kopf eines Mannes vor, wenn er denkt, die richtige Frau gefunden zu haben? Wenn er sie gefunden hat, durchläuft er einen emotionalen Wandlungsprozess. Plötzlich ist er immer glücklich und das Leben macht ihm Spaß. Seine Arbeitsleistung verbessert sich und er geht seinen Arbeitskollegen gegenüber mehr aus sich heraus. Er verbringt begeistert Zeit mit seiner potenziellen Ehefrau. Er genießt es zu arbeiten, um für sie zu sorgen. Er genießt es sogar, den ganz alltäglichen Haushalt mit ihr zu erledigen, weil er Zeit mit ihr verbringt. Er will nicht mehr so häufig mit seinen Freunden zum Trinken und Feiern ausgehen. Er möchte ständig mit seiner Freundin zusammen sein. Er kann sich nicht vorstellen, ohne sie zu leben.

Er ist glücklich, weil die Beziehung seinem Leben eine gewisse Stabilität verleiht. Das Zusammensein mit anderen Frauen kann Spaß machen, aber unter Umständen muss ein Mann, der in einem anspruchsvollen, gehobenen Beruf tätig ist, seinen Preis dafür bezahlen. Wenn ein Mann älter wird und sich ernsthaft auf seine Karriere konzentriert, ist es stressig für ihn, Beziehungen zu verschiedenen Frauen zu haben und allnächtlich auszugehen, trotz der sexuellen Abenteuer, die er vielleicht erlebt. Die meisten beruflich hoch qualifizierten Männer, die mit verschiedenen Frauen ausgehen, hoffen, dass es Ihnen gelingt, die Richtige zu treffen, sodass sie eine glückliche, feste Beziehung aufbauen können. Ein cleverer und ehrgeiziger Mann weiß, dass eine echte, stabile Partnerschaft die Hektik und den Stress in seinem angespannten, anstrengenden Leben vermindern kann.

Wie verwandelt man einen Casanova in einen festen Partner?

Brad ist das Paradebeispiel dafür, wie ein typischer Casanova in einen festen Freund verwandelt werden kann, wenn er die richtige Frau trifft. Bevor Brad Cheryl kennen lernte, gehörte er zu der Sorte von Männern, die versuchen, jede Nacht ein anderes Mädchen „aufzureißen“. Er sammelte Telefonnummern und trug sie in sein Notizbuch mit Frauenbekanntschaften ein, das einen preiswürdigen Umfang besaß. Manchmal „schleppte“ er bis zu sechs Mädchen gleichzeitig ab. Es wirkte zwar von außen betrachtet so, als würde Brad sich bei seinem wilden Junggesellenleben großartig amüsieren, aber innerlich war er immer auf der Suche nach der ganz besonderen Frau, der Richtigen.

In seinem tiefsten Inneren wünschte sich Brad Stabilität in seinem Leben. Als Brad mit Cheryl eine Beziehung begann, veränderte sich sein Leben vollkommen und spiegelte die Beziehung wider. Die Wandlung war total – er wurde von einem wilden Junggesellen zu einem liebevollen Partner. Es hatte einige wenige länger dauernde Beziehungen in seiner Vergangenheit gegeben, aber er hatte stets sein Junggesellenleben fortgesetzt. Er musste erst Cheryl finden, die Richtige, um wirklich eine feste Bindung eingehen zu wollen.

Für Brad war Cheryl anders als alle anderen Frauen, die er zuvor getroffen hatte. Für ihn kam niemand Cheryl gleich und für Cheryl reichte kein anderer Mann an Brad heran. Cheryl ist anders als andere Frauen, weil sie es schafft, dass Brad sich wohl fühlt. Cheryl ist immer gut gelaunt und wie Chris immer sagt: „Sie gibt jedem das Gefühl, ebenfalls gut gelaunt zu sein.“ Da Cheryl mit zwei Brüdern aufgewachsen ist, hat sie Verständnis dafür, dass Männer es mögen, Sport zu schauen, sich mit ihren Freunden herumzutreiben, viele Streicheleinheiten für ihr Ego brauchen, und dass ihre Karriere außerordentlich wichtig ist. Cheryl versucht nicht, Brads Aufmerksamkeit von seiner Karriere abzulenken. Sie weiß, dadurch, dass sie ihn in seiner berufliche Laufbahn unterstützt, wächst seine Liebe zu ihr. Sie ersparte Brad auch den Druck im Hinblick auf die Verlobung. Sie stellte nie ein zeitliches Limit für die Beziehung auf. Stets schien sie die Zeit an sich zu genießen, wenn Brad und sie zusammen waren. Cheryls Verhalten wiederum machten Brad noch hingebungsvoller und bewirkte, dass er sich in der Partnerschaft natürlich noch wohler fühlte, was ihnen ermöglichte, sich immer näher zu kommen.

Als Rich Marla kennen lernte, erkannte er ebenfalls, dass er die richtige Frau getroffen hatte. Er fühlte sich sofort zu ihr hingezogen und spürte, es war mehr als ihre Schönheit, die ihn anzog. Nach ihrer ersten Begegnung wusste Rich sofort, dass Marla eine potenzielle Ehefrau war. Sie gingen eine Zeit lang miteinander und Rich merkte, Marlas liebevolle, fürsorgliche Persönlichkeit zog ihn an. Er liebte sie wegen ihrer Intelligenz, ihres Humors, ihres Mitgefühls für andere Menschen und wegen des tiefen Verständnisses, das sie ihm entgegenbrachte. Sie war anders als alle anderen Frauen, die er zuvor kennen gelernt hatte. Rich verliebte sich in Marla, weil sie alles besaß, wonach er bei einer Frau gesucht hatte.

Was geschieht, wenn ein Mann die Richtige trifft?

Wenn ein Mann die richtige Frau trifft, bewundert er ihr äußeres Erscheinungsbild und ihr Auftreten. Er sagt ihr, wie gut sie aussieht, aber eventuell nicht so deutlich, wie sie es gern hätte. Ein Mann liebt diese Frau nicht nur wegen ihrer Schönheit. Er weiß durchaus, dass es besser und schlechter aussehende Frauen auf der Welt gibt, aber das spielt keine Rolle mehr. Alles zusammen – Intelligenz, Humor, Persönlichkeit, Stil, Esprit, Feingefühl und vieles mehr – macht einen Mann verrückt nach der Traumfrau.

Hat ein Mann die richtige Frau gefunden, übernimmt er eine Rolle im Leben seiner künftigen Ehefrau. Sein Leben beginnt sich mit ihrem zu verweben. Er schließt sie in seinen Alltag ein und entwickelt Vertrauen und Verständnis, das er einem Mann nie und anderen Frauen selten entgegenbringen würde. Er vertraut ihr einige seiner tiefsten Geheimnisse an. Er beginnt sogar so zu sprechen und sich zu verhalten wie sie! Er eignet sich einige ihrer Ausdrucksweisen an und ahmt ein paar ihrer Angewohnheiten nach. Schließlich vermindert sich seine Unsicherheit sich selbst und der Beziehung gegenüber. Er will diese besondere Frau heiraten, die ihn so glücklich macht und ihm das Gefühl gibt, entspannt und vollständig zu sein.

Richs und Marlas Leben ist im Laufe der Jahre zusammengewachsen. Obwohl sie unterschiedliche Persönlichkeiten haben, denkt jeder so wie der andere und weiß, was der andere will und braucht. Marla ist die Liebevolle, Elegante und Heitere. Brad ist der typisch zielorientierte, ehrgeizige, arbeitswütige, beruflich hoch qualifizierte männliche Teil des Paares. Doch trotz ihrer unterschiedlichen Persönlichkeit wissen Rich und Marla instinktiv, wenn der andere traurig, glücklich, hungrig, durstig, müde, ausgelassen, ernst oder in der Stimmung für Sex ist. Richs und Marlas Alltag umschließt beide, vom Aufwachen bis zum Schlafengehen. Im Laufe der Zeit sind Rich und Marla miteinander verschmolzen. Rich konnte diese Art von Nähe nur mit Marla, der richtigen Frau, erreichen.

Männer haben Angst sich fest zu binden, weil ...

Wir haben darüber gesprochen, weshalb alle Männer eine feste Bindung wollen und wie glücklich und erfüllt sie sich fühlen, wenn sie schließlich die Richtige treffen. Aber wie steht es mit dem Alter Ego – dieser leisen Stimme im Kopf eines Mannes, die ihm einflüstert, ewig allein zu bleiben? Ein Mann fühlt sich hin- und hergerissen zwischen dem Gedanken, in einer erfüllenden Beziehung zu leben, und der Vorstellung, allein und unabhängig zu bleiben. Wenn ihm die Traumfrau begegnet, kann sie ihn immer erkennen lassen, dass der Weg der festen, liebevollen Beziehung der richtige für ihn ist.

Welche Ängste bewegen einen Mann bei dem Gedanken, sich fest an eine Frau zu binden und sein Junggesellenleben zu beenden? Er denkt in erster Linie daran, dass er für den Rest seines Lebens mit keiner anderen Frau mehr schlafen wird. Dieser Gedanke jagt ihm schreckliche Angst ein. Nur eine ganz besondere Frau und das Verstreichen einer gewissen Zeitspanne schaffen es, seine Ängste abzubauen. *Es muss einem Mann bewusst werden, dass die richtige Frau in ihrer Gesamtheit wesentlich besser ist als eine Menge Nächte mit vielen falschen Frauen.*

Unter Umständen kämpfen Männer auch mit der Vorstellung, die Freiheit zu verlieren, die ihnen das Junggesellenleben bietet. Sie befürchten, dass sie sich stets „anmelden“ müssen, wenn sie etwas tun wollen, sobald sie verlobt oder verheiratet sind. Sie haben Angst davor, keine Zeit mehr mit ihren Freunden verbringen zu können. Sie haben Angst vor der Verantwortung, sich um einen anderen Menschen Sorgen machen und kümmern zu müssen.

Männer fürchten sich auch vor einer möglichen Scheidung, wenn ihre Ehe nicht funktioniert. Ein beruflich hoch qualifizierter Mann ist sich bewusst, dass eine Scheidung seinem bereits hinreichend anstrengenden Leben zusätzlichen Stress und Komplikationen hinzufügen wird. Er weiß, dass eine Scheidung seine langfristigen finanziellen Pläne nachteilig beeinflussen oder sogar zunichte machen wird. Er trifft die Entscheidung zu heiraten in der Regel mit großer Umsicht, weil ein Scheitern der Ehe mit weit reichenden Konsequenzen verbunden sein kann.

Ein sehr reicher Mann kann seinem Heiratsantrag unter Umständen ein Gespräch über einen vorehelichen Vertrag folgen lassen – seien Sie darauf vorbereitet. Sie mögen vielleicht denken, ein Mann, der dieses Thema zur Sprache bringt, habe nur Geld im Kopf und keine Liebe in seinem Herzen. Wenn ein Mann mit einem beträchtlichen Vermögen dieses Thema anschneidet, sagt er damit aber nicht, dass er Sie nicht liebe, sondern nur, dass der finanzielle Aspekt Ihrer Partnerschaft angesprochen werden müsse, bevor Sie rechtlich getraut werden könnten. Wenn Sie entschieden dagegen sind, ein rechtsgültiges Dokument zu unterschreiben, das die finanzielle Seite einer künftigen Scheidung regelt, müssen Sie sich klar darüber sein, dass dies das Ende Ihrer Beziehung bedeuten kann. Lieben Sie Ihren Partner wirklich und wollen, dass die Beziehung funktioniert, dann versuchen Sie ruhig zu bleiben, lassen Sie sich von einem Anwalt beraten und zeigen Sie Ihrem zukünftigen Ehemann, dass Sie optimistisch im Hinblick auf das Zustandekommen einer für beide Teile befriedigenden Übereinkunft sind. Wenn Ihr Partner Ihnen den vorehelichen Vertrag allerdings kurz vor Ihrem Gang zum Traualtar präsentiert oder nicht offen dafür ist, dass sein und Ihr Rechtsanwalt die Punkte des Vertrags aushandeln, sollten Sie sich unter Umständen ernsthaft überlegen, ob Sie ihn heiraten sollen (Sie sollten beide getrennt voneinander rechtlichen Rat einholen, um die Details des Vertrags zu besprechen und eine für beide Parteien gerechte Einigung zu erzielen).

Sollten Sie die Vermögende sein, die das Thema des vorehelichen Vertrags zur Sprache bringt, hören Sie sich die Anliegen Ihres Partners an und seien Sie bereit, in einem gewissen Rahmen zu verhandeln. Sie haben durchaus das Recht, Ihr Vermögen zu schützen, und wenn Ihr Freund sich rundweg weigert, über ein solches Dokument auch nur zu sprechen, sind Sie eventuell ohne ihn besser dran. Gleichgültig wer von Ihnen das Thema des vorehelichen Vertrags anschneidet, seien Sie sich klar darüber, dass solche Verträge heutzutage allgemein häufiger abgeschlossen werden, besonders dann, wenn ein großes Vermögen im Spiel ist.

Ein Mann muss sich mit all diesen Dingen auseinander setzen, bevor er sich entschließt zu heiraten. Aus diesem Grund fürchten sich die meisten Männer davor, eine feste Bindung einzugehen. Und deshalb kann es bei vielen Männern jahrelang dauern, bevor sie entscheiden, dass ihre Freundin die Richtige ist. Auf jeden Fall wird Ihr Partner den Mut aufbringen, Ihnen einen Heiratsantrag zu machen, wenn Sie seine Befürchtungen im Zusammenhang mit der Ehe verstehen und abbauen können.

Sie besitzen die Macht, ihn zur Ehe zu bewegen

Frauen haben wirklich die Macht, einen Mann zur Ehe zu bewegen. Sie müssen nur verstehen und lernen, wie man besser mit Männern umgeht. Wie kann eine Frau nun die Ängste Ihres Partners vor einer festen Bindung abbauen? Grundsätzlich wird ein Mann schließlich zu diesem Schritt bereit sein, wenn eine Frau ihm zeigt, dass sie und sein Leben sich nach der Verlobung nicht einschneidend ändern werden.

Ein Mann hegt die pessimistische Vorstellung, sein Leben – ebenso wie das seiner Partnerin – würde in eine Art Hölle verwandelt, die in keiner Weise ihrem augenblicklichen gemeinsamen Leben gleicht. Er glaubt, seine liebe, gutherzige Freundin würde sich in eine über zwei Meter große, 140 Kilogramm schwere Kontrollfanatikerin verwandeln, die ihn nie wieder ausgehen oder irgendetwas unternehmen lassen würde, was ihm Spaß macht, sobald er eine Verlobung eingegangen sei. Er denkt, die Erde würde beben, die Ozeane austrocknen und der Himmel einstürzen, nachdem er um Ihre Hand angehalten hat.

Verwenden Sie die „Verlobungsformel“

Wenn Sie seine Ängste abbauen können, gehört er Ihnen. Wir haben eine so genannte „Verlobungsformel“ entwickelt, die Ihnen einen Heiratsantrag vonseiten Ihres Partners garantieren wird. Die Formel enthält Methoden, von denen wir wissen, dass sie Männern ein besseres Gefühl in Bezug auf feste Bindungen und die Ehe geben. Die Formel funktioniert bei Männern aller drei Karrierestadien – im Vorbereitungsstadium, im Übergangsstadium und im Stadium des Erfolgs. Hier ist sie:

VERLOBUNGSFORMEL =
die richtige Frau
+ kein Druck
+ die gleiche Person bleiben
+ Verständnis für seine Hingabe an die Arbeit

Wie Sie sehen, besteht die Formel aus vier Hauptelementen. Zunächst einmal ist es zur Anwendung dieser Formel unabdingbar, dass die Frau die Traumpartnerin ist. Es muss ein Höchstmaß an Anziehung, Vertrauen und Verständnis vorhanden sein, damit ein Mann eine Frau als potenzielle Braut in Betracht zieht. Die Erfüllung dieser Voraussetzung garantiert jedoch noch nicht, dass ein Mann den Bund fürs Leben eingehen wird. Die Auserwählte muss es auch unterlassen, ihren Partner zur Heirat zu drängen. Sie muss geduldig bleiben.

Grundlegend wichtig für den Schritt hin zur Verlobung ist es, dass sie auch weiterhin verstärkt all die Dinge tut, die sie ursprünglich auf die Liste für potenzielle Ehefrauen gebracht haben. Verschwenden Sie keine Zeit auf den Versuch, sich in jemand anderen – oder etwas anderes – zu verwandeln. Dies schreckt Ihren Partner nur ab. Einer der wichtigsten Punkte, dem am wenigsten Verständnis entgegengebracht wird, ist die Bedeutung der Arbeit für Ihren Partner. Die Traumpartnerin muss auch seine Hingabe an die Arbeit verstehen und respektieren.

Wenn eine Frau diese vier Anforderungen der Verlobungsformel erfüllen kann, wird sie mit Sicherheit den Verlobungsring überreicht bekommen.

9

Das Zusammenziehen

Man hat uns immer und immer wieder die Frage gestellt: „Ist es hilfreich, vor der Verlobung mit einem Mann zusammenzuziehen?“ Uns ist diese Frage sogar so oft vorgelegt worden, dass wir uns entschlossen haben, ihr ein ganzes Kapitel zu widmen. Wir haben das Gefühl, es stellt einen sehr wichtigen Schritt und einen Wendepunkt in Ihrer Beziehung dar, wenn Sie mit Ihrem Freund zusammenziehen.

Frauen ist aus verschiedenen Gründen dringend zu empfehlen, mit Ihrem Freund zusammenzuleben. Der Hauptgrund ist, es verleiht der Beziehung eine andere Qualität, die sie auf andere Weise nicht erreichen könnte. Eine Partnerschaft kann sich nur bis zu einer bestimmten Grenze entwickeln, wenn Sie nicht zusammenwohnen. Unabhängig davon, was andere Leute sagen – Sie können einen Menschen ansonsten nicht wirklich kennen lernen. Das Zusammenleben zwingt Sie dazu, fast alles übereinander zu lernen, und als Ergebnis davon wird Ihre Beziehung jeden Tag intensiver.

Niemand ist bis ins Detail darauf vorbereitet, mit seinem Partner/seiner Partnerin zusammenzuwohnen. Sie haben nie einen Kurs darüber besucht und Ihre Eltern haben es Ihnen nie direkt beigebracht. Dies ist eine der Situationen, in denen Sie den Sprung ins kalte Wasser wagen müssen, wenn Sie den Eindruck haben, es sei sicher. Es ist Ihre Chance, all die „Ecken und Kanten“ der Beziehung „abzuschleifen“, bevor Sie sich endgültig fest aneinander binden. Es ist besser, so früh wie möglich, statt zu spät herauszufinden, wenn Sie nicht zusammenpassen.

Die gemeinsame Wohnung ist eine Lernperiode beziehungsweise ein Intensivkurs im Zusammenleben mit Ihrem Partner. Sie haben jetzt die Gelegenheit, den Alltag des anderen kennen zu lernen, seine Marotten, Gewohnheiten und Fehler. Ein Paar, das zusammenlebt, lernt, wie man Kompromisse schließt – beispielsweise, wer zuerst duscht, wer kocht und den Abwasch erledigt, wer den Abfall wegbringt und wer den Hund spazieren führt. Es ist eine sehr wichtige Phase in einer Beziehung. Das soll nicht heißen, es koste nur Mühe. Das Zusammenleben mit dem Menschen, den Sie lieben, bringt eine Menge Spaß und begeisternde Erfahrungen mit sich. Sie können mehr Zeit mit Ihrem Partner verbringen und die neue Intimität genießen, die sich daraus ergibt.

Rich zog mit Marla und Brad mit Cheryl zusammen, bevor sie sich verlobten. Sowohl Rich als auch Brad wussten, dass sie sich auf längere Sicht mit dieser für sie richtigen Partnerin verloben wollten. Der nächste logische Schritt war es für sie, mit der Frau, die sie so glücklich machte, zusammenzuziehen. Rich und Brad hatten das Gefühl, das Zusammenleben wäre der einzige mögliche Weg, alles über ihre Freundin zu erfahren. Nachdem sie mit ihren Partnerinnen zusammengezogen waren, hatte jeder von den beiden das Gefühl, eine stärkere und engere Bindung an die für ihn richtige Partnerin entwickelt zu haben. Für beide Männer bedeutete das Zusammenleben einen neuen Höhepunkt in der Beziehung. Beide glaubten, sie hätten aufgrund des Zusammenwohnens ihren Freundinnen rascher einen Heiratsantrag gemacht.

„Gratismilch"?

Vielleicht geht Ihnen wieder das alte Sprichwort mit dem Bauernhof durch den Kopf: „Weshalb sollte er die Kuh kaufen, wenn er die Milch umsonst bekommt?" Tatsache ist, dass es für einen beruflich engagierten Mann ein *enormer* Schritt ist, mit einer Frau zusammenzuziehen. Es bedeutet, dass er sich ernsthaft mit dem Gedanken an eine Verlobung beschäftigt. Er denkt auch daran, dass er seiner Partnerin einen Heiratsantrag machen wird, wenn das Zusammenleben klappt.

Das Leben in gemeinsamen vier Wänden mit einer Frau verkompliziert das Leben eines Mannes. Er bringt große Opfer, wenn er mit einer Frau zusammenzieht. Er muss seine bequeme Routine ändern. Er verzichtet im Wesentlichen auf jede Chance, Beziehungen mit anderen Frauen zu haben. Er wirft sein Notizbuch mit Frauenbekanntschaften fort. Wenn ein Mann sich entschließt, mit einer Frau zusammenzuleben, gibt er einen enormen Teil seiner Unabhängigkeit *einzig und allein für sie* auf. Mit „Gratismilch“ hat das nichts zu tun, sondern vielmehr damit, einen Schritt weiter in der Partnerschaft zu gehen. Ein Mann macht das nur, wenn die entsprechende Frau etwas ganz Besonderes für ihn ist. Nur eine Frau, die er heiraten möchte, kann ihn zu einer derart einschneidenden Veränderung seiner Lebensweise veranlassen.

Wie wir weiter oben bereits erwähnt haben, tragen das Aussehen einer Frau ebenso wie ihre Intelligenz, ihr Sexappeal, ihr Selbstvertrauen, ihr Sinn für Humor und andere Eigenschaften dazu bei, aus ihr eine potenzielle Ehefrau zu machen, mit der ein Mann eine ernsthafte Bindung eingehen möchte. Ein Mann weiß, dass eine solche Frau sein Leben weit reizvoller machen wird als ein sexuelles Abenteuer für eine Nacht. Dies ist einer der Gründe dafür, dass er mit ihr zusammenziehen will. Wenn Sie und Ihr beruflich hoch qualifizierter Partner sich entscheiden zusammenzuziehen, sollten Sie darauf vertrauen, dass Sie auf eine Art und Weise sexuell anziehend für ihn sind, die wesentlich länger wirkt als nur einige leidenschaftliche Jahre. Er würde keine engere Beziehung mit Ihnen eingehen, wenn das nicht der Fall wäre.

Machen Sie sich keine Sorgen darüber, gewohnheitsmäßigerer Sex oder Sex nur ein Mal pro Woche würde Ihren Partner dazu veranlassen, sich auf die Suche nach anderen Frauen zu machen, wenn Sie eine festere Bindung eingehen. Es ist natürlich, dass die heißen Nächte mit Ihrem Freund allmählich weniger stürmisch werden. Auch Sex mit ihm im Büro, im Grünen, im Taxi und im Swimmingpool werden sehr wahrscheinlich mit der Zeit der Vergangenheit angehören. Während Sex früher die Hauptsache in einer Beziehung war, nimmt er in einer festen Partnerschaft eher die Rolle einer Art schmackhafter Zwischenmahlzeit oder eines wöchentlichen Nachtisches an. Manchmal fühlt sich ein Mann nicht in der Stimmung für diese spezielle „Mahlzeit", so verrückt es scheint. Das bedeutet nicht, dass wir die Frau, mit der wir in einer festen Partnerschaft leben, weniger lieben oder dass wir uns ihr weniger verbunden fühlen.

Nachdem Sie so viel darüber gehört haben, wie stark wir unser Augenmerk auf die sexuelle Komponente richten, fragen Sie sich vielleicht, was wir denken, wenn wir eine Frau lieben, aber nicht so häufigen Sex haben wollen. Lassen Sie es uns erklären. Wir möchten das, was wir durchlaufen, als einen Reifungsprozess bezeichnen. Als Junggesellen waren wir hinter den Frauen her, weil wir auf der Jagd nach sexuellen Abenteuern waren. Das Zusammenschlafen mit einer neuen Frau war außerordentlich aufregend – wir taten es immer und immer wieder, jede Nacht, fast jede Nacht. In einer festen Bindung tun wir es nicht. Wenn wir in einer langfristigen Partnerschaft leben, haben wir ganz einfach die Möglichkeit, auf mehrere unterschiedliche Arten Befriedigung vonseiten einer Frau zu erhalten. Wir verbringen weniger Zeit damit, miteinander zu schlafen, und mehr Zeit damit, mit ihr zu reden oder andere Dinge mit ihr zu unternehmen, die wir gemeinsam genießen. Wir fühlen uns in jeder Hinsicht mit einer Frau wohler, mit der wir in einer festen Partnerschaft leben, und erproben deshalb die vielfältigen Möglichkeiten, die uns zur Verfügung stehen, um in unserer Beziehung vollständige Erfüllung zu finden, die weit über Sex hinausgeht. Das Zusammenziehen eröffnet uns ganz einfach mehr Möglichkeiten.

Nach den ersten Monaten oder Jahren der neuen Liebe und Leidenschaft kann die Häufigkeit und die Spannung des sexuellen Verkehrs abnehmen. Ein Mann hat davon von anderen Männern gehört oder es in früheren Beziehungen bei sich selbst beobachtet. Das bedeutet nicht, dass es ihm gefällt oder ihm besonders unangenehm ist – wir sagen nur, er weiß, dass es sich so verhält. Wir sind uns nicht sicher, ob Frauen dies verstehen. Die Moral der Geschichte ist, eine Frau sollte sich nicht unsicher in Hinsicht auf sich selbst oder die Partnerschaft werden, weil Sex sich allmählich rar macht. So wie andere Durchgangsphasen, die Sie auf dem Weg zu größerer Nähe durchlaufen, kann das Zusammenziehen für Sie und Ihren Partner anfänglich stressig sein. Fügen Sie dem nicht noch die unnötigen Spannungen hinzu, die aus Ihren Befürchtungen wegen des weniger häufigen sexuellen Verkehrs entstehen. Diese Befürchtungen sind wahrscheinlich ungerechtfertigt.

Wenn der Angstpegel extrem hoch ist

Ein Mann macht sich anfänglich sehr große Sorgen, wenn er mit einer Frau zusammenzieht, besonders dann, wenn er zuvor noch nie mit einer Freundin zusammengelebt hat. Halten Sie sich stets vor Augen, dass ein Mann seiner Ansicht nach eine Menge aufgegeben hat, um mit seiner Partnerin zusammenzuleben, und er will sichergehen, dass dieser Schritt es wert ist. Er möchte, dass die Partnerschaft und sein häusliches Leben trotz der großen Veränderungen, die das Zusammenleben mit sich bringt, glatt laufen. Was denkt sich ein Mann, der gerade mit einer Frau zusammengezogen ist? Zu Anfang streckt er seine „Antennen" forschend aus, um sich zu vergewissern, dass alles in Ordnung ist und seine Welt von seiner neuen Wohngenossin nicht zerstört worden ist. Er forscht nach, ob sich aus dieser neuen Lebenssituation irgendwelche größeren Konflikte oder andere Fragen zwischen Ihnen und ihm ergeben.

Er setzt sich mit dem Umstand auseinander, dass er einen Teil seiner Freiheit und seiner Unabhängigkeit verloren hat. Dies ist ein traumatisches Ereignis für ihn. Er muss nun 24 Stunden täglich auf einen anderen Menschen reagieren. Er hat nicht die Freiheit, zu tun und zu lassen, was er will. Er weiß, alle Pläne, die er macht, müssen für zwei Menschen geschmiedet werden *und* seine Freundin muss seinen Vorhaben zuerst zustimmen. Das kann eine große Umstellung für einen Mann sein. Also wundern Sie sich nicht, wenn Ihr

Partner einige Grenzen zieht und Ihnen sagt, dass Sie sie nicht überschreiten sollen.

Es gibt einige Dinge, die ein Mann noch nicht einmal für die Auserwählte aufgibt. Er wird beobachten, wie Sie auf diese nicht zur Diskussion stehenden Dinge reagieren, um herauszufinden, ob Sie versuchen, ihn zu kontrollieren. So möchte Ihr Partner vielleicht einen Abend dafür reservieren, mit seinen Freunden auszugehen. Vielleicht hat er das dringende Bedürfnis, sonntags Fußball anzuschauen. Möglicherweise will er unbedingt an drei Abenden pro Woche ins Fitnessstudio gehen. Wenn Ihnen Ihre Partnerschaft etwas wert ist, werden Sie ihn diese Dinge tun lassen und ihn sogar dazu ermutigen, einige dieser „Männerangelegenheiten" zu tun. Sieht er, dass Sie kein Problem damit haben, wenn er sich Zeit für sich selbst nimmt, wird ihm die Vorstellung des Zusammenlebens angenehmer sein, und er wird sich Ihnen im Laufe des Zusammenwohnens zunehmend näher fühlen.

Hüten Sie sich davor, nur aus Bequemlichkeit und für immer zusammenzuziehen

Ziehen Sie niemals allein aus Bequemlichkeitsgründen mit Ihrem Freund zusammen und sprechen Sie grundsätzlich mit ihm darüber, wie lange Sie vorhaben, mit ihm zusammenzuleben, bevor Sie sich verloben.

Das Zusammenziehen sollte für Sie beide ein sorgfältig geplanter Prozess sein. Wenn ein Mann aus Jux und Tollerei mit Ihnen zusammenziehen will, weil die Miete billiger ist oder seine Miete erhöht wird oder aus irgendeinem anderen Grund, der purer Zweckmäßigkeit entspringt – tun Sie es nicht. Nehmen Sie sich auch in Acht vor der Einladung, gleich zu Anfang einer Beziehung mit einem Mann zusammenzuwohnen. Die Zeit, mit einem Mann zusammenzuziehen, ist gekommen, wenn Sie mindestens ein Jahr lang zusammen waren und das Gefühl haben, kurz vor der Verlobung zu stehen. Sich unter irgendwelchen anderen Umständen vier Wände zu teilen ist ein Fehler und die Beziehung ist zum Scheitern verurteilt. Sie werden es beide bereuen. Wenn ein Mann sich plötzlich zu diesem Schritt entscheidet, tut er es, weil es für ihn zweckmäßig ist, und er benutzt Sie. Er wird ebenso leicht den Entschluss fassen auszuziehen, sich von Ihnen zu trennen und Sie nie wiederzusehen.

Zweitens ist es wichtig, darüber zu reden, wie lange Sie beide planen zusammenzuleben, bevor Sie ans Heiraten denken. Wir möchten an dieser Stelle noch einmal auf das zurückkommen, was wir zuvor gesagt haben: Wir sind der Ansicht, Sie sollten ein oder zwei Jahre mit einem Mann zusammen sein, bevor Sie zusammenziehen. Eine Verlobung sollte spätestens nach einjährigem Zusammenleben stattfinden. Vom Beginn einer Beziehung bis zur Verlobung sollten maximal drei Jahre verstreichen. Wenn Sie zwei Jahre lang mit Ihrem Freund zusammengewohnt haben und nicht verlobt sind, ist es an der Zeit, ein offenes Gespräch mit ihm zu führen und Ihre Suche nach dem passenden Ehemann anderswo fortzusetzen, falls er keine feste Bindung mit Ihnen eingehen möchte.

Obgleich Sie maximal ein Jahr lang mit Ihrem Partner zusammenleben sollten, bevor Sie sich verloben, ist es ein großer Fehler, Ihrem Freund von Anfang an mitzuteilen, Sie würden ihm ein zeitliches Limit setzen. Er wird dies als Ultimatum auffassen und denken, Sie würden versuchen, ihn zu kontrollieren. Lassen Sie stattdessen beiläufig die Bemerkung fallen: „So stelle ich es mir vor. Was hast du für Vorstellungen?“ Tun Sie dies im Rahmen einer Unterhaltung, in der Sie beide Ihre Wünsche für die Zukunft zum Ausdruck bringen, bevor Sie packen und zusammenziehen. Sprechen Sie den Gedanken aus, dass Sie das Zusammenwohnen als einen Schritt auf dem Weg hin zu einer engeren, längerfristigen Beziehung mit ihm sehen. Fragen Sie ihn, was er darüber denkt. Überzeugen Sie ihn, dass das Zusammenziehen eine weitere Möglichkeit ist, eine Zukunft zu sichern, auf die Sie sich beide freuen und die Sie gemeinsam planen können.

Sie könnten Ihre Unterhaltung beispielsweise folgendermaßen führen:

Sie: Liebling, mir geht etwas durch den Kopf, über das wir meiner Meinung nach reden könnten.
Er: Ja, was?
Sie: Nun, ich dachte, es wäre reizvoll, über die Möglichkeit zu reden zusammenzuleben. Weißt du, wir genießen unser Zusammensein so sehr und es würde uns noch enger zusammenbringen, wenn wir zusammenziehen. Jeden Morgen neben dir aufzuwachen wäre die Erfüllung eines Traumes für mich.
Er: Es gibt so viel zu bedenken dabei. Wie sollen wir das hinkriegen?
Sie: Bis jetzt zumindest müssen wir nur darüber nachdenken, wie sehr wir unser Zusammensein genießen. Im Laufe der nächsten paar Monate könnten wir uns jeweils Schritt für Schritt auf die praktischen Aspekte konzentrieren. Rom ist nicht an einem Tag erbaut worden. Ich bin froh, dass wir uns darüber unterhalten können und dass du der Meinung bist, das wäre ein guter Schritt für uns beide.
Er: Wir müssten nicht mehr die Taschen packen, wenn wir in der Wohnung des anderen schlafen. Schauen wir doch am Sonntag in die Zeitung und sehen, welche Wohnungen zurzeit angeboten werden.

Bringen Sie nicht gleich eine künftige Verlobung zur Sprache, sobald Sie zusammengezogen sind. Geben Sie Ihrem Partner die Gelegenheit, sich an diese neue Phase Ihrer Beziehung zu gewöhnen. Meiden Sie das Thema, es sei denn, er schneidet es an. Genießen Sie das tägliche Leben mit dem Liebsten und behalten Sie den zeitlichen Rahmen von einem Jahr im Kopf. Bringt er das Thema Verlobung bis zum Ende des ersten Jahres Ihres Zusammenlebens nicht zur Sprache, dann erwähnen Sie die Frage der Heirat. Folgen Sie dabei dem im vorhergehenden Kapitel gegebenen Beispiel.

Ob er es ausspricht oder nicht – wenn ein Mann die Entscheidung trifft, mit einer Frau zusammenzuziehen, weiß er, dass er ein unausgesprochenes Versprechen gegeben hat, die Partnerschaft in Richtung Verlobung weiterzuentwickeln. In der Regel macht ein Mann der Frau, die er als die richtige für sich betrachtet, innerhalb eines Zeitraums von sechs bis zwölf Monaten des Zusammenlebens einen Heiratsantrag. Doch selbst Männer, die die Absicht haben, eine feste Bindung einzugehen, richten sich manchmal in dem bequemen Ist-Zustand ein, wenn sie mit einer Frau zusammenleben. In dieser Situation genießt ein Mann es, „die Milch umsonst zu bekommen“, und braucht einen kleinen Stups. Wenn Ihr Partner ins „Beziehungskoma“ fällt, müssen Sie ihn damit konfrontieren. Denken Sie daran, dass er Sie nie heiraten wird, wenn er nach einjährigem Zusammenleben nicht dazu bereit ist, und Sie weitersuchen sollten.

Helfen Sie ihm, mit der Angst fertig zu werden, und er wird Ihnen den Verlobungsring bald überreichen

Wenn Sie alles in Ihrer Macht Stehende tun, um diesen Übergang zur gemeinsamen Wohnung reibungslos und relativ stressfrei zu gestalten, wird Ihre Belohnung darin bestehen, eher früher als später einen Verlobungsring überreicht zu bekommen. Im Folgenden geben wir Ihnen einige praktische Methoden an die Hand, die Ihnen irgendwann einmal helfen können.

Die Testphase

Es empfiehlt sich, eine Testphase zu durchlaufen, in der Sie beide vor dem Datum Ihres offiziellen Zusammenziehens ein oder zwei Wochen zusammenleben. Das hilft Ihnen und Ihrem Partner dabei, sich daran zu gewöhnen, wesentlich mehr Zeit miteinander zu verbringen. Es reduziert auch Angst und Schock, die unausweichlich mit dem schließlichen Zusammenziehen verbunden sind, auf ein Minimum. Während dieser Zeit können Sie sich auch einen guten Einblick in einige seiner Gewohnheiten verschaffen und umgekehrt, sodass Sie beide Ihren Gewohnheiten ungezwungen nachgehen können, wenn Sie dieselbe Wohnung teilen. Seien Sie sich klar darüber, dass diese Testphase dem tatsächlichen Zusammenleben in keiner Weise ähnelt. Sie erleichtert lediglich in gewisser Weise den Übergang, weil Sie eine bessere Vorstellung von den Gewohnheiten und dem Tagesrhythmus des anderen bekommen, bevor Sie den Test des endgültigen Zusammenlebens zu bestehen haben.

Rich und Marla durchliefen eine solche Testphase. Marla zog in Richs Wohnung, bevor sie zusammen ihre neue Wohnung bezogen. Rich und Marla hatten Hunderte von Nächten in der Wohnung des anderen verbracht, aber nie länger als fünf Tage zusammengelebt. Während dieser Testphase war Rich in der Lage, den Tagesrhythmus seiner neuen Wohngenossin kennen zu lernen und sich ihr anzupassen. Er lernte, mit Marlas morgendlichen Ritualen zurechtzukommen – dazu gehörte, dass sie die Schlummertaste fast eine Stunde lang gedrückt hielt, sich in einer ausgedehnten, zeremoniellen Art und Weise mit Bodylotion einrieb und fast eine halbe Stunde lang mit einem Fön und Make-up zurechtmachte. Er gewöhnte sich auch daran, dass es nicht gut war, Marla während ihrer morgendlichen Rituale oder bevor sie ihren Morgenkaffee getrunken hatte, abzulenken. Das erweiterte Richs Morgen um eine ganz neue Dimension, die er nie vorausgeahnt hätte – und er lernte, die täglichen Rituale seiner Freundin zu respektieren und zu schätzen. Marla und Rich waren auch glücklich und erleichtert, dass ihre neue Wohnung zwei Badezimmer haben würde.

Nach diesem vorbereitenden Testlauf war Rich ein wenig leichter zumute und er freute sich ein bisschen mehr darauf, mit Marla zusammenzuziehen.

Sprechen Sie praktische Fragen offen an

Ferner empfiehlt es sich, sehr offen zu sein und sämtliche praktischen Fragen des Zusammenziehens zu besprechen, bevor Sie einen neuen Mietvertrag unterschreiben. Nehmen Sie sich Zeit, einander zuzuhören, und respektieren Sie die persönlichen Gewohnheiten, Interessen und die Privatsphäre des anderen. Entwickeln Sie im Voraus Strategien, die Ihnen helfen, die Spannungen, die Ihre unterschiedlichen Gewohnheiten unter Umständen erzeugen können, zu vermindern. Sie sollten vor dem Zusammenziehen besprechen, wie Sie den morgendlichen „Stundenplan“ für das Badezimmer, das Telefonieren, Ihre Essgewohnheiten, die Zubereitung der Mahlzeiten, das Saubermachen und andere Haushaltspflichten handhaben, bevor Sie zusammenziehen. Versuchen Sie nicht, „die Dinge zu regeln“, wenn die Fragen sich in der Praxis stellen. Wenn Sie im Voraus über diese und andere Aspekte des Alltagslebens sprechen, verhindert das Zank, der Ihre Partnerschaft mit Spannungen belasten kann, während Sie versuchen, sich an das Zusammenleben – die neue Phase Ihrer Beziehung – zu gewöhnen.

Was Sie noch tun können, ist, Ihrem Partner die „strategische Planung“ des Zusammenziehens zu überlassen. Ein Mann hat einen fest umrissenen Plan in seinem Kopf, wie er sich den Verlauf des Umzugtages vorstellt. Sehr wahrscheinlich hat er im Geiste einen Plan entworfen, wie der Umzug stattfinden soll, welche Dinge er unbedingt behalten und wo er bestimmte Gegenstände platzieren will. Seine Strategie ist ihm sehr wichtig. Wenn Sie versuchen, seinen Plan zu ändern, denkt er, Sie würden versuchen, ihn zu kontrollieren. Versuchen Sie, dem Liebsten an diesem Tag seinen Willen zu lassen.

Die Sache mit den Möbeln

Die Einrichtung der Wohnung ist ein wichtiges Thema bei einem Umzug. Man muss darüber sprechen, welche Möbel man mitnehmen, welche man wegwerfen, weggeben oder verkaufen und welche neuen Einrichtungsstücke man anschaffen will. Ein Mann hängt fast immer besonders an zumindest einem Möbelstück. Für Rich war es sein großes Sofa mit den beiden integrierten Liegesitzen; für Brad sein schwarzer Liegesessel mit passender Fußstütze. Es ist wesentlich, dass ein Mann die Möglichkeit hat, sein Lieblingsmöbelstück in der neuen Umgebung zu behalten – selbst wenn Sie es nicht ausstehen können und es in der neuen Wohnung fürchterlich aussieht.

Dieses Möbelstück ist ein Symbol seiner Männlichkeit und man kann – und sollte – es ihm nicht wegnehmen. Machen Sie sich keine Sorgen – es wird ihm mit der Zeit langweilig werden. Während des Einzugs und der zweimonatigen Phase der Veränderung ist es wichtig dafür zu sorgen, dass sich Ihr Partner wohl fühlt. Also lassen Sie ihn all die Dinge, mit denen er sich behaglich fühlt, in der neuen Wohnung um sich herum haben. Zwar hasste Marla das große Sofa und Cheryl konnte den ledernen Liegesessel nicht ausstehen, aber beide begriffen, dass diese Gegenstände Ihren Freund glücklich machten. Wir danken ihnen dafür, dass wir unser „Sicherheitsmöbelstück" weiterhin behalten durften. Ihr Partner wird Ihnen ebenso dankbar sein, wenn Sie ihm dasselbe gestatten.

Das liebe Geld

Die Finanzen sind ein weiterer grundlegend wichtiger Punkt, über den Sie sprechen und sich einigen müssen, bevor Sie zusammenziehen. Wer zahlt die Miete? Wer die Müllabfuhr und die Telefonrechnungen? Sollen Sie ein gemeinsames Bankkonto eröffnen? Ein Mann, der in einem anspruchsvollen Beruf tätig ist, wird nicht gleich vom Beginn Ihres Zusammenlebens an die Konten zusammenlegen wollen. Seine Zurückhaltung in diesem Punkt hat mit seinem Bedürfnis nach Unabhängigkeit zu tun. Wir würden Ihnen empfehlen, während Ihres Zusammenlebens getrennte Konten beizubehalten und sie erst nach Ihrer Verlobung zusammenzulegen.

Wenn Sie arbeiten, wird Ihr Partner aller Wahrscheinlichkeit nach erwarten, dass Sie einen Teil der Rechnungen bezahlen. Beziehen Sie das gleiche Gehalt wie er oder verdienen mehr, wird er wahrscheinlich erwarten, dass Sie die Miete und alle gemeinsamen Haushaltskosten teilen. Ein Mann respektiert eine beruflich hoch qualifizierte Frau, könnte aber das Gefühl haben, ausgenutzt zu werden, wenn die Frau mehr verdient als er und sie ihn trotzdem den überwiegenden Teil der Rechnungen zahlen lässt.

Als Rich und Marla zusammenzogen, war Rich anfangs als Assistenzarzt tätig und verdiente nicht viel. Marlas Gehalt war fast doppelt so hoch wie seines. Bevor sie zusammenzogen, sprachen sie darüber, wie sie die Rechnungen und die Miete bezahlen wollten. Rich machte sich Sorgen, weil er wusste, er würde sich sehr anstrengen müssen, um sie beide mit seinem Verdienst zu unterhalten. Marla wollte nicht, dass Rich für alle Rechnungen und die Miete aufkam. Sie wollte für ihren Teil sämtlicher Ausgaben aufkommen. Rich war erleichtert darüber, weil er wusste, Marla sorgte sich um ihn und wollte ihn nicht ausnutzen. Sie kamen überein, das jeder für die Hälfte der Ausgaben aufkam, obwohl Marla ein wesentlich höheres Einkommen erzielte als Rich. Mit dieser Lösung fühlte sich Rich wohl und Marla wusste das.

Jeder lebt in einer anderen finanziellen Situation, aber ein Mann hat gern das Gefühl, in Gelddingen die Kontrolle zu haben. Immer wenn Sie öffentlich finanzielle Geschäfte tätigen, lassen Sie doch einfach Ihren Partner derjenige sein, der sie erledigt. Wenn Sie in derartigen Situationen die führende Rolle übernehmen, nehmen Sie Ihrem Freund das Gefühl, ein Versorger zu sein, und laufen Gefahr, seinen Stolz zu verletzen. Das werden Sie bestimmt nicht wollen. Er wird sich dumm vorkommen, das Gefühl haben, sich verteidigen zu müssen, und ärgerlich werden. Wenn Sie also einkaufen, ins Kino gehen oder einfach nur einen Kaffee trinken, überlassen Sie es grundsätzlich ihm, die Rechnungen zu begleichen. Bei manchen Gelegenheiten, wenn Sie Ihrem Partner eine besondere Freude machen möchten, können Sie eine Rechnung bezahlen – beispielsweise zu seinem Geburtstag oder wenn er befördert wurde und Sie ihn zum Feiern ausführen. Im Allgemeinen überlassen Sie aber ihm das Bezahlen der Rechnung.

Vermeiden Sie es in jedem Fall, pingelig in Bezug auf Geld zu sein – besonders in der Öffentlichkeit. Arbeiten Sie stattdessen vorher eine Übereinkunft aus (dass Sie zum Beispiel für die Wäsche bezahlen, er für die Reinigungsmittel,

Sie für die Lebensmittel, er für die Abendessen im Restaurant). Wenn Sie mit einem Partner zusammen sind, der alles bis zum letzten Pfennig kleinlich aufteilt, haben wir für Sie nur den einen Vorschlag: Ergreifen Sie die Flucht!

Der Haushalt

Die meisten Männer hassen es, die Wohnung zu putzen, die Wäsche zu waschen und die Gänge zur Reinigung zu erledigen. Als Junggeselle ist die Wäsche eine Notwendigkeit, weil ein Mann täglich frische Kleidung braucht. Also geht er regelmäßig zur Reinigung. Sämtliche anderen Reinigungsarbeiten werden eher selten erledigt, wenn ein Mann allein lebt. Nach Ansicht vieler Junggesellen ist das Putzen des Badezimmers schließlich keine Aufgabe, die unbedingt erledigt werden *muss*, und schmutziges Geschirr können sie aus dem Spülbecken nehmen, wo sie es stapeln und bei Bedarf schnell abspülen.

Zieht ein Mann mit seiner Freundin zusammen, braucht er oft einige Zeit, um seine Gewohnheiten zu ändern und seinen Reinigungsstandard zu erhöhen. Seien Sie darauf gefasst und setzen Sie Ihren Partner zu Beginn Ihres Zusammenlebens, was das Saubermachen betrifft, nicht zu sehr unter Druck. Wenn ein Mann die Kleider seiner Freundin wäscht oder sie zur Reinigung bringt, ist ihm bewusst geworden, dass sein Leben in eine neue Phase getreten ist. Sie sollten dafür sorgen, dass ihm dies *langsam* bewusst wird, damit er nicht in Panik verfällt. Erledigt ein Mann am Anfang einer Beziehung diese Haushaltspflichten zu häufig, kann ihn das eventuell dazu bringen, lieber noch einmal über die Vorteile des Zusammenlebens mit einer Frau oder der Ehe nachzudenken. Erleichtern Sie ihm diesen wichtigen Veränderungsprozess. Nach und nach werden Sie wahrscheinlich feststellen, dass Ihr Partner seine Hilfe im Haushalt anbietet. Lassen Sie ihn diese Aufgaben in seinem eigenen Tempo erledigen, und halten Sie sich vor Augen, dass er sich bei dem Gedanken an die Verlobung und die Ehe wohler fühlen wird, wenn sie ihm diese Möglichkeit geben.

So war es für Brad beispielsweise ganz alltäglich, zur Reinigung zu gehen, als er allein lebte. Er raffte seine Wäsche zusammen, ging zur Reinigung, gab sie dort Tony und ging dann ohne weiter nachzudenken zur Arbeit. Dann zogen Brad und Cheryl zusammen. Als Brad zum ersten Mal Cheryls rosafarbenen Rock und ihre Bluse mit dem Blumenmuster zusammen mit seinen Anzügen zur Reinigung brachte, zögerte er am Ladentisch. Tony warf Brad amüsierte, fragende Blicke zu – als wolle er sagen: „Hast du eine Beziehung oder bist du ein Transvestit geworden?" – und Brad dachte darüber nach, was er eigentlich tat. Er hatte sich nie vorgestellt, dass er einer Frau bei der Reinigung ihrer Wäsche helfen würde. Dann wurde ihm bewusst, dass er wirklich verliebt war und in einer Beziehung lebte, die zur Ehe führen würde. In diesem Moment konnte sich Brad vorstellen, verheiratet zu sein, und er fühlte sich wohl dabei. Etwas ganz Alltägliches – ein Gang zur Reinigung – führte zu einem Erlebnis, das Brad dazu brachte, eine festere Bindung zu Cheryl einzugehen.

Das Kochen

Eine weitere alltägliche Pflicht, die zu einem wichtigen Thema für ein Paar werden kann, das gerade zusammengezogen ist, ist die Zubereitung des Abendessens. Nach einem anstrengenden Arbeitstag ist Kochen das Letzte, was ein Mann tun will. Er hat einfach nicht die Energie oder den Wunsch dazu. Während seines Junggesellenlebens hat Ihr Partner wahrscheinlich sein Abendessen bestellt oder sich jene schmackhaften Schnellgerichte in der Mikrowelle zubereitet, die man nur einige Minuten aufwärmen muss. Für einen allein lebenden Mann ist Essen einfach nur eine Notwendigkeit am Ende des Tages – er weiß, dass er „neue Energie tanken" muss.

Lebt ein Mann mit einer Frau zusammen, muss man sich über die Zubereitung des Essens einigen. Bestellt man sich etwas? Kocht sie (weil er sich weigert)? Oder essen sie Gerichte aus der Mikrowelle? Für die meisten Männer sind all diese Möglichkeiten akzeptabel, wenn Sie beide arbeiten. Die meisten Männer sind zufrieden, solange sie nicht kochen müssen, wenn sie nach Hause kommen. Wenn Sie nicht arbeiten gehen, wird Ihr Partner wahrscheinlich gern wollen, dass Sie die Mahlzeiten selbst zubereiten.

Wir empfehlen Ihnen dringend, sich an die einzelnen Schritte zu halten, die wir Ihnen gerade dargelegt haben, weil Ihr Partner die ersten zwei Monate Ihres Zusammenlebens als eine entscheidende Phase ansieht, mit deren Verlauf die Entscheidung über Ihre weitere Zukunft steht und fällt. Unter Umständen kann der Umgang mit Ihrem Freund in dieser Phase auch ein wenig schwierig sein, da er das Bedürfnis verspürt, seine Macht zu behaupten und sich zu vergewissern, dass er noch der „Herr seines Universums“ ist. In dieser Übergangsperiode kann sich die Situation sehr schnell zum Negativen verändern. Ihr Partner ist mit großer Wahrscheinlichkeit defensiv, um seine – wie ihm scheint – schwindende Freiheit zu verteidigen. Während der ersten zwei Monate Ihres Zusammenlebens ist es am besten, wenn Sie sich so wenig wie möglich in seinen Tagesablauf und seine Gewohnheiten einmischen. Sie sollten ihn murren, angeben und nörgeln lassen, während er sich in seiner neuen Lebenssituation einrichtet. Vertrauen Sie uns – sobald er sich sicher fühlt und sich darüber bewusst wird, dass er keinen großen Fehler begangen hat und sein Zusammensein mit Ihnen ein Zugewinn für sein Leben und keine Beschränkung ist, wird er sich entspannen und seine Stimmung wird sich heben.

Tut Ihr Partner irgendetwas, womit Sie absolut nicht leben können, versuchen Sie einfach, diese Dinge über diesen kurzen Zeitraum hinweg auszuhalten. Sehr wahrscheinlich werden sie verschwinden, sobald sich Ihr Partner in der neuen Lebenssituation eingewöhnt hat. Wenn sie sich nicht legen, dann versuchen Sie ihn langsam, mit einfühlsamen und liebevollen Kommentaren zu Kompromissen zu bewegen. Vermeiden Sie es, Ihrem Partner das Gefühl zu vermitteln, sein Leben habe sich unmittelbar nach dem Zusammenziehen einschneidend verändert, sonst wird er sich die Sache unter Umständen noch einmal überlegen. Wenn Sie sofort strikte

Regeln darüber aufstellen, was Ihr Freund zu tun und zu lassen hat, bekommt er möglicherweise Angst und springt ab.

Der „Notausgang“

Vorkehrungen für den „Notfall“ gehören für einen Mann zum Gesamtplan des Zusammenziehens mit einer Frau, speziell für den Fall, dass die Dinge gleich zu Anfang schief laufen.

Als Brad mit Cheryl zusammenzog, hatte er zu Anfang einen derartigen Plan. Während der ersten zwei Monate hatte er einen Matchbeutel mit Kleidern versteckt, ein Zimmer im Hilton reserviert, einen geheimen Geldvorrat angelegt, die Telefonnummer des Hotels eingespeichert und einen Fahrer auf Abruf bereit – alles für den Fall, dass das Zusammenleben mit Cheryl eventuell nicht wie geplant verlaufen würde.

Das ist natürlich *ein wenig* übertrieben, aber alle Männer machen sich Gedanken darüber, was wohl geschieht, wenn das Zusammenleben nicht klappt. (Auch Sie sollten dafür sorgen, dass Sie einen „Notausgang“ haben – nur für den Fall der Fälle.) Denken Sie nicht, dass ein Mann so handelt, weil er der Ansicht ist, das Zusammenleben mit Ihnen werde scheitern, oder weil er seinen „Notfallplan“ ausführen will. Die Vorkehrungen, die ein Mann für den schlimmst möglichen Fall trifft, zeigen lediglich, wie wichtig der Schritt in die gemeinsamen vier Wände mit seiner Freundin häufig für ihn ist. Er schafft sich diesen „Notausgang“ nur, um seine Ängste abzubauen.

Zu dir oder zu mir?

Die erste gemeinsame Wohnung, die Sie mit Ihrem Freund beziehen, übt eine wesentliche Wirkung auf ihn aus. Sie stehen vor der Wahl, in Ihrer oder seiner bisherigen Wohnung zusammenzuziehen oder sich eine neue gemeinsame Wohnung zu suchen.

Er zieht zu Ihnen

Wir empfehlen Ihnen nicht, Ihren Freund bei sich einziehen zu lassen. Wenn es nicht anders geht, dann müssen Sie es tun, aber es ist nicht die optimale Lösung für Ihren Partner. Wenn ein Mann in die Wohnung seiner Freundin zieht, verliert er einen Teil seines „männlichen Gefühls“. Er findet sich unversehens in eine sehr weibliche Umgebung versetzt und muss in der Regel den größten Teil seines „Machomobiliars“ zurücklassen – Neonleuchten mit Bieremblemen, Bartresen und andere Symbole seines Junggesellenlebens. Ein beruflich hoch qualifizierter Mann kann auch das Gefühl haben, Sie würden ihn aushalten, indem Sie ihn bei sich einziehen lassen, was ihm sehr unbehaglich ist. Selbst dann, wenn er die Hälfte der Miete oder mehr bezahlt, hat sein Einzug bei Ihnen für ihn die symbolische Bedeutung, Sie würden ihn zur Untermiete bei sich aufnehmen.

Als Brad und Cheryl den Entschluss fassten zusammenzuziehen, zog Brad in Cheryls Wohnung. Brad wollte das nicht, aber sein Mietvertrag war zu Ende und Cheryls lief noch ein weiteres Jahr. Brad fühlte sich wegen der betont femininen Atmosphäre in Cheryls Wohnung sehr unbehaglich bei diesem Gedanken. Er wusste auch, was Cheryl über sein Mobiliar dachte (sie hasste es und fand es hässlich) – obgleich sie ihm erlaubte, seinen schwarzledernen Liegesessel mitzubringen. Während der ersten Monate fühlte sich Brad wie ein ungebetener Gast in Cheryls Wohnung. Er fühlte sich einfach nicht zu Hause. Das verstärkte Brads Vorbehalte dem Zusammenziehen gegenüber und erhöhte seine Konzentration auf seinen „Plan für den Notfall“, den er gegebenenfalls sofort in die Tat umzusetzen bereit war.

Brads und Cheryls Beziehung und Lebenssituation entwickelten sich trotzdem erfolgreich, weil Cheryl einfühlsam war und alles nur Erdenkliche unternahm, um Brad das Gefühl zu geben, ihre Wohnung wäre nun auch die seine. Sie modifizierte ihre feminine Einrichtung mit einigen von Brads Lieblingsbildern und gab seinem Liegesessel einen Vorzugsplatz im Wohnzimmer. Sie ging den Kompromiss ein, einige ihrer ästhetischen Vorlieben aufzugeben, um ihm das Gefühl zu geben, zu Hause zu sein. Dadurch wurde Brad wohler zumute.

Was können Sie also tun, um derartige Ängste bei Ihrem Partner abzubauen? Versuchen Sie, ihm das Gefühl zu geben, dass Ihre Wohnung jetzt auch seine sei. Erkundigen Sie sich nach seiner Meinung über die Einrichtung. Lassen Sie ihn wissen, dass Sie bereit sind, Veränderungen vorzunehmen, um ihm das Gefühl zu geben, zu Hause zu sein. Neun von zehn Malen wird Ihr Partner nicht versuchen, etwas zu verändern, aber der Umstand, dass Sie ihn gefragt und sich für seine Gefühle interessiert haben, bewirkt, dass er sich in seinem neuen Zuhause wohler und Ihnen näher fühlt.

Sie sollten auch versuchen, offen für Veränderungen zu sein. Wenn Ihr Partner sich von einigen seiner Habseligkeiten trennen konnte, sollten Sie ebenfalls dazu in der Lage sein. Falls Sie es sich leisten können, sollten Sie in Erwägung ziehen, sich gemeinsam neue Möbel anzuschaffen. Zusammen eine neue Couch, Möbel für das Schlafzimmer, einen Küchentisch oder andere Einrichtungsgegenstände auszusuchen und zu kaufen gibt Ihnen die Möglichkeit, eine gemeinsame Entscheidung zu treffen und Ihrem Partner zu zeigen, dass Ihnen sein Beitrag wichtig ist. Er merkt, dass Sie seinen Geschmack und seine Gefühle verstehen und respektieren – und dass Sie beide ein Team sind.

Kurz nachdem sie zusammengezogen waren, suchten Brad und Cheryl einen neuen Beistelltisch für den Fernseher. Sie sahen sich in allen möglichen Geschäften um und machten dabei eine sehr angenehme Erfahrung, besonders für Brad begeisternd und anregend. Er merkte, Cheryl machte den Vorschlag, weil sie wollte, dass er sich wohler fühlte. Das gab Brad Auftrieb in Bezug auf Cheryl – und auf sich selbst. Nachdem sich beide für einen Beistelltisch entschieden hatten, der ihnen gefiel, und sie ihn nach Hause brachten, machte sich Brad nicht mehr so viele Sorgen über eventuelle zukünftige Geschmackskontroversen zwischen Cheryl und ihm.

Sie können einen kleinen, aber sehr wesentlichen Schritt unternehmen, damit der Partner sich in Ihrer Wohnung zu Hause fühlt: Sprechen Sie nicht mehr von „meiner“ Wohnung beziehungsweise „meinem“ Haus sondern von „unserer“ Wohnung beziehungsweise „unserem“ Haus. Diese Bezeichnung baut die Befürchtungen Ihres Partners ab, dass Ihre Ansichten, Ideen und Gedanken das gemeinsame Zuhause betreffend mehr Gewicht hätten. Er wird merken, dass Sie Ihr Haus auch als seines betrachten und dass Sie beide bei allen Fragen im Zusammenhang mit Ihrem gemeinsamen Zuhause das gleiche Mitspracherecht haben.

Sie ziehen zu ihm

Auch die zweite Möglichkeit – Sie ziehen bei Ihrem Freund ein – mag vielleicht nicht die beste Lösung sein. Wenn Sie am Tag des Einzugs mit einem Lastwagen voller Möbel bei ihm auftauchen, mag Ihr Partner eventuell das Gefühl haben, Sie planten eine Invasion. Es kratzt ein wenig an seiner Männlichkeit, wenn seine hoch geschätzten Einrichtungsgegenstände – wie beispielsweise die schwarzledernen Möbel, die stroboskopische Beleuchtung und der Vorleger aus Leopardenfell – durch höchst feminine Gegenstände ersetzt werden. Selbst wenn Sie sich wegen der Integration Ihres Mobiliars freundlich und diplomatisch verhalten, kann Ihr Partner unter Umständen das Gefühl haben, Sie würden ihn beiseite schieben und sich sein „Territorium“ aneignen.

Möglicherweise fällt es Ihrem Freund auch schwer, seine Sicht der Wohnung zu ändern, wenn Sie einziehen. Es mag für Sie eine problematische Vorstellung sein – aber seine Wohnung ist für ihn mit vielen Erinnerungen an wilde Partys, späte Abende und die Verführung anderer Frauen verknüpft. Sehr wahrscheinlich hat er jahrelang in seiner Junggesellenbehausung gelebt und strengt sich nun an, seine damit verbundenen Assoziationen von einem Ort von Partys bei Schummerbeleuchtung, wo er und seine Kumpels Sex mit „Mädchen für den Augenblick“ hatten, in die Vorstellung eines gemütlichen Nestes für zwei Liebende zu verwandeln.

Unter Umständen kann sich Ihr Freund auch Sorgen darüber machen, irgendeine seiner verflossenen Frauenbekanntschaften könnte bei ihm auftauchen. Mit größter Wahrscheinlichkeit würde er Ihnen derartige Dinge nie mitteilen, aber sie könnten der Hintergrund für seine Vorbehalte sein, dass Sie bei ihm einziehen.

Wenn Sie es dennoch tun, gehen Sie taktvoll und umsichtig vor. Fragen Sie, wo Sie Ihre Sachen unterbringen sollen. Besprechen Sie mit ihm, von welchen seiner Besitztümern er sich trennen könnte, um sich Platz für Ihre eigenen zu schaffen. Sie werden feststellen, inwiefern er einer totalen Umgestaltung des Wohnraumes offen gegenübersteht – eventuell ist er der Meinung, ein neues Aussehen helfe, jene Erinnerungen an Trunkenheit und Sex zu vertreiben. Es ist empfehlenswert, wenn Sie vor dem Umzugstermin besprechen, was bleibt und was nicht und wie Sie die Wohnung neu gestalten wollen.

Sollte eines Tages eine Frau anrufen oder vor der Tür stehen und Ihr Freund peinlich berührt scheinen, verschlimmern Sie die Situation nicht. Lassen Sie ihn dieser alten Frauenbekanntschaft „für den Augenblick“ die neue Situation mit Ihnen erklären und haken Sie das Thema dann ab. Sehr wahrscheinlich ist es Ihrem Partner ebenso unangenehm wie Ihnen, diese Frau zu sehen oder von ihr zu hören. Seien Sie verständnisvoll. Setzen Sie ihn deswegen nicht auf die Abschussliste.

Die beste Möglichkeit – eine neue gemeinsame Wohnung

Wir sind der Ansicht, dass es am besten ist, wenn Sie sich zusammen eine neue Wohnung suchen. Dies ist die optimale Möglichkeit, weil dieser Platz für Sie beide neu ist. Sie haben auch die Gelegenheit, die finanzielle Verantwortung zu teilen, indem Sie gemeinsam einen Mietvertrag unterzeichnen. (Für den schlimmsten Fall, dass einer von Ihnen sich entschließt auszuziehen, ist es klug, eine Wohnung zu finden, deren Miete sich jeder von Ihnen auch allein leisten könnte.) Ein Paar, das sich eine neue Wohnung sucht, hat auch die einzigartige Chance, einen Platz auszuwählen, der beiden gefällt und den sie gemeinsam ausstatten können. Das gibt ihnen die Gelegenheit, viele Punkte zu besprechen. Wenn Sie zusammen eine neue Wohnung beziehen, werden Sie und Ihr Partner das Gefühl haben, als bringe die neue Lebensgestaltung noch einmal einen neuen Anfang für die Beziehung.

Rich und Marla entschlossen sich, in eine neue Wohnung einzuziehen. Sie hatten sich vorher über die zur Auswahl stehenden Möglichkeiten unterhalten und waren in der Lage, ihre Mietverträge zur gleichen Zeit auslaufen zu lassen und sich gemeinsam auf die Suche nach einer Wohnung zu machen. Nachdem sie eine Wohnung gefunden hatten, die ihnen beiden sehr gut gefiel, planten sie die Einrichtung jedes Zimmers und statteten alles gemeinsam aus. Sie besprachen auch, welche Stücke jeder von ihnen in die neue Wohnung mitbringen würde. In einer Situation, die mit weniger Spannungen belastet war, als wenn einer in die Wohnung des anderen gezogen wäre, lernten sie Kompromisse zu schließen und den Geschmack des anderen kennen. Der anschließende Einzug in die neue Wohnung machte die erste Phase des Zusammenlebens für Rich und Marla sehr einfach. Der ganze Ablauf der Dinge brachte das Paar näher zusammen.

Geben Sie Ihrem Partner Freiraum

Nachdem Sie mit Ihrem Freund zusammengezogen sind, ist es wesentlich für den Erfolg Ihres Zusammenlebens, dass Sie ihm Raum und Zeit für sich selbst einräumen. Unabhängig von der Beschaffenheit Ihrer Lebensumstände braucht ein Mann grundsätzlich das Gefühl, dass er für sich allein sein kann, wenn er will. Er braucht die Sicherheit zu wissen, er könne völlig allein und ungestört von anderen Menschen – einschließlich Ihnen – nachdenken oder sich entspannen, wenn er einen schlechten Tag hatte oder an einem wichtigen Projekt arbeitet. Dies trifft ganz besonders auf die erste zweimonatige Wandlungsphase des Zusammenlebens zu. Hat

Ihr Partner das Gefühl, er hätte keinen Raum oder keine Zeit für sich selbst, wird er seine Lebenssituation und Ihre Beziehung noch einmal ernsthaft überdenken.

Wenn Sie merken, dass Ihr Freund am Abend den Kopf voll hat und er allein sein möchte, ist es am besten, ihn einfach in Ruhe zu lassen. Er wird dankbar dafür sein. Er bekommt die Gewissheit, dass Sie nicht versuchen, ihn zu kontrollieren, und dass Ihnen seine Gefühle am Herzen liegen. Die Fähigkeit zu merken, wenn ein Mann Freiraum braucht – und ihm diesen zu gewähren –, ist eine wesentliche Eigenschaft, die ein Mann in seiner künftigen Ehefrau sucht.

Die nächste Stufe – die Verlobung

Das Zusammenwohnen kann für ein in einer ernsthaften Bindung lebendes Paar die beste Erfahrung der Welt sein. Es gibt einem Mann die Möglichkeit, Sie besser kennen zu lernen, Ihre Gesellschaft tagtäglich zu genießen und zu entdecken, dass Sie wirklich eine einzigartige Frau sind. Das Zusammenwohnen hilft Ihrem Partner sich daran zu gewöhnen, alles mit Ihnen zu teilen – die Hausarbeit, die Familien, den Freundeskreis – und daran (was am wichtigsten ist), die Zeit gemeinsam mit Ihnen zu verbringen. Es wird auch schlechte Zeiten geben, aber wenn alles gut geht, wird Ihre Bindung eine neue Form annehmen, die Ihrem Partner hilft, sich sicher zu werden, dass eine Heirat für ihn etwas Positives wäre.

Für einen Mann ist das Zusammenziehen mit seiner Partnerin ein beträchtlicher Schritt hin zur Ehe. Es ist wahrscheinlich der wichtigste Schritt, der Ihnen zeigt, dass Ihr Partner Sie als künftige Ehefrau betrachtet.

Willigt ein Mann ein, mit Ihnen zusammenzuziehen, sagt er Ihnen damit ausdrücklich, dass er Sie heiraten will. Ihr Partner muss sich völlig wohl in der Beziehung fühlen, bevor er seine endgültige Entscheidung trifft. Die hier dargebotenen Erfahrungen und Tipps helfen Ihnen hoffentlich, die Beziehung für Ihren Partner angenehm zu gestalten, während Sie in die letzten Runden durchstarten – die Verlobung und die Ehe.

10

Die Verlobung

Für einen Mann ist eine Verlobung keine Kleinigkeit. Es fällt ihm wesentlich leichter zu sagen, dass er sich verloben wird, als seiner Freundin tatsächlich einen Diamantring zu überreichen. Weshalb? Wie wir bereits erläutert haben, ist jeder Schritt, den ein Mann in diesem Bindungsprozess unternimmt, von einschneidender Bedeutung. Jeder noch so kleine Fortschritt innerhalb einer ernsthaften Beziehung bindet einen Mann enger an die Frau, die er liebt, *und* bringt ihn der Zeit näher, in der er nie wieder mit anderen Frauen ausgeht oder mit ihnen schläft.

Als Frau wollen Sie bei Ihrem Partner nun so weit kommen, dass die Verlobung keine Frage des „ob", sondern des „wann" ist. Sie haben eine Beziehung zueinander aufgebaut, Sie haben zusammengelebt – jetzt kommt der Zeitpunkt, da Ihr Partner den letzten Schritt tun sollte, sich mit Ihnen verloben zu wollen, aber er muss sich noch immer für diese Vorstellung erwärmen.

Betrachten Sie die Situation einmal folgendermaßen. Die Ehe ist ein Feuer – je näher Ihr Partner dem Feuer kommt, desto wärmer und behaglicher wird ihm; aber die Nähe eines Feuers löst auch Befürchtungen aus. Ihr Freund überlegt sich, ob er sich vielleicht verbrennen könnte. Er denkt sich: ‚Was ist, wenn ich es bereue, nie wieder die Chance zu haben, mit einer anderen Frau zusammen zu sein? Was geschieht, wenn sie „Nein" sagt?' Männer wissen, dass sie ihre Freundin lieben. Sie wissen, dass sie die beste Partnerin ist, mit der sie jemals zusammen waren. Sie wissen, sie werden sie *letztendlich* heiraten und mit ihr eine Familie gründen. Sie brauchen nur ein bisschen länger, um den Mut zu fassen, diesen letzten Schritt zu tun.

Brad erinnert sich daran zurück, wie es bei ihm war, als er über den letzten Schritt – die Verlobung – nachdachte. Er wohnte zu diesem Zeitpunkt seit rund einem Jahr mit Cheryl zusammen und der Gedanke an eine Verlobung ging ihm immer häufiger durch den Sinn. Er setzte sich mit allen typischen Fragen auseinander. Es lief alles gut, so wie es war – weshalb sollte man es ändern? Warum sollte er einen Ring besorgen müssen? Über eine Verlobung nachdenken? Über Familienbesuche? Eine Hochzeit planen? Eine Wunschliste für Geschenke erstellen? Er war nicht in der Stimmung, einen solchen Wirbel zu entfachen.

Wir Männer wissen, dass die Zeit zu laufen beginnt, sobald wir das wahrscheinlich teuerste Geschenk unseres Lebens kaufen – den Verlobungsring. Das nächste Faktum ist die Ehe. Die Zeiger der Uhr rücken unaufhaltsam vor. Weshalb sollen wir den Auslöseknopf für diesen Countdown drücken, wenn wir es nicht tun müssen?

Für einen Mann ist die Verlobung der wunderbarste und zugleich angsteinflößendste Wendepunkt seines persönlichen Lebens. Er weiß, dass eine Flut gesellschaftlicher Verpflichtungen ins Rollen kommt, sobald er Sie fragt, ob Sie seine Frau werden wollen. Die Anzeigen, die Gästelisten, die Einladungen, die Partys, die Geschenke, das Ausrichten der Hochzeit und die Entscheidung über die Gestaltung der Hochzeitsreise – das alles kommt auf ihn zu und macht die Phase der Verlobung sehr zeitaufwändig und stressig. Mit diesem Wissen im Hinterkopf möchte ein Mann diesen Prozess keinesfalls in Gang setzen, während er sich in einer entscheidenden Phase seiner beruflichen Karriere befindet.

Brads Freund Erick, der Generaldirektor einer neu gegründeten Internetfirma, war bereit, seiner Freundin Robin, einer Firmenanwältin, einen Heiratsantrag zu machen. Zu dem Zeitpunkt, an dem er sich zur Ehe entschloss, wurde Erick mit der Aufgabe betraut, Leute für drei wichtige Positionen einzustellen und Vorbereitungen für die in Kürze anstehende Entscheidung über den Wert der Aktien der neuen

Firma zu treffen. Er wusste, sowohl sein Leben als auch das seiner Verlobten würde nach einem Heiratsantrag noch hektischer werden, als es bereits war, weil dann all die Hochzeitsvorbereitungen und familiären Verpflichtungen auf sie zu kämen.

So gern Erick Robin auch bitten wollte, seine Frau zu werden, so wusste er doch, dies war wirklich *nicht* der richtige Zeitpunkt in seinem Leben für einen Heiratsantrag. Erick stand unter enormem beruflichen Druck und wusste, er könnte es nicht bewältigen, dieser Anspannung den Stress von Hochzeitsvorbereitungen hinzuzufügen. Er und Robin sprachen über die Verlobung und Erick erklärte ihr seine berufliche Situation. Sie hatte Verständnis und wartete geduldig, bis Ericks Leben in ruhigeren Bahnen verlief. Ericks Wunsch, Robin zu heiraten, verstärkte sich sogar noch nach ihrem Gespräch. Ihre Unterhaltung bewies ihm erneut, dass Robin außer ihrer Schönheit, ihrer Intelligenz, ihrem Humor und ihrer liebenswürdigen Persönlichkeit wirkliches fürsorgliches Verständnis für ihn und für seine Konzentration auf seine Arbeit mitbrachte. Er wusste, dass Robin die einzige Frau für ihn war.

Die Entscheidung, einen Heiratsantrag zu machen

Brad erinnert sich genau an seine Gedanken während dieser Übergangsphase. Er wusste, er wollte sich mit Cheryl verloben und sie heiraten. Er hatte das Gefühl, der richtige Zeitpunkt wäre gekommen. Er etablierte sich in seinem Beruf, hatte seit einiger Zeit Erfahrungen in seiner eigenen Anwaltskanzlei gesammelt und fühlte sich sicher. In diesem Lebensabschnitt war eine endgültige Entscheidung angesagt und so entschloss er sich, den entsprechenden Schritt zu unternehmen. Er wusste zugleich, er würde nicht heiraten, ohne zuerst in sich zu gehen und die zahlreichen mit einer Heirat verbundenen Auswirkungen in den Griff zu bekommen. Ihm war bewusst, dass er einer der wichtigsten Entscheidungen seines Leben gegenüberstand.

Ein Mann möchte sich nicht unbedingt mit dieser Entscheidung auseinander setzen. Er tut es schließlich, weil er weiß, er muss – wenn er die Richtige und das Leben, das er sich mit ihr zusammen vorgestellt hat, möchte. Um sich diese Entscheidung zu erleichtern, braucht ein Mann buchstäblich Zeit sich hinzusetzen und nachzudenken. Genau das tat Brad. Er konzentrierte sich auf die Frage nach seiner Zukunft und dachte über sämtliche ihm offen stehende Möglichkeiten nach. Er wog das Für und Wider des Junggesellenlebens und der Ehe gegeneinander ab. Schließlich erwärmte sich Brad außerordentlich für eine lebenslange Bindung an Cheryl, und zwar so sehr, dass er umgehend den Verlobungsring kaufen wollte. Dazu musste er innerhalb der nächsten paar Wochen das Geld zusammenbekommen, den Ring aussuchen und das Geld auf den Tisch legen. Er war bereit, den Schritt zu tun.

Wie gelangen Männer zu diesem Wendepunkt in ihrem Leben? Wie bringen Sie Ihren Partner dazu, diesen letzten und wichtigsten Schritt zu tun? Als Antwort auf diese Frage werden Sie wahrscheinlich wissen wollen, was Brad während der Phase, in der er diesen Schritt erwog, durch den Kopf ging. Nun, er dachte natürlich über Cheryl nach. Er dachte daran, wie sehr sie ihn in so vielen Übergangsphasen seines Lebens unterstützt hatte. Ihm wurde klar, dass sie nie Druck auf ihn ausgeübt oder irgendwelche zeitlichen Grenzen für die Entwicklung ihrer Beziehung aufgestellt hatte. Insbesondere dachte Brad an das Versprechen, das er Cheryl gegeben hatte. Als sie zusammenzogen und er sehr in sie verliebt war, hatte er ihr gesagt, dass er sie heiraten wolle. Er dachte an die Zeit zurück, als sie zusammengezogen waren. Er erinnerte sich daran, dass Cheryls Familie dieser Idee sehr ablehnend gegenüberstand. Cheryl setzte im Interesse ihrer Beziehung ihren eigenen Willen durch und stritt sich mit ihrer Familie darüber. Sie ging ein Risiko ein, um mit ihm zusammen zu sein.

Es wurde Brad bewusst, wie gut Cheryl ihn behandelt hatte und wie wohl er sich durch sie fühlte. Und er erinnerte sich an sein Versprechen ihr gegenüber. Cheryl verstand es, Brad nicht zur Verlobung zu drängen. Sie wusste, dass ein

Mann Zeit dafür braucht, um sich über diese Dinge klar zu werden. Er schuldete ihr einen Heiratsantrag und er schuldete ihn sich selbst. Es wurde ihm bewusst, dass es wundervoll und sehr wichtig für ihre Beziehung sein würde, wenn er Cheryl einen Heiratsantrag machen würde.

Brad schätzte es sehr, dass Cheryl geduldig ihre Zeit opferte und ein zeitliches Limit nie ein Thema für sie war. Darüber hinaus erlaubte sie es der Partnerschaft, sich ganz ungezwungen und natürlich zu entwickeln. Das löste in Brad nur das eine Gefühl aus: Er wollte Cheryl heiraten. Nachdem Brad Zeit gehabt hatte, über seine Beziehung mit Cheryl nachzudenken, konnte er nur noch daran denken, sie zu heiraten. Er wusste, dass er es wollte. Die kleinen Dinge, die Cheryl tat beziehungsweise unterließ, führten dazu, dass Brad ihr vertraute, sie achtete und sie liebte. Sobald er das erkannt hatte, gab es keinen Grund, Cheryl nicht zu heiraten. Auf diese Art können Sie Ihren Partner dabei unterstützen, sich für eine lebenslange feste Bindung und Ehe zu begeistern.

Rich schlug mit Marla einen ähnlichen Weg ein. Auch sie hatten sich gegenseitige Versprechen gegeben. Rich hatte Marla versprochen, sie zu heiraten, und Marla hatte versprochen, dass sie Geduld haben würde, bis er bereit dazu sei. Marla war trotz der vielen Pessimisten geduldig geblieben, die ihr prophezeiten, dass Rich ihr niemals einen Heiratsantrag machen würde.

Für einen beruflich hoch qualifizierten Mann kann das eine Frage der Ehre sein. Rich wusste, dass er Marla eines Tages bitten würde, ihn zu heiraten, wartete aber auf den passenden Zeitpunkt in ihrer beider Leben. Als Marla und Rich zusammenzogen, wusste Rich nicht, wo man ihn als Assistenzarzt annehmen würde. Schließlich bekam er eine Stelle in einem New Yorker Krankenhaus. Er erzählte Marla davon und fragte sich, wie sie auf diese Neuigkeit reagieren würde. Er stellte fest, dass sie ebenso gespannt wie er auf ihr gemeinsames Leben in New York war. An diesem Punkt hatte Rich das Gefühl, dass sein Leben zumindest für die nächste Zukunft in einer festen Bahn verlaufen würde. Er wusste, dass dies der richtige Zeitpunkt war, Marla zu bitten, ihn zu heiraten.

Sollte eine Frau in Betracht ziehen, ihrem Partner einen Heiratsantrag zu machen?

Manchmal stellt man uns die Frage, was wir darüber denken, wenn Frauen Männern einen Heiratsantrag machen. Wir sagen, dass Sie auf das nächste Jahrtausend warten sollen, bis dies für einen Mann akzeptabel ist. Wir mögen große Fortschritte gemacht haben, aber Männer sind noch nicht so weit, sich dabei wohl zu fühlen, wenn ihnen eine Frau einen Heiratsantrag macht. Ja, eine Frau kann einen Mann einladen, mit ihr auszugehen. Ja, sie kann einen Mann anrufen. Ja, sie kann ihn um seine Telefonnummer oder seine E-Mail-Adresse bitten. Und sie kann auch gelegentlich anbieten, bei einem Essen die Rechnung zu bezahlen. Aber, nein, sie kann einen Mann nicht bitten, sie zu heiraten. Nicht wenn sie möchte, dass er „Ja" sagt. Es funktioniert einfach nicht.

Ein Mann kann unter diesen Voraussetzungen nicht heiraten. Er möchte am „Steuer" sitzen, was seine lebenswichtigen Entscheidungen angeht, und bei der Ehe handelt es sich selbstverständlich um eine lebenswichtige Entscheidung. Wenn eine Frau einen Mann bittet, sie zu heiraten, fühlt er sich kastriert – sie hat ihm einen entscheidenden Moment der Würde und der Kontrolle weggenommen. Wenn eine Frau einen Mann bittet, sie zu heiraten, ist es außerdem sicher, dass sie ihm einen Schlag versetzt, auf den er nicht vorbereitet ist. Wenn Männer eine Frau bitten, sie zu heiraten, fühlen sie sich im besten Fall unerfahren und unbeholfen. Was Heiratsanträge angeht, sind wir Männer Anfänger. Beruflich hoch qualifizierte Männer hassen es, Anfänger in irgendetwas zu sein. Wir rühmen uns unserer Fähigkeit, unsere Ziele zu erreichen, Fortschritte zu erzielen und erfolgreich zu sein. Wenn Sie uns durch einen Heiratsantrag einen Schlag versetzen, sind wir nicht nur fassungslos, sondern defensiv, ärgerlich und beleidigt. Meinen Sie, wir würden in einer derartigen

Verfassung „Ja“ sagen? Oder denken Sie, wir würden Sie bitten, uns zu heiraten, nachdem Sie uns gefragt haben? Nein. Falls Sie sich überlegen, ob Sie Ihrem Partner einen Heiratsantrag machen sollen – lassen Sie es bleiben.

Die praktischen Details der Verlobung

Ihr Partner entscheidet also, ob der richtige Zeitpunkt gekommen ist, Ihnen einen Heiratsantrag zu machen. Es gibt viele praktische Einzelheiten, mit denen sich Männer auseinander setzen müssen. Was tut Ihr Partner nun als Nächstes?

Der Kauf des Ringes

Der Kauf des Ringes ist der erste – und der wichtigste – praktische Schritt, den ein Mann auf dem Weg hin zur Verlobung unternimmt. Ein Paar kann sich schließlich nicht ohne einen Diamantring verloben, nicht wahr? *Falsch!* Das war eine Fangfrage. Ein Mann möchte die Gewissheit haben, dass ihn die Liebe seines Lebens heiraten will, egal ob mit oder ohne Diamantring. Männer verloben sich nicht oder heiraten, weil Frauen mit irgendeinem teuren Geschenk darum buhlen. *Wir tun es gratis!* Mit dieser Vorstellung im Hinterkopf sind wir der Meinung, Sie sollten dasselbe tun.

Doch selbstverständlich wird Ihr Partner Ihre Hand mit dem schönen Ring schmücken wollen, den Sie sich erträumen. Aber woher wissen wir, was wir tun, wohin wir gehen und mit wem wir über den Kauf dieses wichtigen Symbols der festen Bindung sprechen sollen? Das Problem besteht darin, dass Männer viele Horrorgeschichten über den Ringekauf gehört haben, wenn sie diese Phase einer festen Partnerschaft erreichen – sei es der traditionelle Diamantring oder, für Paare mit einem ausgefalleneren Geschmack, ein Ring mit einem anderen Stein oder einer Kombination anderer Steine. Wir haben von Männern gehört, die sich von hohen Preisen blenden ließen und gefälschte oder minderwertige Steine erhielten. Wir wollen nicht dasselbe erleben. Daher kann es einen Mann einige Zeit und Energie kosten, den Ring zu finden und zu kaufen, den er für den Heiratsantrag braucht.

Natürlich gibt es mehr als eine einzige Art, sich zu verloben. Wenn Sie und Ihr Partner sich über das Thema Ehe unterhalten haben, können Sie sicher sein, dass er sich gemerkt hat, wenn Sie bei der Gestaltung der Verlobung oder den Ring betreffend besondere Vorlieben geäußert haben, speziell dann, wenn es ihm die Erfüllung seiner diesbezüglichen Verpflichtungen erleichtert. Wenn wir an die Verlobung denken, stellen wir uns in der Regel die gängigste Situation vor – ein überraschender Heiratsantrag mit einem Ring. Die meisten Männer, die wir kennen, denken genauso. Aber manche Frauen wollen keinen Ring, wollen nicht überrascht werden oder würden es vorziehen, wenn Sie Ihnen zuerst den Heiratsantrag machen und anschließend die Ausgaben für einen Ring teilen. Reden Sie mit Ihrem Partner, um mögliche Missverständisse und verletzte Gefühle in diesem außerordentlich emotionalen Moment Ihrer Beziehung zu vermeiden.

Die Suche nach dem Ring

Wenn Ihr Partner bereit ist, den Verlobungsring zu kaufen, und Sie ihm keine andere Alternative eröffnet haben, muss er herausfinden, wo er einen guten Ring bekommen kann. Hoffentlich kann ein Freund, der sich kürzlich verlobt hat, oder ein Familienangehöriger ihn in dieser Hinsicht beraten. Als Nächstes macht sich Ihr Freund Gedanken über die Größe und die Form des Diamanten. Was wissen wir Männer über diese Dinge? In einem Juweliergeschäft fühlen Männer sich wie Fische auf dem Trockenen. Brad hatte vor Cheryl nie einen Ring gekauft. Also was tat er?

Zunächst ging Brad mit Cheryl in ein bekanntes Juweliergeschäft in Manhattan. Während sie an einem Samstag die Fifth Avenue entlangschlenderten, dirigierte Brad Cheryl zum Haupteingang von Tiffany's. Dies war ein halbes Jahr, bevor er Cheryl tatsächlich bat, ihn zu heiraten, und sie sich verlobten. Als sie das Geschäft betraten, verlor Brad Cheryl fast in der Menge. Sie steuerte auf die Männerabteilung zu, weil sie dachte, Brad sei an einem neuen Paar Manschettenknöpfen interessiert. Brad eilte um die Glasvitrinen, um Cheryl einzuholen, und führte sie – sehr zu ihrem Erstaunen – zur Abteilung mit den Verlobungsringen. Sie traten an die Theke und dies war der Anfang von Brads Unterricht über Ringe – und der Beginn seiner Suche nach dem richtigen Ring.

Welche Bedeutung hat diese Angelegenheit für einen Mann? Nachdem er erkannt hat, dass Sie einen Diamanten wünschen, braucht er Ihre Hilfe, um einen passenden Stein zu finden, weil er den richtigen Ring kaufen möchte. Dennoch will er die Überraschung nicht total verderben. Also wird er mit seiner Partnerin in der Regel in ein oder zwei Juweliergeschäfte gehen und sich nach ihrer Meinung über Größe und Form des Diamanten und der Gestaltung des Ringes erkundigen. Er wird den Diamanten bestellen, fassen lassen und den Ring abholen. Er wird einen Zeitpunkt auswählen, um Ihnen einen Heiratsantrag zu machen, und Ihnen den Ring zu überreichen, von dem er hofft, dass er eine Überraschung für Sie sein wird.

Seien Sie sich klar darüber, dass Sie sogar in diesem Stadium noch die ganze Situation und Ihre Beziehung ruinieren können, wenn Sie zu fordernd sind. Wir empfehlen Ihnen, dass Sie sich bei der Auswahl des Rings eher nonchalant verhalten. Leiten Sie Ihren Partner behutsam an und fragen Sie ihn, was ihm für Sie gefällt. Stimmen Sie ihm dann zu, wenn er bei dem Ring ankommt, der Ihnen am besten gefällt. Das Schlimmste, was eine Frau tun kann, ist, einem Mann vorzuschreiben, was bei der Größe des Ringes und anderen Details an ganz speziellen Ansprüchen zu erfüllen sei. Chris hatte eine ziemlich ernsthafte Beziehung mit einer Frau und unterhielt sich eines Tages mit ihr über die kürzliche Verlobung einer gemeinsamen Freundin. Sie erwähnte den Ring ihrer Freundin. Auf Chris' Bemerkung, der Ring sei schön, warf sie ein, der Diamant sei klein, und der Mann hätte mehr Geld für den Stein ausgeben sollen, wenn er seine Freundin so sehr „liebe". Oha, wie schnell Chris plötzlich die Telefonnummer dieser Frau verlor!

Wir raten Ihnen, Begeisterung und Rührung darüber zu zeigen, dass Ihr Partner Sie in die Suche nach dem Diamanten einschließt, der den nächsten Schritt in Ihrer Beziehung begleitet. Seien Sie aber nicht zu anspruchsvoll, was den Ring selbst betrifft. Bitten Sie Ihren Partner um seinen Rat, und probieren Sie die Ringe, die er vorschlägt. Dies ist eine heikle Situation. Mit der Frau, die er heiraten möchte, zusammen einen Diamanten auszusuchen, ist für einen Mann eine ähnliche Erfahrung, wie das Erlebnis, zu ersten Mal mit einer Frau zu schlafen, die er liebt. Er möchte nicht, dass diese Frau sich benimmt, als sei sie schon mit Hunderten von Männern zusammengewesen, indem sie ihm bestimmte Instruktionen gibt, was er tun und wo er sie berühren soll. Er möchte, dass sie vor Begeisterung errötet und ihm in die Augen sieht, anstatt darauf zu schauen, was er in materieller Hinsicht zu bieten hat. Manchmal ist es gut, ein bisschen naiv zu sein. Überlassen Sie Ihrem Partner die Führung. Geben Sie ihm Gelegenheit, mit seiner Wahl und seinem Geschmack zufrieden zu sein. Denken Sie daran, dass ein Verlobungsring sein Geschenk an Sie ist, und er Sie für den Rest des Lebens damit sehen muss.

Dennoch ist dies Ihre Chance, das zu bekommen, was Sie wollen. Lassen Sie die Gelegenheit nicht vorübergehen. Männer erwarten in dieser Hinsicht ein wenig Anleitung – weshalb sollten sie Sie sonst zu Tiffany's führen? Seien Sie taktvoll in Bezug auf Ihre Ansichten, und versuchen Sie, zu einer gemeinsamen Entscheidung zu kommen. Brad ließ Cheryl eine Menge verschiedener Ringe anprobieren, und sie gelangten beide zu dem Schluss, dass ein runder Diamant am hübschesten an ihr aussah. Dieser Einkaufsbummel war ein wirklicher Erfolg.

Viele Männer zögern angesichts der Entscheidung, einen Verlobungsring zu kaufen. Einem Mann ist klar, dass ein Verlobungsring ein Symbol seiner Liebe zu Ihnen ist, und er möchte Ihnen ein schönes Schmuckstück schenken, das Ihnen gefällt und das er gern an Ihnen sieht. Aber wer will sich schon für einen so kleinen Gegenstand, der keine offensichtliche Funktion erfüllt, von zwei Monatsgehältern trennen?

Jeder weiß, dass die Größe und die Qualität eines Diamanten direkt proportional zu seinem Preis sind. Weshalb also kauft ein Mann seiner Liebsten nicht einen Diamantsplitter – und Schluss? Genau das ist der springende Punkt. Die äußere Erscheinung spielt sowohl im Denken eines Mannes als auch einer Frau eine große Rolle, wenn es um den Diamantverlobungsring geht. Wir Männer wissen, dass dieser Ring zu einem gewissen Grad ein Spiegel unseres finanziellen Erfolgs ist. Wir wissen, dass die besondere Frau in unserem Leben diesen Ring jahrzehntelang tragen wird. Obwohl Sie Ihrem Partner immer und immer wieder gesagt haben, dass Sie einen halbkarätigen Diamanten akzeptieren werden, will er trotzdem das kaufen, was Sie seiner Meinung nach verdienen – und das ist der größte Diamant, den er sich leisten kann. Aber die meisten Männer besitzen eine praktische Ader, die sie angesichts der Ausgabe einer Summe in Höhe von zwei Monatsgehältern oder mehr für einen Ring zögern lassen kann. Das können Sie doch sicherlich verstehen? Haben Sie Geduld. Es kostet Ihren Partner vielleicht nur eine gewisse Zeit, den Kauf zu tätigen.

Dies ist auch einer der Gründe dafür, weshalb das jeweilige berufliche Stadium eines Mannes mit der Entwicklung einer ernsthaften Beziehung verbunden ist. Bevor ein Mann einen Verlobungsring kauft, muss er das Gefühl haben, finanziell gesichert zu sein. Nach seiner Verlobung mit Cheryl sagte Brad oft zu Leuten: „Wisst ihr, wie viele Kriminelle ich verteidigen musste, um das nötige Geld für diesen Ring zusammenzubekommen?“ Es war nur Spaß, aber tatsächlich war Brads Kommentar nicht weit von der Wahrheit entfernt.

Wir wollen, dass Sie die Sache aus unserer Perspektive betrachten. Wir Männer geben eine Unmenge von Geld für einen sehr kleinen Gegenstand aus. Wir wollen, dass Sie überglücklich sind. Wir wollen auch, dass Sie strahlen und begeistert sind. Seiner Partnerin einen Ring zu überreichen ist ein sehr bedeutungsvoller Moment im Leben eines Mannes. Ein Mann möchte Freude in den Augen seiner Freundin sehen, wenn er sie bittet, den Ring anzunehmen und ihn zu heiraten, und er will sich jahrelang an diese Freude erinnern.

Brad erinnert sich genau an das Glück, das er bei Cheryl erlebte, als er ihr den Verlobungsring überreichte. Sie strahlte und brach in Tränen aus. Das war Brad im Nachhinein alle Opfer wert, die er für den Kauf dieses Ringes gebracht hatte.

Der Heiratsantrag

Ihr Partner hat den Verlobungsring. Er scheint wesentlich erleichterter zu sein. (Er *ist* wesentlich erleichtert – um Tausende von Dollars!) Nun muss sich Ihr Freund noch überlegen, wie er Ihnen den Heiratsantrag macht. Auch in dieser Beziehung ist es das Beste, wenn Sie niedrige oder gar keine Erwartungen haben. Setzen Sie Ihren Partner nicht unter Druck, sich etwas ganz besonders Originelles auszudenken – wir Männer machen uns bereits selbst diesen Druck.

Es ist uns klar, dass wir einen besonderen Rahmen für den Heiratsantrag planen müssen. Wir würden gern diese Planung und den Druck, unter den sie uns setzt, vermeiden, aber wir wissen, dass wir das nicht können. Wir fühlen uns von dem Zwang überwältigt, den wir vonseiten unserer Partnerin verspüren. Selbst wenn unsere Freundinnen kein Wort sagen, wissen wir, wenn es einen Zeitpunkt gibt, zu dem ein Mann romantisch sein muss, ist dies der Zeitpunkt des Heiratsantrags. Also tun wir unser Bestes. Wir mieten Limousinen und reservieren einen Tisch in teuren Restaurants. Wir stellen Champagner kalt, üben die richtigen Worte ein und zerbrechen uns den Kopf über den perfekten Moment, in dem wir unsere Angebetete bitten, uns zu heiraten. Wir hoffen, dass unsere Freundinnen bemerken, wie sehr wir uns bemühen, selbst wenn nicht alles wie geplant verläuft und selbst wenn uns die passenden Worte nicht über die Lippen kommen. Wir hoffen, der Verlobungsring bringt unsere Liebe und Hingabe zum Ausdruck, die wir so schlecht in Worte fassen können. Wir hoffen, unsere Partnerin sieht uns in die Augen und sagt ein einziges Wort – „Ja“.

Rich erinnert sich daran, dass seine Verlobung ein besonders romantisches Ereignis war. Es war keine Überraschung für Marla (sie wusste bereits, dass Rich den Ring gekauft hatte), aber das war nicht wichtig für sie. Rich machte Marla bei einem romantischen Abendessen mit Champagner, roten Rosen und Kerzenlicht einen Heiratsantrag. Er überreichte Marla den Ring, nachdem er ihr gesagt hatte, welche Gefühle er für sie hegte, und über die wunderbare Zeit gesprochen hatte, die sie zusammen verbracht hatten. Marla nahm Richs Antrag mit einem Lächeln an, das Rich nicht so bald vergessen wird.

Brad gestaltete seinen Heiratsantrag als Überraschung. Sein Plan war nicht besonders kompliziert oder originell, aber es war eine Überraschung und Cheryl war begeistert. Brad rief Cheryl am Ende eines ganz normalen Arbeitstages in ihrem Büro an und sagte ihr, er würde sie an ihrer Arbeitsstelle abholen, weil er gerade eine Sitzung in der Nähe gehabt hätte, die nun zu Ende sei. Cheryl wusste nicht, dass Brad diesen Tag ausgewählt hatte, um ihr einen Heiratsantrag zu machen. Als sie seinen Anruf erhielt, sagte sie, sie würde zum Ausgang kommen, wo er auf sie wartete, und nahm an, sie würden nach Hause gehen und sich chinesisches Essen bestellen.

Cheryl ging hinunter und sah Brad auf dem Rücksitz einer weißen Großraumlimousine sitzen. Sie fand das ein wenig seltsam, nahm aber glücklich im Wagen Platz und dachte, die Autovermietung habe Brad eine Limousine geschickt, weil kein anderes normales Auto zur Verfügung gestanden hatte. Sobald Cheryl eingestiegen war und die Tür hinter sich geschlossen hatte, überreichte ihr Brad den Verlobungsring. Den Heiratsantrag machte er schnell und ohne Umschweife. Cheryl war außer sich vor Freude. Brad war entzückt, sie so glücklich und begeistert zu sehen. Die Limousine in Verbindung mit dem Überraschungseffekt machte Brads Mangel an Romantik wett.

Die Heiratsanträge einiger unserer Bekannten waren etwas komplizierter als unsere. Es macht Spaß, ihre Geschichten zu erzählen, und sie zeigen, was einige Männer zu tun bereit sind, um sicherzustellen, dass der Moment ihres Heiratsantrag ein denkwürdiges Ereignis ist.

Vor ungefähr sechs Jahren erzählte uns unsere Freundin Brenda, dass sie für eine Woche mit ihrem Freund Jack nach Disneyland reisen würde. Als sie und Jack nach Chicago zurückkamen, brachte sie keine Urlaubsbräune, sondern einen Ring und eine großartige Verlobungsgeschichte mit. Wie sich herausstellte, hatte Jack Brenda erzählt, er würde mit ihr nach Disneyland reisen, aber er sagte nicht, in welches Disneyland. Brenda nahm an, es wäre Florida, und Jack ließ sie in diesem Glauben. Als sie am Flughafen ankamen, steuerte Brenda schnurstracks auf den Schalter für Inlandsflüge zu, während Jack an den Schalter für internationale Flüge ging. Als Brenda Jack folgte, um ihm zu sagen, dass er in der falschen Reihe anstünde, erklärte er ihr, dies sei die richtige Schlange, wenn man nach Disneyland wolle – in Frankreich! Brenda war hingerissen. Sie war begeistert von Jacks Überraschung, wusste aber nicht, dass dies nur die Hälfte davon war. An ihrem zweiten Abend in Paris machte Jack Brenda beim Abendessen in einem Restaurant auf den Champs-Élysées einen Heiratsantrag. Brenda brach in Tränen aus und rief: „Ja, ja, ja!“ Sie erzählte uns, sie hätte sich keinen schöneren Heiratsantrag vorstellen können. Sie und Jack setzten ihren Hochzeitstermin für ein Jahr später an. Jetzt sind sie fünf Jahre verheiratet und erwarten ihr zweites Kind.

Was können Sie tun, damit die Zeremonie des Heiratsantrags zu einem angenehmen Ereignis für Ihren Partner wird? Vermitteln Sie ihm das Gefühl, die Gestaltung seines Heiratsantrag sei großartig. Denken Sie daran, dass er die Absicht hat, ihn zu einem denkwürdigen Ereignis für Sie zu machen. Es fehlt ihm vielleicht ganz einfach nur ein wenig an romantischem Gespür. Jede Enttäuschung, die er von Ihrer Seite spürt, wirkt in diesem besonderen Moment niederschmetternd auf ihn. Denken Sie auch daran, dass angemessene Erwartungen es Ihrem Liebsten erleichtern, Ihnen einen Heiratsantrag zu machen. Wenn er weiß, dass Sie gewisse Dinge „erwarten“, dann werden Sie eben so lange auf Ihre Verlobung warten müssen, bis er seine Kräfte gesammelt hat, um Ihre Anforderungen erfüllen zu können. Setzen Sie Ihre

Erwartungen zu hoch an, werden Sie möglicherweise ewig auf einen Heiratsantrag harren, den er Ihnen nie machen wird.

Ein Verlobungsring ist nichts für Sie?

Wir werden ständig von Frauen gefragt, was sie tun sollen, wenn ihnen der Ring nicht gefällt, den Ihr Partner für sie kauft und ihnen überreicht, wenn er ihnen einen Heiratsantrag macht. Sollten Sie etwas sagen oder nicht, wenn Sie einen Smaragd wollten und er Ihnen einen Diamanten schenkt? Wir empfehlen Ihnen, nichts zu sagen. Selbst wenn der Ring das hässlichste Schmuckstück ist, das Sie je gesehen haben – schweigen Sie. Sagen Sie überhaupt nichts. Das gilt natürlich für den Fall, Sie wollen sich nach wie vor verloben. Nehmen Sie den Ring mit einem Lächeln entgegen und tragen Sie ihn stolz. Wenn Sie sich auch nur das geringste Anzeichen mangelnder Begeisterung anmerken lassen, wird Ihr Partner ernstlich enttäuscht sein, und zwar so sehr, dass ihm eventuell der Wunsch zu heiraten vergeht. Können Sie ihm einen Vorwurf daraus machen? Denken Sie nur daran, welche Mühe er sich gemacht hat, bis zu diesem Punkt zu gelangen. Denken Sie ferner daran, dass Sie den Mann heiraten und nicht den Ring.

Wenn Sie erst verheiratet sind und sich in der neuen Lebenssituation wohl fühlen, können Sie unter Umständen behutsam und taktvoll zur Sprache bringen, dass Sie mit einem anderen Ring glücklicher wären. Aber vielleicht lieben Sie den Ring ja inzwischen.

Eine nötige Atempause

Dem Heiratsantrag folgt der Wirbel begeisterter Familien und Freunde, die Sie beglückwünschen und Ihnen Fragen zur Hochzeit stellen, die ausgerichtet werden muss. Für das große Ereignis müssen ein Termin festgesetzt und Vorbereitungen getroffen werden! Dies ist für die meisten Männer eine Qual. Alles, was wir Männer wollen, ist, uns zu entspannen – und zu versuchen, uns von der enorm wichtigen Entscheidung, der finanziellen Belastung und dem mit der Verlobung verbundenen Stress zu erholen.

In der Regel haben wir keine Gelegenheit, eine Atempause einzulegen. Das ist der Fall, wenn unsere Verlobte aller Welt von unserer Verlobung erzählen und sämtliche Leute besuchen will. Wir sind der Meinung, ein Mann braucht unmittelbar nach dem Heiratsantrag eine Pause. Keine Familienessen, keine Partys mit Freunden, keine Glückwünsche von Leuten, die er kaum kennt. Alles, was er will, ist ein bisschen Ruhe.

So enthusiastisch Sie auch sein mögen – bemühen Sie sich anzuerkennen, dass Ihr Partner nach dem Heiratsantrag psychisch erschöpft ist. Geben Sie ihm Zeit, wieder zu sich zu kommen und die Situation gedanklich zu ordnen, und er wird Sie dafür noch mehr lieben. Er möchte in der Lage sein, über seinen Schritt nachzudenken. Er möchte auch sehen, dass Sie mit ihm allein glücklich sind. Schleppen Sie ihn nicht überall herum, um ihn sofort allen Ihren Freunden und Ihrer Familie vorzustellen. Weshalb fahren Sie nicht weg und verbringen ein romantisches Wochenende zu zweit? Wenn Sie eine solche „Flucht" organisieren können, wird Ihr Partner ungeheuer dankbar sein. In dieser Phase Ihrer Beziehung will er Sie (und nur Sie – keine Freunde, keine Familie, keine Hochzeitsplaner) an seiner Seite. Schließlich liebt er *Sie* und möchte mit *Ihnen* zusammen sein. Wenn Sie nicht schätzen, was er bisher getan hat, und ihm Ihre Wertschätzung dadurch zeigen, dass Sie ihm eine Ruhepause gönnen, sondern in dieser Situation zu fordernd werden, wird Ihr Partner seinen Heiratsantrag vielleicht noch einmal überdenken. Und das liegt ja wohl wirklich nicht in Ihrer Absicht.

Das Ausrichten der Hochzeit

Das Ausrichten einer Hochzeit ist keine Kleinigkeit, und das weiß ein Mann. Darüber hinaus ist Ihr Partner nicht begeistert von der Vorstellung einer einjährigen Hochzeitsplanung, die Ihre gesamte Freizeit, die Sie als Paar zusammen haben, in

Anspruch nimmt. Wenn Ihr Partner das ähnlich wie wir sieht, möchte er wahrscheinlich, dass Sie sich nicht darauf verlassen, er allein würde die größte Feier Ihres gemeinsamen Lebens ausrichten.

Wir wollen Ihnen das anhand eines Beispiels verständlich machen. In dem Krankenhaus, in dem Rich sein Praktikum als Assistenzarzt absolvierte, lernte er Bill kennen, der kürzlich eine Praxis für Sportmedizin eröffnet und sich frisch verlobt hatte. Bill hatte Debra, mit der er seit Anfang seines Medizinstudiums eine Beziehung hatte, einen Heiratsantrag gemacht. Vor ihrer Verlobung machte Bill Debra klar, dass er sie in dem Rahmen heiraten wolle, den sie sich immer erträumt hatte, aber keine aktive Rolle in der Planung der Hochzeitsfeier übernehmen würde. Debra versicherte Bill, er bräuchte sich um diese Einzelheiten nicht zu sorgen. Sie sagte ihm, ihre Mutter und ihre Schwester könnten ihr helfen, wenn sie Unterstützung bräuchte. Debra hielt ihr Versprechen – Bill konnte sich weiter auf seine Arbeit und seine Karriere konzentrieren. Debra drängte ihn nicht dazu, sich eine Musikgruppe anzuhören, mit Fotografen zu sprechen, die Speisen auszuwählen, den Blumenschmuck auszusuchen oder sich um die Gestaltung der Einladungen zu kümmern. Alles, was Bill zu tun hatte, war, am Hochzeitstag zu erscheinen. Aus Debras Reaktion ging deutlich hervor, dass sie die Gelegenheit genoss, allein und unabhängig an diesem Projekt zu arbeiten. An alledem merkte Bill, dass er sich tatsächlich die richtige Frau ausgesucht hatte.

Ob Sie es wissen oder nicht – wenn ein Mann den Entschluss fasst, Sie zu heiraten, hat er Sie bereits als eine gute „Hochzeitsorganisatorin“ eingestuft. Wir meinen damit, dem Mann gefällt Ihr Geschmack und das, was Sie verkörpern. Er ist sicher, dass Sie fantastische Entscheidungen treffen und Ihr Bestes für Ihren gemeinsamen großen Tag tun werden. Wäre er sich in dieser Hinsicht nicht sicher, könnte er Sie nicht heiraten. Wenn er Sie bittet, seine Frau zu werden, respektiert er Sie und vertraut vollkommen darauf, dass Sie tatsächlich seine bessere Hälfte sind. Er weiß, Sie werden eine denkwürdige und schöne Hochzeit ausrichten, auf der er stolz und geehrt als Bräutigam erscheinen kann.

Auf der anderen Seite sind wir Männer uns der Tatsache bewusst, dass es außerordentlich viele Entscheidungen zu treffen gilt und kein Mensch imstande ist, dies allein zu tun. Wir wissen, dass wir sagen müssen, wen wir gern einladen und was wir tragen möchten. Deshalb äußern wir unsere Meinung zu bestimmten Einzelheiten, nach denen Sie uns fragen. Aber seien Sie rücksichtsvoll und versuchen Sie, Ihre Fragen an uns in einem vernünftigen Rahmen zu halten. Wie Sie wissen, sind wir damit beschäftigt, für die Hochzeitsreise und das Haus zu sparen, das wir nach der Hochzeit zu kaufen geplant haben. Und bitte missdeuten Sie unseren Mangel an Begeisterung für die Ausrichtung der Hochzeitsfeier nicht als ein Schwinden unseres Interesses, Sie zu heiraten. Nichts könnte weiter von der Wahrheit entfernt sein. Wir wollen Sie heiraten und den Rest unseres Lebens mit Ihnen verbringen. Es vergrößert unsere Liebe zu Ihnen sogar noch, wenn Sie die Planung der Hochzeit übernehmen und uns während der Verlobungszeit weitgehend in Ruhe lassen. Schließlich ist eine Hochzeit eigentlich für die Braut da. Die Melodie, die bei fast jeder Hochzeit gespielt wird, heißt: „Hier kommt die Braut ...“ Wir kennen kein Lied zu Ehren des Bräutigams. Die Braut ist alles. Jeder möchte sehen, wie schön sie ist. Wir wollen das natürlich auch und wir möchten, dass Sie den großen Tag bekommen, den Sie sich wünschen und den Sie verdienen.

Ehrlich gesagt, ist die Aufmerksamkeit, die der Braut geschenkt wird, für Männer ein wenig schwer zu verdauen. Beziehen Sie Ihren Partner in die Ausrichtung der Hochzeitsfeier so weit mit ein, wie er dazu beitragen muss, dass dieser Tag ein Erfolg wird, und geben Sie ihm das Gefühl, dass er ein unglaublich kluger und hilfsbereiter Mann ist. Ihr Partner wird Ihnen eines Tages sehr dankbar für Ihre Umsicht und Ihr Verständnis sein.

Wenn Sie und Ihr Partner sich beispielsweise auf die Suche nach einem Speisesaal machen, wird der Manager alle Fragen an Sie richten. Er wird Sie daran erinnern, dass dies

Ihr großer Tag ist. Ihr Partner wird (einen kleinen Moment lang) denken: ‚Und was ist mit mir?‘. Machen Sie den Leuten, mit denen Sie zu tun haben, nach Möglichkeit klar, dass dieser Tag für Ihren Partner ebenso wichtig ist wie für Sie, wenngleich Sie die meisten Entscheidungen treffen. Er sollte in dieser Situation als gleichberechtigter Partner auftreten, dessen Meinung zählt.

Brad erinnert sich noch genau an die Hochzeitsvorbereitungen. Er war ein bisschen verärgert darüber, dass seine Meinung die wenigen Male, die er sie äußerte, ignoriert wurde. In einem Fall geschah das, als Brad Cheryl erklärte, er wolle den kitschigen Teil der Hochzeitsfeier, bei dem er und Cheryl vom Diskjockey zu Beginn des Empfangs der Gäste als Mr. und Mrs. Bradley vorgestellt würden, nicht haben. Man teilte Brad mit, dies sei Cheryls Lieblingsabschnitt der Feier, und fragte ihn, ob er der Erfüllung ihres Traumes im Wege stehen wolle. Brad verletzte diese Antwort. Er hatte das Gefühl, dass niemand sich für seinen Beitrag interessierte, und äußerte sich nicht mehr. In unserer Rolle als beruflich hoch qualifizierte Männer werden wir nicht oft ignoriert. Wir sind es gewohnt, Entscheidungen zu treffen – häufig wichtige Entscheidungen, die von den Leuten respektiert werden. Als Bräutigam behandelt man uns anders. Oft nehmen die Leute unsere Äußerungen nicht zur Kenntnis beziehungsweise respektieren sie nicht. Brad war über die Reaktion der Leute bei den Vorbereitungen zu seiner Hochzeit verärgert.

Cheryl tat, was sie konnte, um Brads verletzte Gefühle zu beruhigen und seine Ansichten zu berücksichtigen. So war Brad beispielsweise gegen die oben genannte Vorstellungszeremonie mit den dreihundert Leuten, die Cheryl gern gehabt hätte. Er wollte nicht als Bräutigam auf einer Hochzeit erscheinen und von einer Schar Gäste umringt werden, die er nicht kannte. Er wollte, dass zu seiner Hochzeit nur Menschen eingeladen würden, die das aufrichtige Bedürfnis hatten, zu dieser Feier zu kommen, da er sich an viele Gelegenheiten erinnern konnte, wo er zu Hochzeiten eingeladen worden war und keine Lust hatte zu erscheinen. Er wollte nicht, dass jene entfernten Bekannten, die kein wirkliches

Interesse hatten, zu der Feier zu kommen, an seinem großen Tag erschienen. Zugegeben erreichte Brad sein Ziel nicht ganz, aber die Anzahl der Gäste geriet nicht außer Kontrolle. Ein kleiner Sieg für Brad.

Das Ausrichten einer Hochzeit ist sehr stressig für einen Mann, der es gewohnt ist, sein eigenes Leben und seine Zukunft zu kontrollieren. Würde diese Planung lediglich die Frau, die er heiraten möchte, und ihn selbst einschließen, könnte er wesentlich leichter mit der Situation fertig werden. Doch unvermeidlicherweise erscheint seine zukünftige Schwiegermutter auf der Bildfläche. Häufig übernimmt sie die führende Rolle und macht die Hochzeit mehr zu ihrem eigenen großen Tag als zu dem ihrer Tochter, der Braut. Das nimmt der Braut den Druck, führt aber möglicherweise zu Problemen mit Ihrem Partner. Machen Sie sich klar, dass die Entscheidungen, die Sie im Verlauf der Hochzeitsvorbereitungen treffen, sehr verwirrend für einen Mann sein können. Wenn er sieht, dass Sie gemeinsam mit Ihrer Mutter Entscheidungen fällen und ihn aus diesem Prozess ausschließen (obwohl er darum gebeten hat, nicht einbezogen zu werden), hat er das Gefühl, dies sei das Vorspiel zu dem, was noch komme. Er befürchtet, Sie und Ihre Mutter würden für den Rest Ihres Lebens Entscheidungen für Sie beide treffen. Dies bereitet einem beruflich hoch qualifizierten Mann Kopfzerbrechen. Erklären Sie ihm, das entspreche nicht den Tatsachen – sein Leben mit Ihnen als seiner zukünftigen Ehefrau werde nicht so aussehen. Versichern Sie ihm, dass Sie in Ihrem künftigen gemeinsamen Leben alle Entscheidungen, die Sie beide betreffen, mit ihm zusammen fällen werden.

Trotz all Ihrer guten Absichten können die Hochzeitsvorbereitungen häufig eine furchtbare Angelegenheit sein. Es wird zu vermehrtem Stress und zu Streit kommen. Zumindest entspricht das unseren Erfahrungen. Vor dem Hintergrund dieser Situation raten wir Ihnen, in jedem Fall die Kommunikation mit Ihrem Partner nicht abreißen zu lassen. Planen Sie Zeit für besondere Abendessen oder Wochenenden allein mit Ihrem zukünftigen Ehemann ein. Wir schlagen Ihnen vor, Ihre Familie daran zu erinnern, dass die Hochzeit für Sie und den Bräutigam stattfindet – und nicht für sie. Es ist schwierig für einen Mann, seiner Verlobten beizubringen, sie solle ihrer Familie diese Botschaft übermitteln, ohne seine zukünftige Frau oder ihre Familie zu beleidigen. Aber es ist noch schwerer für einen Mann, nicht ärgerlich zu werden, wenn sich Dritte in sein Leben und das seiner Verlobten einmischen.

Ein Mann in gehobener Position ist es gewohnt, unabhängig zu sein und Vertrauen in seine Fähigkeiten zu haben. Um Ihrem Verlobten während dieser oft so stressigen Zeit ein gutes Gefühl zu geben, gehen Sie behutsam mit ihm um, wenn er seine individuellen Ansichten verteidigt. Der wesentliche Satz, den eine Frau während dieser Phase zweimal wöchentlich sagen sollte, lautet: „Jeder muss verstehen, dass *dies unsere Hochzeit ist, und nicht die der anderen.*" Wenn Sie sich daran halten, werden Sie alle Phasen dieser schwierigen, komplizierten, aufregenden Zeit gut meistern.

Also denken Sie daran, die Gefühle Ihres Verlobten zu berücksichtigen – und sicherzugehen, dass er weiß, Sie behalten sie im Hinterkopf. Er will, dass Sie ihm und nicht der Hochzeit Priorität einräumen. Manchmal hat der Bräutigam den Eindruck, die Braut würde sich nur auf den großen Tag freuen – und nicht auf ihr künftiges gemeinsames Leben. Also denken Sie daran, Ihrem Partner zu versichern, wie sehr Sie sich auf Ihre Zukunft mit ihm freuen. Geben Sie ihm die Sicherheit, dass Sie beide ein Team sind und niemand zwischen Sie treten wird.

11

Die unangenehme Wahrheit

Wir könnten ein schöneres Bild von Männern zeichnen – das, was Sie gern sehen möchten. Aber wir sind der Ansicht, das wäre nicht fair – oder hilfreich – für Sie. Wir halten nichts davon, Ihnen in Hinsicht auf unsere Gefühle etwas vorzuspielen. Damit ein Mann Sie als potenzielle Ehefrau in Betracht zieht und Ihnen einen Heiratsantrag macht, müssen Sie die Männer verstehen. Ihre guten und ihre schlechten Seiten. Das heißt, Sie müssen auch die Schattenseiten unserer Psyche verstehen. Wir wollen, dass Sie die Wahrheit kennen. Und wenn wir Ihnen diese Wahrheit nicht mitteilen, werden Sie sie wahrscheinlich von niemand anderem zu hören bekommen. Also wappnen Sie sich. Die folgenden fünf unangenehmen Wahrheiten mögen vielleicht nicht das sein, was Sie gern hören wollen, aber letztendlich werden sie Ihnen zu einem besseren Verständnis für das Denken, das Verhalten und die Arbeitsweise beruflich engagierter Männer verhelfen.

Die erste unangenehme Wahrheit

Die Arbeit genießt Vorrang vor der Partnerschaft

Das ist nicht schön, aber wahr. Für einen Mann genießt die Arbeit absolute Priorität. An zweiter Stelle stehen Sie. Von der beruflichen Karriere eines Mannes hängt es ab, wie er sich selbst einschätzt – sie ist wichtig für sein Ego. Ein Mann definiert sich durch seine Arbeit. Sein ganzes Leben ist darauf ausgerichtet, Karriere zu machen. In vielen Fällen haben berufliche Verpflichtungen für ihn sogar Vorrang vor wichtigen Familienangelegenheiten.

Machen Sie sich selbst nichts vor. Ein Mann wird sich immer zuerst seiner Karriere verpflichten, bevor er sich einer Frau verpflichtet. Also sollte eine Frau einen Mann nie damit belasten, sich zwischen ihr und seiner Karriere zu entscheiden. Seine Entscheidung würde ganz klar zugunsten seiner beruflichen Laufbahn ausfallen.

Hätte Marla Rich aufgefordert, sich ein weniger stressiges medizinisches Fachgebiet auszusuchen, wie Dermatologie statt Chirurgie, hätte Rich sich noch einmal überlegt, ob er ihre Beziehung fortsetzen sollte. Natürlich hätte Marla nie einen solchen Vorschlag gemacht, weil sie möchte, dass Rich das tut, wofür er sich leidenschaftlich interessiert.

Für einen Mann ist seine Karriere wirklich Herz und Seele seiner Identität.

Die zweite unangenehme Wahrheit

Seine eigene Karriere steht an erster Stelle – ob Ihnen das gefällt oder nicht

Für einen beruflich hoch qualifizierten Mann ist seine Karriere das Allerwichtigste. Sie hat auch mehr Bedeutung als Ihre Karriere. Sie könnten als Präsidentin Ihres Landes amtieren und er könnte das erste Jahr in einer Anwaltskanzlei tätig sein – und dennoch würde der Beruf Ihres Partners in seiner Vorstellung wichtiger sein als Ihrer. Die berufliche Karriere eines Mannes ist in jeder Beziehung mit seinem Selbstwertgefühl verknüpft – sein Arbeitsplatz ist das Feld, auf dem er seine Fähigkeiten mit anderen misst, unter Beweis stellt und wo er für seine Anstrengungen belohnt wird. Hier fühlt sich ein Mann am wohlsten und zeichnet sich aus. Er kennt die Regeln des Berufslebens und ist stolz darauf, dass er auf diesem Gebiet sein Bestes geben kann. Für einen beruflich hoch qualifizierten Mann definiert seine Karriere sein Selbstbild und bestimmt sein Leben. Sein Beruf steht an allererster Stelle.

Verstehen Sie uns nicht falsch – wir Männer respektieren den Beruf einer Frau; Männer fühlen sich zu unabhängigen, intelligenten, erfolgreichen Frauen hingezogen. Und es ist nicht so, dass Männer die Karriere ihrer Freundin oder Ehefrau nicht unterstützen oder sich nicht dafür interessieren. Selbstverständlich liegt Ihrem Partner Ihre Arbeit am Herzen. Natürlich will er das Beste für Sie. Aber wenn er wählen müsste, was wichtiger ist – seine Karriere oder Ihre –, würde seine Wahl grundsätzlich zugunsten seiner Arbeit ausfallen. Für einen Mann genießt seine berufliche Karriere oberste Priorität.

Doch das ist noch nicht alles. Letztendlich möchte Ihr Partner, dass Sie anerkennen, dass seine Arbeit für Ihr gemeinsames Leben und Ihre gemeinsame Zukunft wichtiger ist als Ihre. Männer wollen Streicheleinheiten für ihr Ego. Wenn Ihnen Ihr Partner am Herzen liegt, sollten Sie dies erkennen, von seinen Erfolgen beeindruckt sein und ihm das Gefühl geben, die Nummer eins zu sein. Sie sollten ihm auch klar machen, dass Sie sich eine Chance für Ihr berufliches Weiterkommen zugunsten seiner Karriere entgehen lassen würden, wenn Sie jemals vor der Frage stehen sollten, ein Opfer in beruflicher Hinsicht zu bringen.

Das Geld, das wir Männer verdienen, ist ganz nett, aber der Grund, warum wir unsere Karriere in den Mittelpunkt stellen, ist der, dass uns unsere Arbeit ein gutes Gefühl als Mann gibt. Denken Sie immer daran, dass Männer sehr unsicher sind. Wir wollen das Gefühl haben, die Versorger und Helden zu sein, diejenigen, die mit Erfolg glänzen. Ob es Ihnen gefällt oder nicht – in unserer heutigen Welt wird dem berufliche Status eines Mannes mehr Wert beigemessen als dem seiner Frau. Es gibt unterschiedliche Kriterien für Männer und Frauen. Der Beruf eines Mannes ist eine Notwendigkeit, während das für eine Frau nicht immer zutrifft. Wenn sich eine Frau in ihrer beruflichen Laufbahn nicht besonders hervortut, ist das nicht so wesentlich. Hat ein Mann keinen beruflichen Erfolg, wird er als Versager angesehen. Nimmt eine Frau einen Teilzeitjob an, beispielsweise in einem Drogeriemarkt, ist das akzeptabel – sie möchte sich ein bisschen Extrageld verdienen. Nimmt ein Mann jedoch eine solche Arbeitsstelle an, denken die Leute, er sei nicht ehrgeizig und habe keinen Erfolg.

Männer definieren sich – in jeder Beziehung – auf der Basis der Meinung anderer Leute. Können Sie vor diesem Hintergrund einem Mann einen Vorwurf daraus machen, wenn er will, dass seine Arbeit sowohl für ihn als auch für Sie Priorität genießt?

Die dritte unangenehme Wahrheit

Wenn Sie wollen, dass ein Mann Sie heiratet, lassen Sie Ihr „psychologisches Gepäck" besser zu Hause

Nichts kann ein Mann in gehobener Position, der auf der Suche nach einer Ehefrau ist, weniger gebrauchen, als eine mit Problemen beladene Frau. Sein Leben ist bereits kompliziert genug. Wenn er mit seiner Freundin zusammen ist, möchte er sich entspannen, fröhlich sein, Sex haben und ihre Gesellschaft genießen. Er möchte nicht die Rolle eines Psychiaters spielen.

Natürlich hat jeder Mensch Probleme und selbstverständlich gehört es zu einer Beziehung, dass beide Partner einander helfen und unterstützen. Aber wenn eine Frau eine Tonne von Problemen mit sich herumschleppt – und offenbar nie in der Lage ist, allein mit ihnen fertig zu werden –, kann ein Mann schließlich die Lust verlieren. Er fühlt sich gern als Held und hilft von Zeit zu Zeit – aber er kann nicht jeden Tag Ihr Retter sein. Männer mögen unabhängige, starke Frauen, die nicht bedürftig sind oder ständig klagen, sondern stattdessen ihr Bestes tun, um mit ihren Problemen fertig zu werden. Schwierigkeiten durch Gespräche zu lösen ist etwas Wunderbares – aber Probleme sind kein Thema für jede Unterhaltung.

Die vierte unangenehme Wahrheit

Für Männer ist die Hochzeit nicht wichtig

Männer wissen, dass Frauen total verrückt aufs Heiraten sind. Für Frauen ist das Heiraten – und alles, was damit zusammenhängt – das Wichtigste. Für Männer ist eine Hochzeit – selbst ihre eigene – nicht so bedeutsam. Für Ihren Partner ist das Heiraten auch um einiges weniger aufregend als für Sie.

Zunächst einmal der Heiratsantrag. Für einen Mann bringt der Kauf eines Verlobungsringes einen enormen Druck mit sich. Einen Verlobungsring zu kaufen ist eine Qual. Es ist der größte Kauf, den er mit der geringsten Menge an Informationen tätigen wird. Es ist allem, was ein Mann mit einem guten Job zu tun gewohnt ist, völlig entgegengesetzt – ganz zu schweigen von der Erwartung, den kreativsten Heiratsantrag in der Geschichte der Menschheit zu Wege bringen zu müssen. Der Druck, unter dem er steht, weil er etwas Einzigartiges zustande bringen möchte, mit dem eine Frau bei ihrer Familie und ihren Freundinnen angeben kann, ist gewaltig.

Was die Hochzeit selbst betrifft, kennen wir die Wahrheit – die Hochzeit ist im Grunde der große Tag für die Braut. Die Braut steht im Mittelpunkt der Aufmerksamkeit. Zu Anfang ist das für einen Mann ein bisschen schwer zu verdauen. Natürlich ist der Tag selbst ein Vergnügen – aber die meisten Männer können ohne den ganzen Pomp und Prunk auskommen.

Die fünfte unangenehme Wahrheit

Allein stehend, verlobt oder verheiratet – alle Männer sind pervers

Ob es Ihnen gefällt oder nicht – Ihr Partner denkt die ganze Zeit an Sex, 24 Stunden am Tag, sieben Tage die Woche. Es ist sogar so, dass ein Mann umso häufiger sexuelle Fantasien über andere Frauen hat, je fester seine Beziehung zu einer bestimmten Frau ist. Männer denken ständig an Sex mit anderen Frauen – sei es mit einer Kellnerin, einer Schauspielerin oder einer zufällig vorbeigehenden Frau. Bei jedem Mann schlummert das sexuelle Verlangen immer ganz knapp unter der Oberfläche.

Männer beobachten eine vorbeigehende Frau, starren sie an und stellen sich vor, mit ihr zu schlafen – und mit jener und mit noch einer anderen Frau. Männer haben Fantasien über die lesbische Liebe. Sie stellen sich vor, mit einer Vielzahl verschiedener Frauen zu schlafen. Sie träumen von Brüsten – oder sprechen davon, Brüste würden in ihnen kein spezielles Verlangen auslösen. Sie sorgen sich um die Größe ihres Penis. Wenn sie mit anderen Männern zusammen sind, kommt unvermeidlich ihre „Umkleideraum-Mentalität" zum Vorschein. Ja, sogar Ihr Partner mag Schweinereien. Für Männer sind sie ein Vergnügen und etwas Natürliches – und nichts, von dem sich Frauen beleidigt fühlen müssten. Was denken Sie, weshalb Stripteaseklubs, Porno-Websites, Pornomagazine und Pornovideos so erfolgreich sind? Weil es ein Publikum dafür gibt – Männer.

Es stimmt, alle Männer sind pervers. Sie denken nicht nur an Sex, sondern genießen es auch, daran zu denken.

Jetzt kennen Sie also einige unangenehme Wahrheiten über Männer. Es mögen vielleicht keine Dinge sein, über die Sie Männer ständig reden hören – aber sie können uns glauben, dass sie der Wahrheit entsprechen. Wir hoffen, dass Sie nun ein besseres Verständnis für Männer gewonnen haben, die eine anspruchvolle, gehobene berufliche Karriere verfolgen – und für die verschiedenen Phasen, die sie auf dem Weg zu einer festen Bindung durchlaufen.

Denken Sie daran, Sie bringen einen Mann dadurch dazu, eine feste Bindung mit Ihnen einzugehen, dass Sie seine Art zu denken verstehen. Und setzen Sie ihn unter keinen Umständen jemals unter Druck. Wenn es Ihnen gelingt, diese Ratschläge zu beherzigen, werden Sie in seiner Vorstellung zu einer potenziellen Ehefrau, und er wird Ihnen einen Heiratsantrag machen, bevor Sie sich's versehen.

Nachwort

Seit dem Erscheinen der amerikanischen Ausgabe dieses Buches gibt es große Neuigkeiten:

Rich heiratete Marla im Rahmen einer wunderschönen Hochzeitszeremonie in Philadelphia, mit zweihundert geladenen Freunden und Familienangehörigen. Die Gäste waren gerührt von Richs gefühlvoller Rede, mit der er sich bei allen Anwesenden – einschließlich der schönsten Frau der Welt, Marla – dafür bedankte, dass sie ihm den bisher denkwürdigsten Tag seines Lebens bescherten. Brad und Chris brachen in Tränen aus, als sie Rich gratulierten und ihm sagten, dass sie ihn nie glücklicher gesehen hätten. Rich und Marla verbrachten ihre ersten Tage als Ehepaar in einem wunderbaren Urlaub in St. Lucia. Als sie zurückkehrten, zogen sie nach New York, wo Rich seine erste Stelle als Chirurg für Orthopädie im Krankenhaus North Star Orthopedics in Forest Hills, New York antrat.

Das ist ein weiterer Beweis dafür, dass der Mann, auf den Sie ein Auge geworfen haben eine feste Bindung mit Ihnen eingehen kann. Zwei von uns haben das getan und wir genießen das Eheleben, ebenso wie Ihr Partner dies tun wird. Beherzigen Sie unsere Ratschläge und Sie werden sich Ihren Traum erfüllen, am Arm des Mannes, den Sie lieben, zum Traualtar zu schreiten.

Weitere Informationen finden Sie auf unserer Website: www.whatmenwant.com

Stichwortverzeichnis